Die Landnahmen der Angelsachsen, der Wikinger und der Normannen in England

Eine vergleichende Analyse

von

Christian Uebach

Tectum Verlag
Marburg 2003

Uebach, Christian:
Die Landnahmen der Angelsachsen,
der Wikinger und der Normannen in England.
Eine vergleichende Analyse.
/ von Christian Uebach
- Marburg : Tectum Verlag, 2003
ISBN 978-3-8288-8559-2

© Tectum Verlag

Tectum Verlag
Marburg 2003

Inhaltsverzeichnis

1	**EINLEITUNG**	**5**
1.1.	Zur Verwendung und Bedeutung des Begriffes „Landnahme"	5
1.2.	Fragen zur vergleichenden Analyse von Landnahmen und der Aufbau der Arbeit	7
1.3.	Methodische Anmerkungen	9
1.4.	Charakterisierung der verwendeten Literatur	10
2	**DAS RÖMISCHE BRITANNIEN IM 4. JAHRHUNDERT UND DER DORTIGE ZUSAMMENBRUCH DER REICHSGEWALT**	**13**
3	**DIE LANDNAHME DER ANGELSACHSEN**	**19**
3.1.	Erzählende Quellen zur angelsächsischen Landnahme	20
3.2.	Die angelsächsischen Landnehmer	23
	3.2.1. Die Herkunft sowie die ethnische Identität der angelsächsischen Landnehmer	23
	3.2.2. Die soziale und politische Identität der angelsächsischen Landnehmer	28
	3.2.3. Die Motivation der angelsächsischen Landnehmer	30
3.3.	Der Verlauf und die Auswirkungen der angelsächsischen Landnahme	31
	3.3.1. Die angelsächsische Landnahme gemäß den erzählenden Quellen	32
	3.3.2. Der Verlauf der Landnahme der Angelsachsen gemäß den archäologischen und sprachwissenschaftlichen Befunden	41
	3.3.3. Die Auswirkungen der Landnahme der Angelsachsen sowie die Frage der Kontinuität der britisch-römischen Sozial- und Wirtschaftsstruktur gemäß den sprachwissenschaftlichen und archäologischen Befunden	46
3.4.	Zusammenfassendes Bild der angelsächsischen Landnahme	52
4	**ENGLAND BIS ZUM BEGINNENDEN 9. JAHRHUNDERT**	**55**

5	**DIE LANDNAHME DER WIKINGER IN ENGLAND**	**61**
5.1.	Erzählende Quellen zur Landnahme der Wikinger in England	61
5.2.	Die wikingischen Landnehmer	64
	5.2.1. Die Herkunft sowie die ethnische Identität der wikingischen Landnehmer	65
	5.2.2. Die soziale und politische Identität der wikingischen Landnehmer	67
	5.2.3. Die Motivation der wikingischen Landnehmer	69
5.3.	Der Verlauf der Landnahme der Wikinger in England	72
5.4.	Die skandinavische Siedlung in England sowie die Auswirkungen der Landnahme der Wikinger in England	83
5.5.	Zusammenfassendes Bild der Landnahme der Wikinger in England	97
6	**ENGLAND BIS ZUM ENDE DER REGIERUNGSZEIT EDUARDS DES BEKENNERS**	**101**
7	**DIE LANDNAHME DER NORMANNEN IN ENGLAND**	**109**
7.1.	Erzählende Quellen zur Landnahme der Normannen in England	109
7.2.	Die normannischen Landnehmer	113
	7.2.1. Die Herkunft sowie die ethnische Identität der normannischen Landnehmer	113
	7.2.2. Die soziale und politische Identität der normannischen Landnehmer	115
	7.2.3. Die Motivation der normannischen Landnehmer	118
7.3.	Der Verlauf der Landnahme der Normannen in England	124
7.4.	Die normannische Siedlung in England sowie die Auswirkungen der Landnahme der Normannen in England	135
7.5.	Zusammenfassendes Bild der Landnahme der Normannen in England	150
8	**VERGLEICH DER LANDNAHMEN DER ANGELSACHSEN, WIKINGER UND NORMANNEN IN ENGLAND**	**153**
9	**ABKÜRZUNGSVERZEICHNIS**	**167**
10	**QUELLENVERZEICHNIS**	**169**
11	**LITERATURVERZEICHNIS**	**171**

1 Einleitung

1.1 Zur Verwendung und Bedeutung des Begriffes „Landnahme"

Die mit der Themenstellung dieser Arbeit geforderte vergleichende Analyse der Landnahmen der Angelsachsen, Wikinger und Normannen in England legt es nahe, eingangs den Begriff „Landnahme" hinsichtlich seiner Verwendung und Bedeutung eingehender zu betrachten; denn es ist zunächst einmal zu klären, welche Aspekte die als „Landnahme" bezeichneten Vorgänge überhaupt ausmachen und welche Probleme sich eventuell mit dem Gebrauch dieses Begriffes verbinden. Aus einer solchen begrifflichen Klärung lassen sich dann Fragen entwickeln, die an die genannten drei Landnahmen herangetragen werden können, um sie umfassend zu untersuchen und zu vergleichen.

Im Handwörterbuch zur deutschen Rechtsgeschichte kennzeichnet Adalbert Erler „Landnahme" als einen im 19. Jahrhundert entstandenen wissenschaftlichen Ordnungsbegriff, den man vornehmlich in bezug auf „territoriale und ethnische Veränderungen" während der Völkerwanderung und im frühen Mittelalter gebrauche. Der Begriff werde vor allem da angewandt, wo weniger von kriegerischen Eroberungen als von siedlungs- und sprachgeschichtlichen sowie von ethnischen Erscheinungen die Rede sei.[1] Das Problem der inhaltlichen Bestimmung des Begriffes „Landnahme" fand Niederschlag in Forschungsbeiträgen von Hanna Vollrath, Walter Janssen und Reinhard Schneider zu Problemen europäischer Landnahmen des Früh- und Hochmittelalters, die in der Reihe „Vorträge und Forschungen" veröffentlicht wurden.[2]

---

[1] Erler, Adalbert: Landnahme, in: Adalbert Erler, Ekkehard Kaufmann (Hrsg.): HRG, Bd. 2, Berlin 1978, Sp. 1522 f., hier Sp. 1552.

[2] Müller-Wille, Michael, Reinhard Schneider (Hrsg.): Ausgewählte Probleme europäischer Landnahmen des Früh- und Hochmittelalters: methodische Grundlagendiskussion im Grenzbereich zwischen Archäologie und Geschichte, Teil I (Vorträge und Forschungen, Bd. 41, I), Sigmaringen 1993 und: Müller-Wille, Michael, Reinhard Schneider (Hrsg.): Ausgewählte Probleme europäischer Landnahmen des Früh- und Hochmittelalters: methodische Grundlagendiskussion im Grenzbereich zwischen Archäologie und Geschichte, Teil II (Vorträge und Forschungen, Bd. 41, II), Sigmaringen 1994 (Die Titel der beiden Teilbände werden im folg. verkürzt wiedergegeben mit: Vorträge und Forschungen, Bd. 41, I und II.).

Reinhard Schneider bestätigt hier in einem forschungsgeschichtlichen Abriß Erlers Kennzeichnung des Gebrauches von „Landnahme" mit deutlicher Tendenz zur Assoziation mit Gewaltlosigkeit. Ferner werde üblicherweise die Frage nach Opfern einer Landnahme ebensowenig berührt wie die Perspektive derjenigen, die das in Besitz genommene Land zuvor besessen hätten.[3] Auch Hanna Vollrath spricht in ihrem Aufsatz zur angelsächsichen Landnahme diese begriffliche Problematik an. Ausgehend von der für den „gemeinen Sprachgebrauch" festzustellenden Bedeutung „Inbesitznahme von Land durch ein Volk" zeigt sie anhand des Vergleiches mit Begriffen ähnlichen Bedeutungsgehalts, daß „Landnahme" von vornherein nur die Perspektive der Eroberer beinhaltet und die Frage nach möglichen Vorsiedlern und ihren politischen Strukturen unberücksichtigt bleibt.[4] Eine durch diesen Begriffsgebrauch suggerierte Inbesitznahme unbesiedelten Landes hätte, wie Schneider urteilt, in „nachparadisischer Zeit" jedoch nur selten stattgefunden.[5]

Landnahmen in dünn besiedelten oder siedlungsleeren Räumen seien, so Walter Janssen, zu unterscheiden von jenen in besiedelten Gebieten; letztere beschwören eine Vielzahl von Konflikten herauf.[6] Hanna Vollrath stellt heraus, daß Landnahmen für die Vorsiedler „Ausrottung, Vertreibung, Assimilation oder die vielfältigen Kombinationsmöglichkeiten dieser drei" bedeuten können; dies wie auch der Aspekt der Gewaltanwendung blieben jedoch von „Landnahme" ausgeklammert, da ja die Frage nach den Vorsiedlern für die Bildung des Begriffes irrelevant sei.[7] Schneider regt daher

---

[3] Schneider, Reinhard: Zur Problematik eines undifferenzierten Landnahmebegriffs, in: Vorträge und Forschungen, Bd. 41, I, S. 11-57, hier S. 21 f. (im folg. zit.: Schneider, Problematik).

[4] Vollrath, Hanna: Die Landnahme der Angelsachsen nach dem Zeugnis der erzählenden Quellen, in: Vorträge und Forschungen, Bd. 41, I, S. 317-337, hier S. 317 f. (im folg. zit.: Vollrath, Landnahme).

[5] Schneider, Problematik, S. 22 f.

[6] Janssen, Walter: Landnahme – Landausbau – Landorganisation im Hochmittelalter, in: Vorträge und Forschungen, Bd. 41, II, S. 9-21, hier S. 11 (im folg. zit.: Janssen, Landnahme).

[7] Vollrath, Landnahme, S. 317.

an, durch attributive Ergänzung zwischen „gewaltsamer" und „friedfertiger" Landnahme zu unterscheiden.[8]

„Landnahme" impliziere, so Vollrath, daß Neusiedler ein Land einschließlich der politischen Herrschaft in ausschlaggebender Weise kulturell prägten, die Neuankömmlinge also kulturell dominant würden.[9] Janssen hebt hervor, daß eine Landnahme den Beginn eines Prozesses markiere, der über Zwischenstufen zum völligen Umbau von Natur- und Kulturlandschaften führe. Der Gebrauch von „Landnahme" begreife auch die von der ersten Generation der Neusiedler ergriffenen Aktivitäten zur siedlungsmäßigen und ökonomischen Erschließung des in Besitz genommenen Gebietes mit ein. Diese habe im frühen Mittelalter an Strukturen aus römischer Zeit anknüpfen können. Generell seien für die Erschließung genommenen Landes im Mittelalter die Aufteilung des Bodens, dessen landwirtschaftliche Nutzbarmachung, die Errichtung neuer Baulichkeiten und die Anlage von Verkehrswegen durch die Neusiedler kennzeichnend gewesen.[10]

1.2. Fragen zur vergleichenden Analyse von Landnahmen und der Aufbau der Arbeit

Die Frage nach dem Schicksal der Vorsiedler und der Gewaltanwendung ihnen gegenüber drängt sich also offensichtlich bei der Untersuchung von Landnahmevorgängen geradezu auf. Wenn im Mittelalter Landnahmen siedlungs- und sprachgeschichtliche sowie ethnische Erscheinungen waren, im Zuge derer ein Volk von bäuerlichen Neusiedlern das in Besitz genommene Land wie oben beschrieben erschloß, welche weiteren Fragen kann man dann zur vergleichenden Analyse an Landnahmevorgänge herantragen?[11]

---

[8] Schneider, Problematik, S. 26 ff.
[9] Vollrath, Landnahme, S. 317.
[10] Janssen, Landnahme, S. 18-21.
[11] Vgl. hierzu Rüdiger Fuchs, der mit Blick auf die Landnahme der Wikinger in Britannien fragt: „was ging dem voraus, warum und wie kam es zu dieser Inbesitznahme, wie und in welchem Bereich ging sie vonstatten und welche Auswirkungen zeitigte sie ... wie wird der Vorgang beurteilt, und wie gut kann man in seiner Benennung den tatsächlichen Sachverhalt wiedergeben?" (Fuchs, Rüdiger: Die Landnahme von Skandinaviern auf den Britischen Inseln aus historischer Sicht, in: Vorträge und Forschungen, Bd. 41, II, S. 95-127, hier S. 97 (im folg. zit.: Fuchs, Landnahme).).

Die Klärung des Schicksals der Vorsiedler setzt zunächst einmal die Betrachtung ihrer ethnischen, sozialen sowie politischen Identität und Strukturen vor der Landnahme voraus. Dies soll in dieser Arbeit - schon aus Gründen der Chronologie - stets vor der Betrachtung aller drei der hier zu untersuchenden Landnahmen geschehen. Bei der Analyse der Landnahmen selbst ist zunächst die Herkunft sowie die ethnische, soziale und politische Identität der Landnehmer zu untersuchen; denn nur so lassen sich dann ihre Motivation zum Verlassen der Heimat und ihre Gründe für die Inbesitznahme des neuen Landes erörtern.

Anschließend kann der Landnahmevorgang an sich analysiert werden: Wie und in welchem Territorium ging die Inbesitznahme und die Erschließung des genommenen Landes durch die Landnehmer vor sich, und welche Auswirkungen hatte die Landnahme auf die Vorsiedler, ihre sozialen und politischen Strukturen, ihre ganze Kultur? Damit verbunden ist auch die Frage, wie die Vorsiedler der Landnahme den Vorgang beurteilten. Dem gegenüber ist es natürlich von Interesse, ob die Perspektive der Neusiedler womöglich zu einer anderen Bewertung des Landnahmevorgangs gelangte. Die Ergebnisse der Untersuchungen jeder der drei Landnahmen sollen am Ende der entsprechenden Kapitel zusammengefaßt werden.

Die Landnahmen der Angelsachsen und der Wikinger schufen in England Fakten, die für die Ausgangssituation der ihnen zeitlich jeweils folgenden Landnahme im Land relevant wurden. Daher werden die drei in dieser Arbeit zu analysierenden Landnahmevorgänge einzeln und ihrer chronologischen Reihenfolge nach unter den oben gestellten Fragen behandelt werden. Ein knapper historischer Abriß der zwischen ihnen liegenden Zeitabschnitte wird dabei in die Darstellung der Situation der Vorsiedler der nächsten Landnahme überleiten. Abschließend muß in dieser Arbeit der geforderte Vergleich der drei Landnahmen zeigen, ob diese Vorgänge weitgehend analog verliefen oder aber signifikante Unterschiede aufwiesen. Sollte letzteres der Fall gewesen sein, so ergäbe sich daraus die Frage, ob denn der Begriff „Landnahme" auf alle drei Vorgänge in gleicher Weise zutreffend anzuwenden ist.

1.3. Methodische Anmerkungen

Die erste Referenz des Historikers sind schriftliche Quellen. Für die Analyse der Landnahmen der Angelsachsen, Wikinger und Normannen in England sind vorwiegend erzählende Quellen relevant. Diese sollen eingangs der Untersuchung jeder der drei genannten Landnahmen vorgestellt und kommentiert werden. Hierbei kommen natürlich primär solche Quellen in Frage, deren Verfasser eine räumliche und zeitliche Nähe zum Landnahmevorgang oder geographische und topographische Kenntnisse vom genommenen Land erkennen lassen.[12] In bezug auf das Thema dieser Arbeit sind dies zuvorderst Quellen, die in Britannien bzw. England selbst enstanden. Quellen aus den Herkunftsländern der Landnehmer können generell Informationen über die dortigen sozialen und politischen Strukturen und die Motivation der Landnehmer liefern. Auf die Quelleneditionen wird im laufenden Anmerkungsapparat hingewiesen werden.

Im Sinne der Beschränkung auf das im Rahmen dieser Arbeit Umsetzbare sollen im folgenden keine dokumentarischen Quellen direkt analysiert werden. Dort, wo solche Zeugnisse für die Untersuchung der drei Landnahmen relevante Informationen liefern, werden diese der wissenschaftlichen Literatur entnommen werden. Neben den schriftlichen Quellen und der Fachliteratur der eigenen Zunft müssen Historiker natürlich Erkenntnisse ihrer Nachbarwissenschaften berücksichtigen, wenn diese ihre Forschungsfelder erhellen können. Im folgenden wird daher wiederholt auf Ergebnisse der Archäologie und der Sprachforschung zurückgegriffen werden. Dies soll jedoch in dem Bewußtsein geschehen, daß dem Historiker methodische Probleme von Nachbarwissenschaften meist veschlossen bleiben. Dabei muß eine Gefahr berücksichtigt werden, auf die z. B. Hanna Vollrath in der Vergangenheit hingewiesen hat: Wenn die schriftlichen, archäologischen und sprachwissenschaftlichen Quellen lückenhaft sind, lassen die für sie jeweils zuständigen Fachleute in ihre Interpretation notgedrungen Hypothesen eingehen. Werden dann für eine zusammenhängende Darstellung alle

---

[12] Vgl. Vollrath, Landnahme, S. 321, Zettel, Horst: Das Bild der Normannen und der Normanneneinfälle in westfränkischen, ostfränkischen und angelsächsischen Quellen des 8. bis 11. Jahrhunderts, München 1977, S. 275 f. (im folg. zit.: Zettel, Bild).

verfügbaren Quellen herangezogen, können Hypothesen einer Wissenschaft durch Hypothesen des Nachbarfaches leicht zum Faktum erhärtet werden.[13]

1.4. Charakterisierung der verwendeten Literatur

Eine Einführung in die Grundprobleme und Forschungsschwerpunkte der englischen Geschichte im Mittelalter sowie in die Hilfsmittel und Quellen zu ihrem Studium geben die Beiträge von Karl-Friedrich Krieger in dem von Gottfried Niedhart 1982 herausgegebenen Band „Einführung in die englische Geschichte".[14] Einen Überblick über die englische Geschichte im Mittelalter selbst bietet Kriegers „Geschichte Englands von den Anfängen bis zum 15. Jahrhundert". Die zweite, durchgesehene Ausgabe von 1996 enthält im Anhang eine umfangreiche Auswahlbibliographie, die jüngere Forschungsbeiträge berücksichtigt.[15]

Primär wurden und werden die Landnahmen der Angelsachsen, der Wikinger und der Normannen in England naturgemäß von der britischen Forschung bearbeitet.[16] Eine ausführlichere Einführung in die englische Ge-

---

[13] Vollrath, Landnahme, S. 320 f.

[14] Niedhart, Gottfried (Hrsg.): Einführung in die englische Geschichte (Beck'sche Elementarbücher), München 1982.

[15] Krieger, Karl-Friedrich: Geschichte Englands von den Anfängen bis zum 15. Jahrhundert (Geschichte Englands in drei Bänden), München ²1996 (im folg. zit.: Krieger, Geschichte).

[16] Anzumerken ist hier, daß die anglophone Forschung in der Regel keinen direkt analogen und ebenso problematischen Gegenbegriff für „Landnahme" kennt. Die unter der Themenstellung dieser Arbeit zu untersuchenden Vorgänge werden meist als *settlement*, *occupation* oder *conquest* bezeichnet. Der Gebrauch des Begriffes *settlement* klammert den Aspekt der Inbesitznahme aus und begreift nicht zwingend den Gesichtspunkt der Bodenkultivierung mit ein. *Occupation* und *conquest* hingegen lassen von vornherein wenig Raum für eine Assoziation mit friedfertigen Vorgängen (vgl. Schneider, Problematik, S. 12 f., Fuchs, Landnahme, S. 97, 127.). Vereinzelt finden sich in der englischen Literatur die Begriffe *land seizure* oder *land-taking*. Beide können wohl wörtlich mit „Landnahme" übersetzt werden; aber anders als „Landnahme" im deutschen Sprachgebrauch wird *land seizure* bei Martyn Whittock und *land-taking* z. B. bei Stephen Johnson eindeutig mit gewaltsamer Inbesitznahme assoziiert. Ferner kann den beiden Begriffen aufgrund ihres marginalen Gebrauchs nicht der Stellenwert eines wissenschaftlichen Ordnungsbegriffes beigemessen werden (Vgl. Whittock, Martyn J.: The Origins of England 410-600, London – Sydney 1986, S. 51, 59 (im folg. zit.: Whittock, Origins), Johnson, Stephen: Later Roman Britain (Britain before the Conquest. An Archaeological History of the Britisch Isles, c. 1500 BC - AD 1066), London 1980, S. 122 (im folg. zit.: Johnson, Britain).).

schichte im „Zeitalter der Angelsachsen"[17] gibt Peter H. Sawyers „From Roman Britain to Norman England". Die überarbeitete Ausgabe von 1998 enthält Nachträge zum jüngeren Forschungsstand und ebenfalls neueres bibliographisches Material.[18] Eine stärker interpretativ orientierte Darstellung dieser Epoche bietet der von James Campbell herausgegebene Sammelband „The Anglo-Saxons" mit Beiträgen von Campbell selbst sowie u. a. von Patrick Wormald und Eric John.[19] Als Standardwerk zur englischen Geschichte zwischen 550 und 1087 gilt nach wie vor Frank M. Stentons „Anglo-Saxon England". Sein Gebrauch sollte jedoch durch Arbeiten, die neuere Forschungserkenntnisse berücksichtigen, ergänzt werden.[20] Die Darstellung Stephen Johnsons über das spät- und nachrömische Britannien, die im Anmerkungsapparat bereits zitiert wurde, ist schwerpunktmäßig archäologisch ausgerichtet. Dies gilt auch für den Band „Anglo-Saxon England" von Lloyd und Jennifer Laing.[21]

Eine ausführliche Auseinandersetzung mit der angelsächsischen Landnahme liefert „The English Settlements" von John N. L. Myres. Die hier für diese Arbeit herangezogene Taschenbuchausgabe von 1989 enthält im Anhang aktualisierende Anmerkungen zum Forschungsstand.[22] Der im Anmerkungsapparat ebenfalls bereits zitierte Band Whittocks zu den Ursprüngen Englands enthält von Myres' Darstellung mitunter abweichende Interpretationen. Mit den Wikingerzügen als „gesamteuropäische Erscheinung"[23] befaßt sich „Kings and Vikings. Scandinavia and Europe AD 700-1100" von Sawyer.[24] Sawyer hat in den vergangenen Jahrzehnten die be-

---

[17] Krieger, Geschichte, S. 34.

[18] Sawyer, Peter H.: From Roman Britain to Norman England, London – New York ²1998 (im folg. zit.: Sawyer, Britain).

[19] Campbell, James (Hrsg.): The Anglo-Saxons, London ²1991.

[20] Sawyer, Britain, S. xi. Stenton, Frank M.: Anglo-Saxon England (The Oxford History of England, Bd. 2), Oxford – New York, ³1971 (im folg. zit.: Stenton, England).

[21] Laing, Lloyd u. Jennifer: Anglo-Saxon England (Britain before the Conquest. An archaeological History of the British Isles, c. 1500 BC - AD 1066), London 1979 (im folg. zit.: Laing, England).

[22] Myres, John N. L.: The English Settlements (The Oxford History of England, Bd. 1, B), Oxford – New York ²1989 (im folg. zit.: Myres, Settlements).

[23] Krieger, Geschichte, S. 56.

[24] Sawyer, Peter H.: Kings and Vikings. Scandinavia and Europe AD 700-1100, London – New York 1982 (im folg. zit.: Sawyer, Kings).

deutendsten Beiträge zur Prägung des modernen Forschungsbildes von den Wikingern geliefert.[25] Ausschließlich mit den wikingischen Aktivitäten in Britannien und Irland beschäftigt sich Henry R. Loyns 1994 veröffentlichte Überarbeitung seiner früheren Arbeit zum Thema „The Vikings in Britain".[26] Eine Übersichtsdarstellung der Geschichte der Normannen und ihres Wirkens in Europa und im Nahen Osten im 11. Jahrhundert liefert R. Allan Browns Band „Die Normannen".[27] Bei „The Normans in Europe" von Elisabeth van Houts handelt es sich um eine Sammlung von Quellentexten zur normannischen Geschichte in neuenglischer Übersetzung. Der Band enthält jedoch auch Einführungen in die Taten und Wirkungsweisen der Normannen in den verschiedenen Regionen Europas.[28] Mit großer Ausführlichkeit widmet sich der Landnahme der Normannen in England der Beitrag von Kurt-Ulrich Jäschke in „Vorträge und Forschungen, Bd. 41, II".[29] Auf weitere zur Erstellung dieser Arbeit herangezogene Literatur wird im laufenden Anmerkungsapparat hingewiesen.

---

[25] Vgl. Wormald, Patrick: The Ninth Century, in: James Campbell (Hrsg.): The Anglo-Saxons, London ²1991, S. 132-157, hier S. 144 (im folg. zit.: Wormald, Century).

[26] Loyn, Henry R.: The Vikings in Britain (Historical Association Studies), Oxford – Cambridge (Ma.) 1994 (im folg. zit.: Loyn, Vikings).

[27] Brown, R. Allen: Die Normannen, München – Zürich 1988 (im folg. zit.: Brown, Normannen).

[28] Bezug nehmend auf die darstellenden Beiträge der Herausgeberin, wird der Band im folg. wie eine Monographie zit.: van Houts, Elisabeth: The Normans in Europe (Manchester Medieval Sources Series), Manchester – New York 2000 (im folg. zit.: von Houts, Normans).

[29] Jäschke, Kurt-Ulrich: Die normannische „Landnahme" auf den Britischen Inseln, in: Vorträge und Forschungen, Bd. 41, II, S. 213-335 (im folg. zit.: Jäschke, Landnahme).

2 Das römische Britannien im 4. Jahrhundert und der dortige Zusammenbruch der Reichsgewalt

Der Teil Britanniens, der in der Mitte des 4. Jahrhunderts integraler Bestandteil des römischen Weltreiches war,[30] entsprach ziemlich genau dem Gebiet des heutigen Englands und Wales'[31] und wurde im Norden vom Hadrianswall begrenzt. Die Diözese Britannien war damals in vier Provinzen unterteilt mit den Provinzhauptstädten *Londinium* (London)[32], *Eburacum* (York)[33] sowie wahrscheinlich *Corinium Dobunnorum* (Cirencester)[34] und *Lindum colonia* (Lincoln)[35]. In diesen Städten saßen die römischen Gouverneure, die den Verwaltungsapparat, alle rechtlichen und finanziellen Belange sowie die Überwachung der lokalen Selbstverwaltung in ihrer Provinz leiteten. *Londinium* war zugleich Metropolis der Diözese.[36]

Betrachtet man die ethnische, soziale und politische Struktur des römischen Britanniens in dieser Zeit, so ist zunächst auf den Gegensatz zwischen den *Lowlands* und den *Highlands* hinzuweisen: Die unwegsamen Bergregionen des Westens und Nordens blieben ihrem Charakter nach Militärzonen, in denen die römischen Garnisonen immer wieder mit bewaffneten Aktionen keltischer Gruppen konfrontiert wurden.[37] Obgleich in diesen Regionen römischer Einfluß in Form landwirtschaftlicher Techniken und importierter Gebrauchsgegenstände nachweisbar ist, war die britische Bevölkerung selbst hier wohl kaum romanisiert.[38]

In den *Lowlands* des Südens und Ostens hingegen hatte sich die römische Zivilisation entfalten können.[39] Ist im Gebiet des heutigen Cornwalls und

---

[30] Campbell, James: The End of Roman Britain, in: James Campbell (Hrsg.): The Anglo-Saxons, London ²1991, S. 8-19, hier S. 9 (im folg. zit.: Campbell, End).
[31] Krieger, Geschichte, S. 28.
[32] Ebd., S. 26.
[33] Ebd., S. 27.
[34] Sawyer, Britain, S. 60.
[35] Ebd., S. 59.
[36] Johnson, Britain, S. 5, 42.
[37] Krieger, Geschichte, S. 28.
[38] Sawyer, Britain, S. 59.
[39] Krieger, Geschichte, S. 28.

Devons lediglich eine römische *villa* gefunden worden, so sind für das übrige England über 600 *villae* bekannt.[40] Diese römischen Landsitze waren meist Zentren ausgedehnter Ländereien.[41] Sie waren zum Teil wohl Eigentum höherer Reichsbeamter sowie von Veteranen und sonstigen Immigranten aus anderen Reichsteilen.[42] Der Großteil der *villae* dürfte jedoch einheimischen Aristokraten gehört haben, deren Familien sich der römischen Lebensweise angepaßt hatten und die im 4. Jahrhundert römische Staatsbürger waren.[43]

Die Mehrheit der sich am unteren Ende der sozialen Hierarchie bewegenden britischen Bevölkerung lebte in kleineren, landwirtschaftlich ausgerichteten Siedlungseinheiten auf der Grundlage von Subsistenzwirtschaft.[44] Orte mit höherer Siedlungskonzentration um einen Marktplatz oder ein religiöses Zentrum wurden wahrscheinlich als *vici* bezeichnet; wenn sie befestigt waren, wurden sie mitunter auch *castra* genannt.[45] Über 100 befestigte Orte aus der Zeit des römischen Britanniens sind bekannt.[46] Die *vici* unterlagen der administrativen Kontrolle der *civitas*.[47]

Im 4. Jahrhundert war das Territorium der Diözese Britannien, sieht man von den Militärzonen der Grenzgebiete ab, vermutlich in 28 *civitates* unterteilt. Diese territoriale Einteilung orientierte sich weitgehend an vorrömischen Stammesstrukturen. In den Zentren dieser *civitates* lagen bedeutendere Städte, die selbst *civitates* genannt wurden. Mit dem römischen Bürgerrecht ausgestattete und eine gewisse Besitzqualifikation erfüllende ortsansässige Männer hatten Zugang zur *curia* der *civitas*. Dieser ca. 100 Mitglieder zählende Rat war für die Selbstverwaltung der *civitas* und ihres Umlands verantwortlich. Solche urbanen Zentren in Britannien weisen mit einem planmäßig angelegten Straßennetz sowie Foren mit Kaufhallen, Ba-

---

[40] Campbell, End, S. 9 ff.
[41] Johnson, Britain, S. 13 f.
[42] Sawyer, Britain, S. 63.
[43] Campbell, End, S. 11.
[44] Johnson, Britain, S. 18.
[45] Sawyer, Britain, S. 61.
[46] Campell, End, S. 10.
[47] Sawyer, Britain, S. 61.

siliken, Amphitheatern, Bädern und Stadtmauern die typischen Elemente späten provinzialrömischen Städtebaus auf.[48]

Der Wohlstand der Städte basierte auf Handel und Manufaktur: Münzen zirkulierten im großer Zahl in Britannien. Besonders die Töpferei war hier hoch entwickelt. Das Netz römischer Landstraßen ermöglichte den Vertrieb von Gütern. Für die größte Stadt der Diözese, *Londinium*, wird eine Bevölkerungzahl von rund 30000 angenommen. In *Verulamium* (St. Albans)[49] und *Viroconium Cornoviorum* (Wroxeter)[50] lebten damals schätzungsweise jeweils 15000 Menschen. Einige weitere bedeutende Zentren mögen 2000 bis 10000 Einwohner gezählt haben. Jüngere Schätzungen gehen für das römische Britannien von einer Gesamtbevölkerung von bis zu 3 oder 4 Mio. aus – eine Zahl, die England wohl erst im Spätmittelalter wieder erreichte.[51]

Auch im Falle der wohlhabenden Eigentümer größerer Stadthäuser ist anzunehmen, daß es sich hierbei überwiegend um Briten aristokratischer Abstammung mit römischer Staatsbürgerschaft handelte. Durch den Zuzug von Beamten, Händlern, Legionären und Exulanten vom Kontinent ist für die Städte des spätrömischen Britanniens allerdings auch ein nennenswertes internationales Bevölkerungselement zu vermuten. Wahrscheinlich dienten im 4. Jahrhundert auch viele Briten als Offiziere in den in der Diözese stationierten römischen Truppen. Die romanisierte britische Oberschicht der *civitates* und *villae* war vermutlich bilingual, lateinisch und keltisch.

Für die Städte ist der Gebrauch des geschriebenen Lateins zur Abwicklung alltäglicher Geschäfte bis in die Unterschicht hinein nachweisbar.[52] Auch war organisiertes Christentum im römischen Britannien im 4. Jahrhundert

---

[48] Johnson, Britain, S. 9-13.
[49] Krieger, Geschichte, S. 26.
[50] Sawyer, Britain, S. 60.
[51] Campbell, End, S. 9 ff.
[52] Ebd., S. 11.

präsent; der Grad der Christianisierung der Bevölkerung ist jedoch nicht geklärt.[53]

Seit dem Ende des 3. Jahrhunderts wurde das römische Britannien zunehmend durch Barbareneinfälle militärisch erheblich unter Druck gesetzt.[54] Der Norden der Diözese wurde von Picten, die im Gebiet des heutigen Schottlands siedelten, bedroht. Als Hauptverteidigungswerk gegen sie diente der Hadrianswall. Picten suchten aber auch über den Seeweg die Ostküste Britanniens heim.[55] Die Westküste wurde wiederholt von Kelten aus Irland überfallen, die die Römer *Scoti* nannten.[56] Einfälle von Picten und Scoten nach Britannien wurden z. B. für die Jahre 360 und 365 gemeldet.[57]

Eine weitere Gefahr ging für die zivilen Zonen Britanniens von germanischen Piratenbanden aus.[58] Sie stammten aus der Küstenregion zwischen Wesermündung und dem Süden des heutigen Dänemarks. In antiken Quellen wird als Sammelbegriff für die Germanenstämme dieser Gegend vielfach die Bezeichnung *Saxones* gebraucht. Im Verlaufe des 3. Jahrhunderts waren diese germanischen Seefahrer zu einer erheblichen Gefahr für die gallische Atlantikküste geworden.[59] Dieser Bedrohung begegnete das Imperium seit Ende des 3. Jahrhunderts mit der Errichtung starker Forts an der Südwestküste Britanniens und auf dem Kontinent. Für diese Militärzone an der britischen Südwestküste ist ab ca. 395 die Bezeichnung *Litus Saxoni-*

---

[53] Johnson, Britain, S. 33 ff. Auch nach der Erhebung des Christentums zur römischen Staatsreligion wurden in Britannien offensichtlich noch heidnische Götter verehrt (Krieger, Geschichte, S. 33.). Zwei christliche Exponenten der britischen Oberschicht jener Zeit erlangten Berühmtheit: Der erste war Pelagius, der um 380, vermutlich um Jura zu studieren, nach Rom ging. Er vertrat die nach ihm benannte, in Britannien verbreitete und anathematisierte Lehre, derzufolge die Erlösung mehr durch die Taten des Menschen, als durch göttliche Gnade zu erreichen sei. Der zweite, Patricius, wurde um 405 als Heranwachsender von irischen Piraten entführt und floh später in seine Heimat. Man vermutet, daß er vielleicht im Jahr 432 als Missionar und Bischof nach Irland zurückkehrte (Campbell, End, S. 13.).

[54] Krieger, Geschichte, S. 31.

[55] Campbell, End, S. 13.

[56] Krieger, Geschichte, S. 31.

[57] Sawyer, Britain, S. 65.

[58] Krieger, Geschichte, S. 31.

[59] Campbell, End, S. 13.

cum, Sachsenküste, bezeugt.[60] Im Jahr 367 soll es zu einer „barbarischen Verschwörung" gekommen sein: Picten durchbrachen den Hadrianswall, Scoten drangen von Westen nach Britannien ein und Sachsen sollen von Osten aus die zivilen Kernzonen der Insel überfallen haben. Dem römischen Feldherren Theodosius gelang es, mit eilends über den Kanal gesetzten Truppen die Lage noch einmal unter Kontrolle zu bringen.[61]

Kurz vor 400 entsandte der römische Feldherr Stilicho noch militärische Kräfte zur Entlastung Britanniens auf die Insel.[62] Er mußte jedoch 401 oder 402 starke Verbände zur Verteidigung Roms gegen die Westgoten wieder auf den Kontinent verlegen.[63] 407 zog der in Britannien zum Kaiser proklamierte Usurpator Konstantin den größten Teil der dort verbliebenen Truppen nach Gallien ab, um die in diese Provinz eingefallenen Vandalen, Alanen und Sueben zu bekämpfen. Der griechische Historiograph Zosimus schrieb im frühen 6. Jahrhundert, daß die Briten sich damals von der römische Herrschaft gelöst und selbst die Waffen gegen die Barbaren ergriffen hätten (409?). Im Jahr 410, so Zosimus, soll der weströmische Kaiser Honorius die britischen *civitates* schließlich schriftlich angewiesen haben, ihre Verteidigung selbst zu übernehmen.[64]

---

[60] Johnson, Britain, S. 76 ff.

[61] Krieger, Geschichte, S. 31 f. In der jüngeren Forschung sind Zweifel an einer sächsischen Teilhabe an dieser vom zeitgenössischen Historiker Ammianus Marcellinus beschriebenen *barbarica conspiratio* aufgekommen. Es konnte bisher nämlich kein verläßlicher Beweis für sächsische Angriffe auf Britannien vor 390 erbracht werden. Vermutlich wurde auch erst in dieser Zeit das Kommando des *comes litoris saxonici per Britanniam* eingerichtet. Die Forts auf britischer Seite des Kanals mögen zuvor primär der Sicherung des Schiffsverkehrs gedient haben (vgl. Sawyer, Britain, S. 65, 262, Myres, Settlements, S. 83 f.).

[62] Campell, End, S. 16.

[63] Krieger, Geschichte, S. 32.

[64] Campbell, End, S. 16.

3   Die Landnahme der Angelsachsen

Die Zeit der Landnahme der Angelsachsen, das Zeitalter zwischen dem Zusammenbruch der römischen Reichsgewalt in Britannien und der Christianisierung Englands durch Augustinus seit 597, gilt als das am schwierigsten zu ergründende Kapitel der englischen Geschichte überhaupt. Für das Britannien in dieser Phase gibt es kein zeitgenössisches Quellenmaterial irgendeiner Art, das an Aussagewert dem der vorangegangenen oder folgenden Zeit nahekommt. Dieses Problem ergibt sich schon aus der Tatsache, daß die Angelsachsen zur Zeit ihrer Landnahme noch nicht christianisiert und damit illiterat waren. Erst nach ihrer Missionierung begannen sie, mündliche Überlieferungen aufzuschreiben.[65] Aus dem 5. Jahrhundert existiert auch kein Bericht eines mit den Verhältnissen in Britannien vertrauten Autors - was angesichts der im römischen Britannien verbreiteten Schriftlichkeit überrascht. Abgesehen von einigen sporadischen Nachrichten kontinental-europäischer Autoren muß der Historiker zur Rekonstruktion der angelsächsischen Landnahme Schriftquellen heranziehen, die meist Generationen nach den betreffenden Ereignissen entstanden sind.[66]

Auch die Einbeziehung der Erkenntnisse von Nachbarwissenschaften erlaubt es der Geschichtsforschung lediglich, ein sehr vages Bild von der angelsächsischen Landnahme zu zeichnen.[67] Hierbei ist der Historiker stark auf die Ergebnisse der Archäologie und der Sprachforschung angewiesen.[68] Da die archäologischen und sprachwissenschaftlichen Erkenntnisse bezüg-

---

[65] Myres, Settlements, S. 1, 4. Wenige Funde belegen, daß unter den Angelsachsen schon vor der Einführung der lateinischen Schriftlichkeit die germanische Runenschrift Verwendung fand; man nimmt jedoch an, daß sowohl Kenntnis als auch Anwendung der Runen sehr eng begrenzt blieben. (Eichner, Heiner: Die Ausprägung der linguistischen Physiognomie des Englischen anno 400 bis anno 600 n. Chr., in: Alfred Bammesberger, Alfred Wollmann (Hrsg.): Britain 400-600: Language and History (Anglistische Forschungen, Heft 250), Heidelberg 1990, S. 307-333, hier S. 312 ff., 330.).

[66] Krieger, Geschichte, S. 34 f.

[67] Campbell, James: The Lost Centuries: 400-600, in: James Campbell (Hrsg.): The Anglo-Saxons, London ²1991, S. 20-44, hier S. 20 (im folg. zit.: Campbell, Centuries).

[68] Krieger, Karl-Friedrich: Grundprobleme und Forschungsschwerpunkte der englischen Geschichte im Mittelalter, in: Gottfried Niedhart (Hrsg.): Einführung in die englische Geschichte (Beck'sche Elementarbücher), München 1982, S. 13-78, hier S. 35 (im folg. zit.: Krieger, Grundprobleme).

lich des Verlaufes dieser Landnahme jedoch mitunter nur schwer mit der schriftlichen Überlieferung in Einklang zu bringen sind,[69] sollen sie getrennt von der Analyse der erzählenden Quellen betrachtet werden. Zusammenfassend muß dann versucht werden, gemäß den verschiedenen Befunden ein Bild der angelsächsischen Landnahme zu skizzieren.

3.1. Erzählende Quellen zur angelsächsischen Landnahme

Als zeitnächste Quelle für die angelsächsische Landnahme[70] ist zunächst das von Gildas verfaßte Werk „De excidio et conquestu Britanniae" zu nennen.[71] Gildas war vermutlich britischer Kleriker, der sein Leben wohl im Westen der Insel verbrachte.[72] Er schrieb dieses Werk offensichtlich weniger in der Absicht, historische Ereignisse genau darzustellen, als vielmehr den von ihm wahrgenommenen Sittenverfall seiner Zeit im Sinne einer Bußpredigt anzuprangern.[73] Die Schrift behandelt nach einem Vorwort zunächst die Geschichte Britanniens von der römischen Kolonialzeit bis zur Ausbreitung der Sachsen. Dem folgt eine Mahnung an seine Landsleute, sich von ihrem sündhaften Leben abzuwenden. Die genaue Datierung der Abfassungszeit der Schrift ist stark umstritten; sie wird anhand des von Gildas vermittelten Informationsstandes meist in die erste Hälfte des 6. Jahrhunderts verortet.[74] Gildas nennt keine Daten, kaum Namen und bleibt bei geographischen Angaben unpräzise.[75] Dennoch stuft die moderne Forschung den Quellenwert dieser Schrift als relativ hoch ein, denn sie ist die einzige zeitgenössische Schriftquelle aus dem Britannien der Zeit zwischen 400 und 600.[76]

---

[69] Krieger, Geschichte, S. 35.
[70] Ebd., S. 34.
[71] Der Text wurde mit neuenglischer Übersetzung herausgegeben von Michael Winterbottom: Gildas: The Ruin of Britain and other Works (History from the Sources), London –Chichester 1978 (im folg. zit.: DE).
[72] Vollrath, Landnahme, S. 321.
[73] Krieger, Geschichte, S. 34.
[74] Vollrath, Landnahme, S. 322 f.
[75] Campbell, Centuries, S. 23.
[76] Krieger, Karl-Friedrich: Quellen zur Frühzeit und zum Mittelalter, in: Gottfried Niedhart (Hrsg.): Einführung in die englische Geschichte (Beck'sche Elementarbücher), München 1982, S. 221-262, hier S. 225 f. (im folg. zit.: Krieger, Quellen).

Die „Historia ecclesiastica gentis Anglorum" ist die zweite erzählende Quelle, die für die Erforschung der angelsächsischen Landnahme von zentraler Bedeutung ist.[77] Sie wurde verfaßt vom angelsächsischen Mönch Beda, der von 672 oder 673 bis 735 lebte und im nordhumbrischen Kloster Jarrow wirkte. Jarrow war ein frühes Zentrum der monastischen Gelehrsamkeit.[78] Die Schriften Bedas lassen eine für seine Zeit in Westeuropa einzigartige Fähigkeit zur historiographischen Analyse erkennen.[79] Seine „Kirchengeschichte des englischen Volkes" beschreibt einleitend die geographischen Verhältnisse der Britischen Inseln, ihre römische Epoche und die Ausbreitung der Angelsachsen. Der Hauptteil widmet sich deren Missionierung durch Augustinus sowie der Geschichte der Kirche in England bis zum Jahr 731.[80]

Die meisten Nachrichten über die angelsächsische Landnahme übernahm Beda aus Gildas' „De excidio et conquestu Britanniae". Weitere Informationen über die britische Perspektive bezog Beda für die Zeit der Ausbreitung der Sachsen aus der um 480 von Constantius verfaßten Vita des Germanus von Auxerre. Beda verwendete diese Lebensbeschreibung zur Schilderung der beiden Reisen der Bischöfe Germanus von Auxerre und Lupus von Troyes nach Britannien, die sie unternahmen, um gegen den dort verbreiteten Pelagianismus zu predigen.[81] Es ist nicht auszuschließen,

---

[77] Ebd., S. 224. Mit deutscher Übersetzung wurde der Text herausgegeben von Günter Spitzbart: Beda der Ehrwürdige: Kirchengeschichte des englischen Volkes (Texte zur Forschung, Bd. 34), Darmstadt 1982 (im folg. zit: HE).

[78] Gransden, Antonia: Historical Writing in England c. 500 to c. 1307, London 1974, S. 13 f. (im folg. zit.: Gransden, Writing).

[79] Krieger, Quellen, S. 224. Beda war besonders an Fragen der Chronologie interessiert. Durch Bedas Gebrauch etablierte sich im Westen das Datierungssystem nach Christi Geburt (Gransden, Writing, S. 24 f.). Neben chronistischen Texten verfaßte Beda auch zahlreiche Abhandlungen zur lateinischen Grammatik und zu naturwissenschaftlichen Fragen sowie theologische Kommentare. Dafür ehrte ihn die Nachwelt mit dem Beinamen *Venerabilis*, der Ehrwürdige (Krieger, Geschichte, S. 55.).

[80] Gransden, Writing, S. 15 f.

[81] Vollrath, Landnahme, S. 326 ff. Constantius von Lyon war Vertreter des gebildeten spätantiken Klerus Südfrankreichs. Er verfaßte die Vita des Heiligen Germanus auf Veranlassung des Bischofs von Lyon in seelsorgerischer Absicht. Der Text liefert Informationen über die Kirchengeschichte Galliens und Britanniens des 5. Jahrhunderts sowie zahlreiche Wundergeschichten (Gruber, Joachim: Constantius von Lyon, in: Robert-Henri Bautier u. a. (Hrsg.): Lex MA, Bd. 3, München – Zürich 1986, Sp. 173.).

daß Beda verschriftlichte Überlieferungen der angelsächsischen Perspektive über die Landnahmezeit vorlagen. Solche Überlieferungen können jedoch frühestens im Verlauf des 7. Jahrhunderts niedergeschrieben worden sein. Zu dieser Zeit kann das Erinnerungsvermögen der Zeitgenossen allenfalls bis in die zweite Hälfte des 6. Jahrhunderts zurückgereicht haben.[82]

Gegen Ende des 9. Jahrhunderts entstand die zweite erzählende Quelle zur angelsächsischen Landnahme, die aus angelsächsischer Feder stammt: die Angelsächsische Chronik. Es handelt sich hierbei um ein Annalenwerk in Volkssprache, das sich überwiegend als knappe Aufzählung von Ereignissen präsentiert.[83] Die Chronik wurde begonnen im Königreich Wessex zur Zeit der Regierung König Alfreds des Großen (871-899)[84]. Der Schwerpunkt ihrer Darstellung liegt auf der Geschichte dieses Reiches sowie seiner Herrscherdynastie.[85] An zahlreiche Klöster in ganz England versandt, wurde die Angelsächsische Chronik verschiedentlich kopiert und weitergeführt. Das älteste erhaltene Manuskript ist die sogenannte Parker-Chronik. Nach allgemein verbreiteter Zählweise wird sie als Version A der Chronik geführt.[86] Von den 13 oder 14 Schreibern der Parker-Chronik, die sich unterscheiden lassen, schrieb der erste bis zum Vermerk der Jahreszahl 892.[87]

---

[82] Sawyer, Britain, S. 11 f. Angemerkt sei hier, daß Myres in diesem Zusammenhang auf die Heirat der literaten fränkischen Prinzessin Bertha mit dem kentischen Thronfolger Ethelbert im Jahr 560 verweist. Myres spekuliert, ob nicht im Umfeld Berthas – sie brachte ihren Hofstaat mit einem Bischof als Hofgeistlichen mit nach Kent – schon zu dieser Zeit Überlieferungen der Geschichte des südostenglischen Königreichs verschriftlicht worden sein könnten (Myres, Settlements, S. 10.). Als die der zeitlichen Abfolge nach nächste erzählende Quelle für die angelsächsische Landnahme kann die „Historia Brittonum" des Nennius betrachtet werden. Sie wurde um 830 von einem in Wales lebenden Briten verfaßt. In dieser Schrift werden jedoch ohne erkennbares Ordnungsprinzip u. a. Traktate über die Geschichte der Briten, Heiligenviten und Genealogien von Königsfamilien aneinandergereiht. Der Text enthält zahlreiche Irrtümer und nur wenige historisch zuverlässige Angaben. Vieles ist offensichtlich Dichtung (vgl. Krieger, Quellen, S. 226, Krieger, Geschichte, S. 34, Campbell, Centuries, S. 26.).

[83] Vollrath, Landnahme, S. 331 f.

[84] Krieger, Geschichte, S. 61.

[85] Gransden, Writing, S. 32 ff.

[86] Ebd., S. 38 ff. Diese Version der Angelsächsischen Chronik wurde nach Erzbischof Matthew Parker benannt, der sie dem Corpus Christi College in Cambridge übereignete (Wormald, Patrick: Alfredian Manuscripts, in: James Campbell (Hrsg.): The Anglo-Saxons, London ²1991, S. 158 f., hier S. 158.). The Anglo-Saxon Chronicle. A Collaborative Edition, hrsg. v. David Dumville u. Simon Keynes, Bd. 3: MS A, hrsg. v. Janet

Die ursprüngliche, in Wessex verfaßte Version der Chronik war eine Sammlung und Überarbeitung älterer, nicht mehr erhaltener volkssprachlicher Annalenwerke. Für die Zeit ab dem endenden 6. Jahrhundert besteht in der Forschung kaum Zweifel über den generell hohen Quellenwert der Angelsächsischen Chronik.[88] Fraglicher ist jedoch auch in ihrem Fall der Aussagewert für die Zeit der angelsächsischen Landnahme. Für Nachrichten über das nachrömische Britannien wurde offensichtlich auf Gildas und Beda zurückgegriffen.[89] Die Quellen aller weiteren Informationen, die die Chronik zu diesem Zeitabschnitt angibt, sind jedoch unklar.[90]

3.2. Die angelsächsischen Landnehmer[91]

3.2.1. Die Herkunft sowie die ethnische Identität der angelsächsischen Landnehmer

Gildas beschreibt, daß *Saxones* nach Britannien kamen und das Land verheerten.[92] Durch die Piraterie germanischer Seefahrer war der Name *Saxones* in der Spätantike zum Synonym für Barbarei geworden. Die Opfer dieser Piraten haben wohl hinsichtlich deren ethnischer Zugehörigkeit in der Regel nicht näher differenziert.[93] Den Angaben des römischen Historikers Tacitus und des griechischen Geographen Ptolemaios zu den Germanen der Nordseeküste ist zu entnehmen, daß bereits im 2. Jahrhundert die Friesen im Bereich des heutigen nördlichen Hollands und die Sachsen im Norden des heutigen Holsteins siedelten. Auch Angeln finden Erwähnung. Deren

---

M. Bately, Cambridge 1986 (im folg. zit.: ASChr-A). Neuenglische Übersetzung aller überlieferten Versionen der Angelsächsischen Chronik: The Anglo-Saxon Chronicle (60 B.C.-A.D. 1042), in: Dorothy Whitelock (Hrsg.): EHD, Bd. 1, London – New York ²1979, S. 145-261 (im folg. zit.: ASChr (EHD I)) und: The Anglo-Saxon Chronicle (1042-1155), in: David C. Douglas (Hrsg.): EHD, Bd. 2, London – New York ²1981, S. 103-215 (im folg. zit.: ASChr (EHD II)).

[87] Vollrath, Landnahme, S. 332.
[88] Krieger, Quellen, S. 225.
[89] Vollrath, Landnahme, S. 333.
[90] Gransden, Writing, S. 37.
[91] Mit dem Namen „Angelsachsen" werden im folg. alle germanischen Volksgruppen bezeichnet, die im Zuge des Zusammenbruchs der römischen Reichsgewalt in Britannien Land nahmen (vgl. Campbell, Centuries, S. 22.).
[92] DE, Kap. 23 f., S. 97 f.
[93] Whittock, Origins, S. 6 f.

Siedlungsgebiet war wohl die Region im heutigen Schleswig-Holstein, die noch immer den Namen Angeln trägt.[94]

Aufschlüsse über die Siedlungsgeschichte der Nordseeküste des heutigen Deutschlands und Nordhollands jener Zeit liefern vor allem die zahlreichen Hügelsiedlungen, die sogenannten „Terpen".[95] Der archäologische Nachweis bezeugt zwischen 250 und 450 eine sächsische Siedlungsbewegung westwärts Richtung Ems bis hinein nach Friesland. Die zuvor zwischen Elbe und Weser bezeugten *Chauci* wurden von den Sachsen verdrängt oder absorbiert.[96] Auch Angeln zogen in dieser Zeit nach Südwesten.[97] Von der Elbe und bis hinein nach Friesland kam es damals zu einer kulturellen Mischung: Hier finden sich als Grabbeigaben neben sächsischen Fibeln auch solche typisch anglischen Stils. Ursprünglich war im Raum nördlich der Elbe Brandbestattung typisch gewesen. Weiter südlich hingegen wurde die unverbrannte Bestattung praktiziert. Beide Bestattungsformen lassen sich jedoch für die hier relevante Zeit im Raum zwischen Elbe und Weser nebeneinander nachweisen.[98] Auch kamen damals im sächsischen Raum zunehmend Tonprodukte typisch anglischen Stils in Gebrauch.[99] Die Forschung unterstellt daher ab dem 3. Jahrhundert für die Region zwischen Elbe und Ems die Siedlung einer sogenannten „Mischgruppe".[100]

Anders als Gildas weiß Beda zunächst von der Ankunft der *Anglorum sive Saxonum gens* in Britannien zu berichten. Ihnen sei eine größere Gruppe gefolgt: *Advenerant autem de tribus Germaniae populis fortioribus, id est Saxonibus, Anglis, Iutis.* Von den Jüten würden die Einwohner Kents und der Isle of Wight abstammen, von den Altsachsen *(id est ea regione, quae nunc Antiquorum Saxonum cognominatur)* die Ostsachsen, Südsachsen und

---

[94] Myres, Settlements, S. 46, 49 f.
[95] Ebd., S. 51.
[96] Whittock, Origins, S. 8 f.
[97] Myres, Settlements, S. 107.
[98] Whittock, Origins, S. 10.
[99] Johnson, Britain, S. 48 f.
[100] Whittock, Origins, S. 9 f., 107 f.

Westsachsen und von den Angeln die Ost- und Mittelangeln, die Mercier, Nordhumbrier sowie die übrigen *Anglorum populi*.[101]

Es ist möglich, daß Beda mündliche Berichte zur angelsächsischen Landnahme verarbeitete. Dabei muß berücksichtigt werden, daß zwischen dieser Landnahme und der Abfassung von Bedas Bericht nicht nur 150 bis 250 Jahre liegen; bis zu Bedas Lebzeiten war auch eine Vielzahl angelsächsischer Kleinherrschaften in sieben Königreichen aufgegangen. In deren Namensgebung waren Stammesnamen der kontinentalen Herkunft eine Verbindung mit geographischen Gegebenheiten des genommenen Landes eingegangen, wie z. B. im Falle der Ost-, Süd-, und Westsachsen. Untersuchungen mündlicher Überlieferungen haben gezeigt, daß in ihnen Darstellungen politischer und sozialer Strukturen der Vergangenheit denen der Erzählgegenwart angepaßt werden, d. h. erlebte Zustände werden zurückprojiziert. Es ist möglich, daß Bedas Quellen zur Herkunft der Landnehmer eine solche Rückprojektion gegebener Zustände erfahren hatten.[102]

Die Angaben Bedas zu den Siedlungsgebieten der Angeln und der Sachsen in Britannien stehen grundsätzlich im Einklang mit dem archäologischen Befund.[103] Fast alle angelsächsischen Friedhöfe der vorchristlichen Zeit, die im Osten Englands zwischen Norfolk und York gefunden wurden, weisen ausschließlich Brandbestattung auf. Dies deutet auf anglische Herkunft der Siedler hin. Die in den südlichen und östlichen *Midlands* ausgegrabenen Friedhöfe jener Zeit zeigen hingegen weitestgehend gemischte Bestattungsriten. Dies wiederum deutet darauf hin, daß die Siedler hier dem anglisch-sächsischen Raum zwischen Elbe und Weser entstammten. Die den Gräbern in den genannten Regionen beigegebenen Fibeln bestätigen dieses Bild von der Herkunft der Siedler.[104]

Myres' Studien zur frühen angelsächsischen Töpferei haben ebenfalls Verbindungen zwischen den von Beda genannten Herkunftsländern und den

---

[101] HE, I, 15, S. 58.
[102] Vollrath, Landnahme, S. 326 ff.
[103] Krieger, Grundprobleme, S. 35.
[104] Johnson, Britain, S. 125 ff.

angelsächsischen Siedlungsgebieten in Britannien aufgezeigt.[105] Jedoch war die Trennung zwischen den Herkunftsvölkern der Engländer offensichtlich weit weniger scharf, als Bedas Darstellung suggeriert.[106] Wie bereits beschrieben, traten Angeln und Sachsen schon auf dem Kontinent als „Mischgruppe" auf.[107] Auch wird den Funden nach bereits zu einer frühen Phase der angelsächsischen Landnahme eine Vermischung der zwischen den Landnehmern bestehenden kulturellen Unterschiede vermutet.[108]

Die Angabe Bedas, Angehörige des Stammes der Jüten hätten Kent und die Isle of Wight besiedelt, hat die ältere Forschung in Zweifel gezogen.[109] Beda lokalisiert das Herkunftsland der Jüten in der nördlichen Nachbarschaft der Angeln,[110] also auf der dänischen Halbinsel Jütland. Dabei wurde u. a. eingewandt, daß der Landesname „Jütland" nicht von den Jüten (*Iutae*), sondern vom Stamm der Jótar, der in dieser Region siedelte, abzuleiten sei. Ferner schien das archäologische Material primär Bezugspunkte zum fränkischen Rheinland zu zeigen.[111] Die Archäologie konnte später aber auch im Falle des Südwesten Englands Bedas Darstellung grundsätzlich bestätigen:[112] War im 4. und frühen 5. Jahrhundert in Jütland die unverbrannte Beisetzung verbreitet,[113] so läßt sich diese auch in Kent für die Zeit der angelsächsichen Landnahme vorwiegend nachweisen.[114] Die in diesen Gräbern enthaltenen Töpfereiprodukte und Schmuckgegenstände zeigen eben-

---

[105] Myres, Settlements, S. 63-73. Angemerkt sei hier, daß die Identifikation der Herkunft der Siedler über archäologische Funde mit Unwägbarkeiten verbunden ist: So beweist z. B. der Fund von Fibeln oder Tonurnen typisch anglischen Stils nicht automatisch, daß diese auch tatsächlich von Angeln verwendet wurden (Hills, Catherine: The Anglo-Saxon settlement of England. The state of research in Britain in the late 1980s, in: Vorträge und Forschungen Bd. 41, I, S. 303-315, hier S. 309 (im folg. zit.: Hills, settlement).).

[106] Whittock, Origins, S. 12.

[107] Vielleicht war sich Beda dieses Zustands sogar bewußt; er schreibt ja, daß zunächst der Stamm der Angeln oder Sachsen (*gens Anglorum sive Saxonum*) nach Britannien gekommen sei. Es war aus Bedas Perspektive offensichtlich nicht möglich, diese Leute einem der beiden Stämme genau zuzuordnen (HE, I, 15, S. 58.).

[108] Johnson, Britain, S. 127.

[109] Krieger, Grundprobleme, S. 35 f.

[110] HE, I, 15, S. 58.

[111] Krieger, Grundprobleme, S. 35 f.

[112] Campbell, Centuries, S. 13.

[113] Whittock, Origins, S. 10.

[114] Johnson, Britain, S. 127.

falls klare Verbindungen zwischen Jütland und Kent, wie auch zwischen Kent und der Isle of Wight.[115] Es gibt heute einen klar abgrenzbaren Korpus archäologischen Materials aus dem Südosten Englands, der hier fränkischen Einfluß im 5. und 6. Jahrhundert erkennen läßt; jedoch liefert er keinen Beweis für eine beträchtliche fränkische Siedlungsaktivität.[116]

Vor allem Funde von Schmuck und Bekleidungsgegenständen weisen auch auf Migration aus dem nordwestlichen Skandinavien in das östliche England im späten 5. und im 6. Jahrhundert hin.[117] Schließlich wurde von der Forschung in der Vergangenheit eine starke friesische Teilhabe an der angelsächsischen Landnahme angenommen. Dabei findet sich in der Literatur vielfach der Verweis auf die augenscheinliche linguistische Verwandtschaft des Friesischen und des Englischen.[118] In der jüngeren Vergangenheit sind jedoch von Rolf H. Bremmer grundlegende Zweifel an dieser verbreiteten Annahme erhoben worden.[119] Der einzige schriftliche Hinweis auf eine friesische Präsenz unter den angelsächsischen Landnehmern findet sich beim griechischen Geschichtsschreiber Procopius. Dieser schrieb im 6. Jahrhundert, daß Britannien von Briten, Angeln und Friesen besiedelt sei.[120] Jüngere Studien zu Procopius' Kapitel über Britannien schätzen jedoch den Aussagewert dieser Quellenstelle wegen vieler Ungenauigkeiten als gering ein.[121]

Die von Stenton popularisierte Lehrmeinung, das Friesische und das Englische seien einem gemeinsamen, von den anderen germanischen Sprachen zu trennenden sprachgeschichtlichen Stamm entsprungen,[122] ist laut Brem-

---

[115] Campbell, Centuries, S. 30.

[116] Hines, John: Philology, Archaeology and the *adventus Saxonum vel Anglorum*, in: Alfred Bammesberger, Alfred Wollmann (Hrsg.): Britain 400-600: Language and History (Anglistische Forschungen, Heft 250), Heidelberg 1990, S. 17-36, hier 28 f.

[117] Ebd., S. 29.

[118] Vgl. hierzu: B. Campbell, Centuries, S. 31, Whittock, Origins, S. 3 f.

[119] Bremmer, Rolf H.: The Nature of the Evidence for a Frisian Participation in the *Adventus Saxonum*, in: Alfred Bammesberger, Alfred Wollmann (Hrsg.): Britain 400-600: Language and History (Anglistische Forschungen, Heft 250), Heidelberg 1990, S. 353-371, hier S. 353 f. (im folg. zit.: Bremmer, Nature).

[120] Myres, Settlements, S. 47.

[121] Bremmer, Nature, S. 354 f.

[122] Stenton, England, S. 6.

mer jedoch überholt. Exklusive phonologische, morphologische und lexikalische Parallelen zwischen dem Englischen und dem Friesischen ließen sich vielmehr darauf zurückführen, daß beide Sprachen als einzige westgermanische Dialekte vom fränkischen Kulturraum ausgehenden sprachgeschichtlichen Weiterentwicklungen widerstanden. Das Englische sei aufgrund der Insellage seines Sprachraumes außerhalb dieses kulturellen Einflußgebietes geblieben. Die Friesen hätten deshalb den ursprünglichen Charakter ihrer Sprache bewahrt, da sie vom Inland durch Sumpfgebiete abgeschieden und zur See hin orientiert gelebt hätten.[123]

Bremmer zeigt ferner, daß neben der Sprachforschung auch die Archäologie keine stichhaltigen Beweise für eine zahlenstarke friesische Teilnahme an der angelsächsischen Landnahme liefert. In den vergangenen Jahrzehnten hätten Wissenschaftler jedoch in einer Art Zirkelargumentation immer wieder auf die Hypothesen ihrer Nachbarwissenschaften verwiesen, um ihre eigenen Hypothesen hinsichtlich zahlreicher friesischer Siedler in Britannien zu bestätigen.[124]

3.2.2. Die soziale und politische Identität der angelsächsischen Landnehmer

Die „Terpen" liefern auch einige wenige Informationen über die Sozialgeschichte der lokalen Gruppen an der Nordseeküste Germaniens. Fast alle diese bäuerlichen Siedlungen bezeugen Bevölkerungszunahme und wachsende Bebauungsdichte bis zum 5. Jahrhundert. Die Siedlung von Feddersen Wierde bei Bremerhaven läßt für die Zeit seit dem 2. Jahrhundert mit wachsender Siedlungskonzentration den herausragenden Wohnsitz eines Häuptlings erkennen.[125]

Die politischen Herrschafts- und Führungsstrukturen der Germamen dieser Region zur Zeit der angelsächsischen Landnahme sind weitgehend unklar. Tacitus beschreibt, daß die germanischen Stämme entweder von Erbkönigen, *reges*, oder gewählten Herzögen, *duces*, geführt würden. Jedoch bezieht sich Tacitus in diesem Zusammenhang nicht auf bestimmte Stämme;

---

[123] Bremmer, Nature, S. 366 ff.
[124] Ebd., S. 362-366.
[125] Myres, Settlements, S. 51 f.

außerdem schrieb er rund 400 Jahre vor der Zeit der angelsächsischen Landnahme.[126] Beda erwähnt für seine Lebzeit, also lange nach dem hier relevanten Zeitraum, daß die Altsachsen keine Könige hätten, sondern viele Fürsten, *satrapae*, an der Spitze ihres Stammes stünden. Den Fürsten untergeordnet seien Vögte, *vilici*.[127]

Generell ist von der germanischen Rechts- und Sozialordnung bekannt, daß sie eine Ordnung von Personengemeinschaften darstellte. In dieser Gesellschaftsordnung kamen den Grundelementen Sippe und Haus zentrale Bedeutung zu.[128] Die „agnatische Sippe" umfaßte diejenigen Personen, die in männlicher Linie miteinander verwandt waren; zur „offenen Sippe" gehörten auch die Verwandten der weiblichen Linie.[129] Die Sippe übernahm Aufgaben, die in staatlich organisierten Gesellschaften als öffentlich-rechtlich aufgefaßt werden: Sie fungierte vor allem als Friedens- und Rechtsverband. Kollektive Sicherheit bot die Sippe, indem sie zur Blutrache bzw. zur Forderung von Wergeld für verletzte oder getötete Mitglieder

---

[126] Whittock, Origins, S. 4, 113. Tacitus hebt hervor, daß germanische Könige keine uneingeschränkte handhabende Macht besäßen, sondern die oberste Gewalt immer bei der Volksversammlung des Stammes liege. Jedoch sind auch schon früh straff geführte Königsherrschaften bekannt. In der Völkerwanderungszeit kam es generell zu einer Stärkung der Positionen germanischer Könige. Dies hing vermutlich mit ihrem faktischen Machtzuwachs als Führer kriegerischer Unternehmungen zusammen. Es ist auch bekannt, daß siegreiche Heerführer den Königstitel annahmen („Heerkönigtum"). Bei den Stämmen, die kein Königtum herausgebildet hatten, lag die politische Führung bei den Stammesfürsten, die sich aus der vornehmen und mit Machtmitteln ausgestatteten Schicht eines Stammes rekrutierten. Im Kriegsfall wurde aus ihren Kreisen wohl der Heerführer gewählt (Schulze, Hans K.: Grundstrukturen der Verfassung im Mittelalter, Bd. 1: Stammesverband, Gefolgschaft, Lehnswesen, Grundherrschaft, Stuttgart – Berlin – Köln ³1995, S. 35 ff. (im folg. zit.: Schulze, Grundstrukturen, Bd. 1).).

[127] HE, V, 10, S. 458. Daß bei den Altsachsen in vorfränkischer Zeit Könige herrschten, kann nur vermutet werden (vgl. Wenskus, Reinhard: Stammesbildung und Verfassung. Das Werden der frühmittelalterlichen gentes, Köln – Graz 1961, S. 546-549 (im folg. zit.: Wenskus, Stammesbildung).).

[128] Krieger, Geschichte, S. 41. Die germanische Rechts- und Sozialordnung wird hier in ihren Grundzügen erläutert, weil sie nicht nur für die angelsächsische Landnahme sowie die politisch-soziale Prägung des genommenen Landes in ihrer Folge von zentraler Bedeutung ist; es können ferner schon an dieser Stelle verfassungsgeschichtliche Begriffe geklärt werden, die auch bei der Untersuchung der Landnahmen der Wikinger und der Normannen in England relevant sind.

[129] Schulze, Hans K.: Grundstrukturen der Verfassung im Mittelalter, Bd. 2: Familie, Sippe und Geschlecht, Haus und Hof, Dorf und Mark, Burg, Pfalz und Königshof, Stadt, Stuttgart – Berlin – Köln ²1992, S. 10.

verpflichtete. Vor Gericht leisteten die Gesippen Rechtsbeistand. Im Kontext völkerwanderungszeitlicher Landnahmen trat die Sippe auch als Siedlungsverband auf.[130] Das Haus, die Keimzelle mittelalterlicher Herrschaft schlechthin, war streng herrschaftlich geordnet. Zum Haus gehörten neben dem Hausvater dessen Ehefrau, deren Kinder und das Gesinde. Der Hausvater übte über die übrigen Mitglieder des Hauses die herrschaftliche, vor allem die disziplinarrechtliche Gewalt aus.[131]

Auf der Herrschaftsgewalt des Hausherren fußte das germanische Gefolgschaftswesen. Ein Gefolgsherr war im Grunde ein Hausherr, der andere Freie, die sich seiner hausherrlichen Gewalt unterstellten, in seine Hausgemeinschaft aufnahm. Das Rechtsverhältnis zwischen Gefolgsherrn und Gefolgsmann war gekennzeichnet vom Prinzip gegenseitiger Treue und einem Gefüge wechselseitiger Rechte und Pflichten: Der Gefolgsmann hatte dem Gefolgsherrn gegen Gewährung von Schutz und Unterhalt Dienste zu leisten.[132] Diese Dienste standen primär im Kontext kriegerischer Aktivitäten. Die Gefolgschaften stachen hinsichtlich ihrer Kampfbereitschaft und Bewaffnung aus der Masse der „Kriegerbauern" hervor. Während der „Volkskrieg" auf dem Aufgebot der freien, wehrfähigen Männer eines Stammes beruhte, wurde der „Gefolgschaftskrieg" von einem Gefolgsherren mit seiner Gefolgschaft auf eigene Faust geführt. In der Völkerwanderungszeit wuchs generell das Gewicht des Gefolgschaftswesens innerhalb der germanischen Verfassungs- und Sozialstruktur: Gefolgschaftlich organisierte Scharen spielten in verschiedenen Phasen der germanischen Expansion eine tragende Rolle.[133]

3.2.3. Die Motivation der angelsächsischen Landnehmer

Über die Beweggründe der angelsächsischen Landnehmer zum Verlassen ihrer Heimat und für die Inbesitznahme neuen Landes lassen sich allenfalls Hypothesen aufstellen. Expansionsdruck mag den Germanen der kontinentalen Nordseeküste durch ihr Bevölkerungswachstum entstanden

---

[130] Ebd., S. 36-39.
[131] Krieger, Geschichte, S. 41.
[132] Ebd., S. 41 f.
[133] Schulze, Grundstrukturen, Bd. 1, S. 44.

sein.[134] Diese Situation könnte durch den an der Nordseeküste in jener Zeit steigenden Meeresspiegel verschärft worden sein.[135] Der Weg für eine Massenmigration nach Osten wurde ab dem 5. Jahrhundert durch die Wanderung slawischer Gruppen nach Westen versperrt. Vom heutigen Schweden her drängten im 5. Jahrhundert Dänen südwärts, die wahrscheinlich das von Jüten geräumte Land besetzten. Bei der Suche nach neuen Siedlungsgebieten mag der Wunsch nach schon erschlossenem Ackerland eine Rolle gespielt haben -[136] vielleicht lockte gerade dies in Britannien.

3.3. Der Verlauf und die Auswirkungen der angelsächsischen Landnahme

Gallische Chronisten schrieben im 5. Jahrhundert, Sachsen hätten im Jahr 408 Britannien verwüstet und es habe dort 410/11 ebenfalls Barbareneinfälle gegeben. Procopius erwähnt, daß Britannien von nun an von Tyrannen regiert worden sei.[137] Wer hatte dort die politische Initiative übernommen? Die höheren Reichsbeamten und Militärs, die überwiegend anderen Reichsteilen entstammten, mögen Britannien um 407 fast alle verlassen haben. Gildas erwähnt die Taten eines Heerführers mit Namen Ambrosius Aurelianus.[138] Ambrosius, so Gildas, habe vermutlich als einziger Römer die stürmische Zeit überlebt; seine Eltern hätten Purpur getragen.[139] Hatten sie einen kaiserlichen Rang in Britannien innegehabt?[140] Gildas nennt für seine Lebzeit fünf britische Könige, wobei er andeutet, daß einer oder mehrere von ihnen Nachfahren von Ambrosius seien. Entstammten neue politi-

---

[134] Whittock, Origins, S. 17 f.

[135] Campbell, Centuries, S. 30. Die nachweisbare ständige Erhöhung der Hügelsiedlungen an der festländischen Nordseeküste in den Jahrhunderten vor der angelsächsischen Landnahme wird als Reaktion ihrer Bewohner auf den damals steigenden Flutspiegel gesehen. Die Archäologen haben Grund zu der Annahme, daß der jahrhundertelange Anstieg des Meeres, der in karolingischer Zeit u. a. zur Entstehung des Jadebusens und des Dollarts führte, seit dem 4. Jahrhundert mit größerer Geschwindigkeit voranschritt (Myres, Settlements, S. 53 f.).

[136] Whittock, Origins, S. 18 ff.

[137] Johnson, Britain, S. 105, 115.

[138] Campbell, End, S. 16.

[139] DE, Kap. 25, S. 98.

[140] Campbell, End, S. 16 f.

sche Führer in Britannien römischem Adel?[141] Es ist auch möglich, daß sich aus den Räten der *civitates* nach 407 autonome britische Machtzentren entwickelt hatten. Ferner könnten britische Herrscher den noch intakten lokalen Stammesstrukturen der kaum romanisierten *Highlands* entsprungen sein.[142]

3.3.1. Die angelsächsische Landnahme gemäß den erzählenden Quellen[143]

Der Brite Gildas beschreibt, wie nach dem endgültigen Abzug der Römer aus Britannien grausame Horden von Picten und Scoten über das Meer kamen und die Briten, die es nicht mehr gewohnt gewesen seien, sich selbst zu verteidigen, brutal bedrängten.[144] Dann erwähnt Gildas im Kapitel 20 den einzigen Vorgang, der bei seiner Schilderung der Ereignisse nach dem römischen Truppenabzug Datierbarkeit verspricht:[145] Die Briten hätten in einem Brief einen Hilferuf *ad Agitium Romanae potestatis virum* gerichtet. Gildas zitiert die Adressierung des Briefes: *Agitio ter consuli gemitus Britannorum*. Dann gibt Gildas als einzigen Satz aus dem Brief wörtlich die Klage wieder: *repellunt barbari ad mare, repellit mare ad barbaros; inter haec duo genera funerum aut iugulamur aut mergimur*. Hilfe sei jedoch ausgeblieben.[146] In den folgenden Kapiteln schildert Gildas nun die Leiden der Briten, ihre Verteidigungsversuche wie auch ihre sündhafte Lebensweise. Schließlich hätten sie ein *consilium* einberufen, das zusammen mit einem *superbus tyrannus* entschieden habe, die *ferocissimi Saxones* zur Hilfe ins Land zu holen.[147]

Der an Zeitrechnung interessierte Beda hielt den von Gildas genannten Agitius für Aetius. Die Adressierung „an den dreimaligen Konsul" verstand

---

[141] Campbell, Centuries, S. 20.

[142] Campbell, End, S. 16 f.

[143] Die hier zu untersuchenden Quellentexte sollen der Reihenfolge ihrer Entstehung nach betrachtet werden. Da die später schreibenden Autoren Informationen aus den früher entstandenen Texten bezogen, kann so am deutlichsten gezeigt werden, was übernommen wurde und was der später verfaßte Text an Neuem liefert (vgl. Vollrath, Landnahme, S. 321.).

[144] DE, Kap. 18 f., S. 94 f.

[145] Higham, N. J.: Gildas and ‚Agitius': A comment on De Excidio XX, 1, in: BBCS 40 (1993), S. 123-134, hier S. 123 (im folg. zit.: Higham, Gildas).

[146] DE, Kap. 20, S. 95.

[147] Ebd., Kap. 20-23, S. 95 ff.

er so, daß Aetius damals in seinem dritten Konsulat stand. Dessen Beginn ordnete Beda anhand anderer Quellen dem Jahr 446 zu.[148] Beda datiert daher die Ankunft der ersten Sachsen in Britannien auf die Zeit um 449,[149] eine Datierung, die sich auch in vielen Handbüchern findet. Dieser zeitlichen Zuordnung muß jedoch gegenübergestellt werden, daß der gallische „Chronist von 452" sächsische Einfälle in Britannien bereits für das Jahr 408 meldet. Ferner berichtet dieser schon zu 442/443, daß Britannien von den Sachsen unterworfen worden sei.[150]

Johnson glaubt, daß der Brief an Agitius, den Gildas zitiert, tatsächlich an Aegidius gerichtet war.[151] Myres entgegnet dem, daß es zwar naheliege, durch die Schreibweise „Agitius" den Adressaten des Briefes mit Aegidius zu identifizieren; jedoch könne Gildas Aegidius nicht gemeint haben, denn der sei schließlich nie Konsul gewesen.[152] J. N. Higham meint, daß ein britisches Hilfegesuch an Aegidius erst nach 456 gerichtet worden sein könne, als dieser Befehlsgewalt in Gallien hatte. Eine dementsprechend noch spätere zeitliche Verortung der Ankunft der ersten Sachsen in Britannien sei überhaupt nicht mit anderen Quellen und Nachweisen in Einklang zu bringen.[153]

Hanna Vollrath hingegen verweist darauf, daß Gildas gar nicht erkennen läßt, ob er überhaupt wußte, wer der von ihm genannte Agitius war, wann er lebte und ob er von dem Brief an Agitius überhaupt mehr kannte, als den einen zitierten Satz, in dem von *barbari* die Rede ist. Mit *barbari* hätten in

---

[148] Vollrath, Landnahme, S. 323. Aetius war römischer Feldherr in Gallien und sicherte diese Provinz für das Imperium. 432 hatte er die römische Oberhoheit über Nordgallien gegen die Franken behauptet und 436 die Burgunder besiegt. Sein drittes Konsulat trat er im Jahr 446 an (Wirth, Gerhard: Aëtius, Flavius, in: Robert Auty u. a. (Hrsg.): LexMA, Bd. 1, München – Zürich 1980, Sp. 193.).

[149] HE, I, 15, S. 58.

[150] Vollrath, Landnahme, S. 320, 323 f. Bei Nennius findet sich für die Einladung der Sachsen nach Britannien das Jahr 428 (Whittock, Origins, S. 36, 39.).

[151] Johnson, Britain, S. 112. Aegidius hatte schon unter Aetius gedient und wurde später unter Kaiser Maiorianus zum Oberbefehlshaber in Gallien ernannt. Nach dem Sieg über die Westgoten 463 gelang ihm der Aufbau einer eigenen Machtposition um Soissons. Aegidius nahm bis zu seinem Tod im Jahr 464 die Belange des Imperiums in Nordgallien wahr (Wirth, Gerhard: Aegidius, in: Robert Auty u. a. (Hrsg.): Lex MA, Bd. 1, München – Zürich 1980, Sp. 175.).

[152] Myres, Settlements, S. 8 Anm. 3.

[153] Higham, Gildas, S. 123 ff.

einem solchen Brief auch Sachsen gemeint sein können. Daher ist vermutet worden, daß Gildas diesen Satz und eine Überlieferung von einem *superbus tyrannus*, der die Sachsen ins Land holte, fälschlicherweise zu einem Bericht zusammengefügt haben könnte.[154] Die Sachsen, so Gildas, seien mit drei Schiffen gelandet und zunächst im Osten der Insel angesiedelt worden. Gildas bezeichnet sie als Brut der Löwin (*grex catulorum de cubili leaenae barbarae*). Ihnen sei verheißen worden, daß sie dreimal hundert Jahre im neuen Land leben würden.[155] Die Darstellung ist auffällig, denn diese Dreiheit ist ein typisches Darstellungselement germanischer Herkunftsmythen. Man kann vermuten, daß Gildas Informationen solcher Wandersagen verarbeitet hat. Ist die Löwenbrut dabei Teil einer Herkunftssage oder eine von Gildas erdachte Metapher?[156] Bald habe die Löwin ein zweites Kontingent entsandt. Die Sachsen hätten Verpflegung eingefordert, die ihnen gewährt worden sei. Dann jedoch hätten ihnen die monatlichen Rationen nicht mehr genügt und sie hätten gemeutert: Das ganze Land, von Küste zu Küste (*de mari usque ad mare*), hätten sie mit Mord und Zerstörung überzogen. Die überlebenden Einheimischen seien entweder für immer versklavt worden, in die Berge oder nach Übersee geflohen, oder sie hätten fortan ein Leben in ständiger Fluchtbereitschaft gefristet.[157] Gildas zeichnet also ein Bild von systematischer Tötung, Versklavung oder Vertreibung der Vorsiedler.[158] Nach einer Weile seien die grausamen Plünderer nach Hause, *domum*, gegangen[159] - was immer Gildas damit meint.[160] Der bereits erwähnte Ambrosius Aurelianus habe schließlich die Briten gegen die Feinde ins Feld geführt. Nach wechselnden Erfolgen hätten diese in einer Schlacht am *Mons Badonicus* den Feinden die letzte große Niederlage beigebracht. Gildas schreibt: ... *usque ad annum obsessionis Badonici montis ... quique quadragesimus quartus (ut novi) oritur annus mense iam*

---

[154] Vollrath, Landnahme, S. 323 f.
[155] DE, Kap. 23, S. 97.
[156] Vollrath, Landnahme, S. 329 f. Die Dreiheit findet sich z. B. auch beim gotischen Historiographen Jordanes. Er schreibt, daß sein Volk mit drei Schiffen aus Skandinavien gekommen sei (Campbell, Centuries, S. 26.).
[157] DE, Kap. 23-25, S. 97 f.
[158] Vgl. Whittock, Origins, S. 84.
[159] DE, Kap. 25, S. 98.
[160] Campbell, Centuries, S. 23.

uno emenso, qui et meae nativitatis est.[161] Dieser grammatikalisch nicht eindeutige Satz ist von der Forschung allgemein dahingehend ausgelegt worden, daß Gildas sein Geburtsjahr mit dem der Schlacht am *Mons Badonicus* gleichsetzt.[162] Davon ausgehend ist versucht worden, diese Schlacht in die Zeit um 500 zu datieren.[163] Auch wenn die Kriege mit Fremden beendet seien, so seien die Städte Britanniens, wie Gildas für seine Lebzeit festhält, noch immer verwüstet und kaum bewohnt. Seinen spärlichen Angaben zur britischen Gesellschaft in dieser Zeit ist nur zu entnehmen, daß es *reges*, *publici*, *privati*, *sacerdotes* und *ecclesiastici* gebe. Ferner herrschten Bürgerkriege. Gildas prangert erneut den Lebenswandel seiner Landsleute an, vor allem den der Könige, die *tyranni* seien.[164] Über Siedlungsvorgänge, eine Inbesitznahme oder Erschließung von Land durch Angelsachsen berichtet Gildas nichts. Zunächst einmal konnte er natürlich noch nicht wissen, daß die Sachsen das Land dauerhaft in ihre Gewalt bringen würden.[165] Wichtiger für seine Darstellung ist jedoch, daß er die Sachsen nicht multisubjektiv erfaßt. Gildas bemüht sich, sie mit Horden wilder Tiere, wie z. B. mit Wölfen oder Hunden, gleichzusetzen.[166] Generell wirken die Sachsen in seiner Darstellung lediglich als vernichtendes Feuer.[167] Bei Gildas stehen die Überfälle destruktiver Heiden als Strafmittel Gottes nämlich in einem Funktionszusammenhang mit angeblichen oder tatsächlichen Sünden des eigenen Volkes. Subjekte sind hierbei nur die Briten, die er zur moralischen Umkehr ermahnt.[168]

---

[161] DE, Kap. 25 f., S. 98. Der Ort des *Mons Badonicus* konnte niemals näher identifiziert werden (Krieger, Geschichte, S. 37.). Die von Gildas hier genannten Gegner sind in der Forschung allgemein als Sachsen identifiziert worden. Genau genommen ist Gildas' Schilderung jedoch nicht zu entnehmen, wer am *Mons Badonicus* besiegt wurde (Sawyer, Britain, S. 263.).

[162] Vollrath, Landnahme, S. 322, 324.

[163] Sawyer, Britain, S. 80. Insgesamt konnte kein Konsens in der Forschung über die zeitliche Einordnung der Nachrichten Gildas' erreicht werden (Vollrath, Landnahme, S. 324.).

[164] DE, Kap. 26 f., S. 98 f.

[165] Vollrath, Landnahme, S. 325.

[166] Whittock, Origins, S. 84.

[167] Vgl. DE, Kap. 24, S. 97 f.

[168] Vollrath, Landnahme, S. 324 f. So charakterisiert Gildas den Beginn der Verheerungen durch die Sachsen wie folgt: *Confovebatur namque ultionis iustae praecedentium scelerum causa ... ignis orientali sacrilegorum manu exaggeratus ...* (DE, Kap. 24, S. 97.).

Der Angelsachse Beda reicherte bei der Abfassung seiner Kirchengeschichte Gildas' Bericht mit einigen zusätzlichen Informationen an.[169] Neben seiner datierenden Interpretation der von Gildas beschriebenen Einladung an die Sachsen[170] benennt Beda den britischen Führer, den *superbus tyrannus*, als „König Vortigern".[171] Ferner weiß Beda die bereits erwähnten drei Herkunftsstämme der Angelsachsen zu kennzeichnen.[172] Deren Dreiheit korrespondiert bei Beda mit den auch bei Gildas erwähnten drei Schiffen der ersten Sachsen, die nach Britannien kamen. Auch bei Beda kann also die Verarbeitung von Herkunftsmythen angenommen werden. Auf zweifelsfrei legendär-mündliche Überlieferungen rekurrierte Beda bei der Benennung der ersten Führer der germanischen Neuankömmlinge:[173] *Duces fuisse prehibentur eorum primi duo fratres Hengist et Horsa ...*, deren Abstammung Beda auf Wodan zurückführt. Horsa, der später im Kampf gegen die Briten getötet worden sei, habe im östlichen Kent ein Denkmal.[174] Schließlich weiß Beda bei der Schilderung des Wirkens des Germanus von Auxerre in Britannien von *Saxones* zu berichten:[175] Als Picten und Sachsen das Land angegriffen hätten, habe Germanus ein britisches Heer in einem Tal so positioniert, daß dessen gemeinsamer Halleluja-Ruf mehrfach

---

[169] Campbell, Centuries, S. 26.

[170] Vollrath, Landnahme, S. 324, 328.

[171] HE, I, 14 f., S. 59. Das keltische Wort „Vortigern" war wohl ursprünglich kein Eigenname, sondern ein Titel, der soviel wie „höchster Herr" bedeutet. Woher Beda diese keltische Form kannte, ist unklar (Vollrath, Landnahme, S. 329.).

[172] Whittock, Origins, S. 35.

[173] Vollrath, Landnahme, S. 329 f.

[174] HE, I, 15, S. 58 ff. Mit *prehibentur* verdeutlicht Beda selbst den sagenhaften Charakter dieser Information. In verschiedenen Herkunftsmythen kommen Brüderpaaren, wie z. B. auch Romulus und Remus, Schlüsselrollen zu. Die Benennung der Brüder mit den altenglischen Wörtern *hengist* und *horsa*, „Wallach" bzw. „Hengst" und „Pferd", mutet höchst archaisch an. Es wird vermutet, daß es sich hierbei um mythische Figuren handelt, die mit dem Glauben an Dioskuren, den pferdegestaltigen Söhnen des indogermanischen Himmelsgottes, in Verbindung stehen. Das wiederholte Auftreten solcher Doppelführer in mythischen Erzählungen von germanischen Landnahmen läßt die Deutung zu, daß diese beiden Anführer als Repräsentanten der Dioskuren angesehen wurden, die den Beistand des Himmelsgottes bei Eroberungsunternehmungen garantieren sollten (vgl. Sawyer, Britain, S. 13, Wolfram, Herwig: Die Germanen (C. H. Beck Wissen in der Beck'schen Reihe), München ⁴1999, S. 116, Rosenfeld, H.: Dioskuren. § 1. Die indogermanischen Dioskuren, in: Heinrich Beck u. a. (Hrsg.): Reallexikon der Germanischen Altertumskunde, Bd. 5, Berlin – New York 1984, S. 482 ff., hier S. 482 ff.)

[175] Vollrath, Landnahme, S. 327.

widergehallt und die dadurch erschrockenen Feinde in die Flucht geschlagen habe.[176]

Bedas Bericht hält sich im wesentlichen jedoch an Gildas. Dies erstaunt, denn erstens müßte er die zu seiner Lebzeit abgeschlossene angelsächsische Landnahme als Gesamtphänomen vor Augen gehabt haben. Zweitens könnte man bei Beda, der ja dem Volk der Sieger angehörte, gegenüber Gildas' Darstellung einen Perspektivwechsel hin zu den Landnehmern vermuten; das ist jedoch nicht der Fall. Zwar enthält sich Beda aller herabsetzenden Epitheta Gildas';[177] aber auch er beschreibt das Wirken der Sachsen lediglich als das von Heiden (*pagani*) entfachte Feuer als gerechte Strafe für die Sünden des Gottesvolkes (*populus Dei*)[178] - die Briten bleiben dabei eigentliches geschichtliches Subjekt. Über eine Landnahme als physischen Vorgang schreibt auch Beda nichts.[179]

Die Angelsächsische Chronik liefert zur angelsächsischen Landnahme wesentlich mehr Einzelnachrichten über Landungen, Kämpfe und Eroberungen.[180] Wie Beda in seiner Kirchengeschichte, so berichtet auch die Chronik, daß in den Jahren nach 449 Hengist und Horsa, eingeladen von Vortigern, dem König der Briten, in Britannien gelandet seien. Zunächst seien sie gekommen, um den Briten zu helfen, hätten später aber gegen sie gekämpft. Für das Jahr 455 wird dann notiert, daß Hengist und Horsa bei einem Ort, der Egelesthrep heiße, König Vortigern bekriegt hätten. Horsa sei dort getötet worden. Darauf hätten Hengist und dessen Sohn Esc die Herrschaft über das Königreich angetreten. Man fragt sich hier, welches Königreich gemeint ist. Zu 456 heißt es dann aber, daß Hengist und Esc bei einem Ort, der Creacanford genannt würde, 4000 Briten getötet hätten und alle Briten aus Kent nach London geflohen seien.[181] Also ist auch der Angelsächsischen Chronik zu entnehmen, daß die Landnahme der Angelsach-

---

[176] HE, I, 20, S. 68 ff.
[177] Vollrath, Landnahme, S. 326, 328 f., 330.
[178] HE, I, 15, S. 60.
[179] Vollrath, Landnahme, S. 331.
[180] Ebd., S. 334.
[181] ASChr-A, S. 17 f.

sen mit großangelegter Tötung und Vertreibung Einheimischer einherging.[182]

Zu der in der Angelsächsischen Chronik angegebenen Chronologie bzw. der Datierung der Ereignisse für den hier relevanten Zeitabschnitt gibt es zwei Interpretationsansätze. Der erste Ansatz sieht in der Chronik einen im Grundsatz wahrheitsgetreuen Bericht über den räumlichen und zeitlichen Ablauf der angelsächsischen Landnahme.[183] Sawyer z. B. vertritt die Annahme, daß die illiteraten Angelsachsen ein mnemonisches System zur Erinnerung wichtiger Ereignisse gekannt haben müßten.[184] Es ist vermutet worden, daß eine zeitliche Anordnung von Geschehnissen bei den angelsächsischen Landnehmern sich an Herrscherjahren oder Mondzyklen orientiert haben könnte. Eine solche Chronologie sei dann wahrscheinlich unter einigen Umrechnungsfehlern als Datierung nach Christi Geburt in die Angelsächsische Chronik eingegangen. Greifbare Hinweise dafür, daß die angelsächsischen Landnehmer tatsächlich Zeitrechnung betrieben, sind jedoch nicht geliefert worden. Dennoch haben sich wiederholt Wissenschaftler bemüht, die von der Angelsächsischen Chronik gegebenen Informationen zu einer zusammenfassenden Darstellung der angelsächsischen Landnahme aufzuarbeiten.[185]

Der zweite Interpretationsansatz geht davon aus, daß der Chronist von 892 oder seine Vorgänger versuchten, verschiedene mündliche und schriftliche Überlieferungen zur angelsächsischen Landnahme in eine sinnhafte Ordnung zu bringen. Hanna Vollrath z. B. neigt diesem zweiten Interpretationsansatz zu. Sie verweist auf die Ethnologie, die nachgewiesen habe, daß ein zeitliches Denken in quantitativ-abstrakten Meßeinheiten nicht als anthropologische Konstante vorausgesetzt werden könne. Absolute Zeitangaben als kontinuierliche Zählung der Jahre von einem fixen Datum an gebe es in oralen Stammesgesellschaften nicht.[186] Campbell teilt offensichtlich diesen

---

[182] Whittock, Origins, S. 84.

[183] Vollrath, Landnahme, S. 334 f.

[184] Sawyer, Britain, S. 13.

[185] Vgl. Vollrath, Landnahme, S. 334 f. Ein Versuch, den Verlauf der Entstehung früher englischer Königreiche u. a. mittels der Angaben der Angelsächsischen Chronik nachzuvollziehen, findet sich z. B. bei Whittock, Origins, S. 161-251.

[186] Ebd., S. 334 ff.

Interpretationsansatz. Er nimmt ferner an, daß die Informationen der Chronik zur angelsächsischen Landnahme weitgehend auf Fiktion beruhen würden.[187]

Die Angelsächsische Chronik beschreibt militärische Unternehmungen, aus denen die drei frühen angelsächsischen Reiche Kent, Sussex und Wessex hervorgegangen sein sollen. Kent und Sussex waren bis 892 in Wessex aufgegangen.[188] Im Jahr 477 z. B. sei Elle mit seinen drei Söhnen Cymen, Wlencing und Cissa in drei Schiffen bei Cymenesora in Britannien gelandet, und sie hätten dort viele Briten getötet oder in die Flucht geschlagen.[189] Auch in der Chronik begegnet also dem Leser in verschiedener Form die Dreiheit der Herkunft. Weitere Nachrichten erwecken den Eindruck, auf legendär-mündlicher Überlieferung zu basieren: Wenn es z. B. zu 514 heißt, die Westsachsen seien - in drei Schiffen - nach Britannien gekommen und hätten die Briten bekämpft und in die Flucht geschlagen, so kann dies nur eine Rückprojektion erlebter Zustände sein. Der Name *Westseaxe*[190] hat sich schließlich erst in Verbindung mit geographischen Gegebenheiten der neuen Heimat gebildet.[191]

Auch finden sich in der Angelsächsischen Chronik Personennamen von Eroberern, die vermutlich im Zuge mündlicher Überlieferung aus Ortsnamen extrapoliert worden sind.[192] So heißt es z. B. zu 501, ein gewisser Port sei mit seinen zwei Söhnen bei Portsmouth gelandet, wo sie dann einen Briten hohen Ranges getötet hätten.[193] Der Personenname Port dient offensichtlich der Erklärung der Herkunft des Städtenamens Portsmouth.[194] Der Name dieser Stadt hängt tatsächlich jedoch mit dem lateinischen *portus* zusammen;[195] den Eroberer Port hat es hingegen wohl niemals gegeben. Auffällig ist an der Darstellung der Chronik auch das wiederholte Auftreten allitera-

---

[187] Campbell, Centuries, S. 26.
[188] Ebd., S. 26.
[189] ASChr-A, S. 19.
[190] Ebd., S. 20.
[191] Vgl. Vollrath, Landnahme, S. 326, 333.
[192] Vgl. ebd., S. 333.
[193] ASChr-A, S. 20.
[194] Gransden, Writing, S. 37.
[195] Campbell, Centuries, S. 26.

tiver Namenspaare, wie z. B. Cerdic und Cynric.[196] Diese beiden seien im Jahr 495 nach Britannien gekommen. 508 hätten sie dort den britischen König Natanleod und 5000 Mann getötet.[197] Das Auftreten solcher alliterativer Namen läßt vermuten, daß u. a. Dichtung als Quelle für die Angelsächsische Chronik diente.[198]

In mündlichen Überlieferungen werden vielfach durch das sogenannte Teleskopieren Ereignisse verschiedener Zeitstufen ineinandergeschoben. Dabei kommt es vor, daß eine Vielzahl von Handlungen verschiedener Personen einem bedeutenden militärischen Führer zugeschrieben oder zu einem Ereignis verdichtet werden. Ferner wird in oralen Gesellschaften oft nur das erinnert, was für die erinnernde Gegenwart Bedeutung hat. In bezug auf die angelsächsische Landnahme bedeutet dies, das einzelne Personen und Personenverbände ohne Nachkommen, die ihre Taten und Schicksale aufgrund eines die Zeit überbrückenden Wir-Gefühls bis zur Verschriftlichung hätten erinnern können, wohl keine Spuren in der historischen Überlieferung hinterlassen haben. Hinzu kommt, daß das Erinnerte oft mit den Zuständen der Erzählgegenwart zu einer sinnvollen Einheit verschmolzen wird. Dies kann z. B. erklären, daß der Eroberer Cerdic seltsamerweise einen britischen Namen trägt. Im Laufe der Zeit mögen militärische Erfolge grundsätzlich den langfristig siegreichen Angelsachsen zugeschrieben worden sein. Daher wurde vielleicht ein als siegreich erinnerter Cerdic mit den Landnehmern identifiziert. Der zweite Interpretationsansatz nimmt auch an, daß Informationen aus der Zeit der angelsächsischen Landnahme bis zu ihrer Verschriftlichung solche Umformungsprozesse erfahren hatten. Er bezweifelt daher prinzipiell, daß der Angelsächsischen Chronik Einzelnachrichten zur angelsächsischen Landnahme entnommen werden können.[199]

Unabhängig vom Quellenwert der Einträge der Chronik für die Zeit der Landnahme muß man feststellen, daß sie hierzu einige Namen von Eroberern und die von ihnen geführten militärischen Unternehmungen zu nennen und zu lokalisieren weiß. Sie liefert jedoch keine Informationen darüber,

---

[196] Gransden, Writing, S. 37.
[197] ASChr-A, S. 19 f.
[198] Gransden, Writing, S. 37.
[199] Vollrath, Landnahme, S. 336 f.

welche Art von Verbänden diese Eroberer anführten – kamen sie z. B. mit Gefolgschaften oder mit ihrer ganzen Sippe? Es wird auch nicht deutlich, welchen Rang oder welche verfassungsmäßige Funktion diese Führer hatten. Lediglich Cerdic und Cynric werden als *aldormen* bezeichnet.[200] Im 9. Jahrhundert, als die Chronik verfaßt wurde, waren *aldormen* in England vom König eingesetzte Verwalter einer Provinz oder einer Grafschaft. Sie gehörten typischerweise dem königlichen Hause an.[201] Darf man sich die Führer im 5. Jahrhundert in Britannien landnehmender Gruppen in einer genau solchen Funktion vorstellen? Zu 465 heißt es in der Chronik, daß Hengist und Esc zwölf *wilisce aldormenn* erschlagen hätten.[202] Die Anwendung des Begriffes auf nicht näher spezifizierte britische Autoritäten läßt vermuten, daß mit *aldormen* hier ganz allgemein Große vornehmen Standes gemeint sein könnten.[203] Über eine Landnahme als Vorgang bäuerlicher Siedlung und irgendwie gearteter Erschließung genommenen Landes weiß auch die Angelsächsische Chronik nichts zu berichten. Ihre kurzen und nüchternen Einträge geben hier auch keinerlei Beurteilung des Dargestellten ab.[204]

3.3.2. Der Verlauf der Landnahme der Angelsachsen gemäß den archäologischen und sprachwissenschaftlichen Befunden[205]

Ausgehend von diesen wenigen Informationen, die die erzählenden Quellen liefern, vertrat die ältere Forschung bezüglich des Verlaufes der angelsächsischen Landnahme die sogenannte „Katastrophentheorie": Um die Mitte des 5. Jahrhunderts seien durch eine plötzlich über die Insel hereinbrechende und weitgehend koordiniert vorgetragene Invasion die römisch-

---

[200] ASChr-A, S. 19.

[201] Stenton, England, S. 305.

[202] ASChr-A, S. 18.

[203] Im altenglischen Merkgedicht „Widsith" wird wiederholt ein kontinentales Volk der *Myrgingas* genannt. Dabei wird vorausgesetzt, daß ein Myrgingenfürst in England herrsche. Die Form des Namens und das Erlöschen seiner Tradition auf dem Kontinent läßt vermuten, daß es sich bei den *Myrgingas* tatsächlich um ein sächsisches Geschlecht handelte, das Landnahmeführer nach Britannien entsandte (Wenskus, Stammesbildung, S. 545 ff.).

[204] ASChr-A, S. 17-25.

[205] Die sprachwissenschaftlichen Befunde begreifen Erkenntnisse der Orts-, Flur-, und Personennamenforschung mit ein (vgl. Loyn, Vikings, S. 88.).

britischen Herrschaftsstrukturen schnell zusammengebrochen und zügig große Teile des Landes in die Hände germanischer Eroberer übergegangen. Die Archäologie und die Sprachforschung schienen diese Theorie lange bestätigen zu können. Seit den 1960er Jahren jedoch haben jüngere Erkenntnisse dieser beiden Wissenschaften dazu Anlaß gegeben, die ältere Lehrmeinung einer grundlegenden Revision zu unterziehen.[206]

Der archäologische Nachweis der Ankunft der ersten germanischen Landnehmer in Britannien läßt sich weniger mit der Datierung Bedas in Einklang bringen, als mit den vereinzelten Nachrichten anderer Schriftquellen. Diese deuten ja darauf hin, daß die angelsächsischen Landnahme schon einige Jahrzehnte früher als 449 begann. Funde von Ausrüstungsgegenständen in römischen Militärdiensten stehender Germanen in Süd- und Mittelengland, wohl vorwiegend Franken und Sachsen,[207] lassen auf die Präsenz solcher Hilfstruppen im römischen Britannien bereits im 3. und 4. Jahrhundert schließen. Auch ist für die letzten Jahrzehnte der römischen Herrschaft an verschiedensten Plätzen der römisch-britischen Siedlungsstruktur ein in Britannien einwanderndes germanisches Element erkennbar.[208] Erste ausschließlich germanische Siedlungsplätze[209] in den östlichen Regionen Britanniens zwischen der Kanalküste und dem Gebiet nördlich des Humbers werden meist auf die frühen Jahrzehnte des 5. Jahrhunderts datiert.[210] Die angelsächsischen Siedler sind hier durch Funde von Töpfereiprodukten, Fibeln, Friedhöfen und sogar Häusern klar faßbar.[211] Hügelsiedlungen an der kontinentalen Nordseeküste, wie z. B. Feddersen Wierde oder Wijster

---

[206] Krieger, Grundprobleme, S. 37.

[207] Campbell, Centuries, S. 31, 34.

[208] Es ist vermutet worden, daß die Ansiedlung von Germanen in Britannien noch zu römischer Zeit neben Verteidigungszwecken der Behebung eines Mangels an Arbeitskräften gedient haben könnte (Krieger, Grundprobleme, S. 38.).

[209] Hines, Philology, S. 19 f.

[210] Campbell, Centuries, S. 31, 34. Vor allem Myres hat als Ergebnis seiner Untersuchungen von Töpfereifunden den Beginn der germanischen Besiedlung der *Lowlands* bereits im 4. Jahrhundert angesiedelt. So geht er z. B. schon für diese Zeit von einer zahlenstarken sächsischen Siedlung im Bereich des *Litus Saxonicum* aus. Auf methodische Probleme der Archäologie kann hier nicht näher eingegangen werden; angemerkt sei jedoch, daß Myres' derart frühe Datierungen stark umstritten sind (vgl. Myres, Settlements, S. 84-95, Hines, Philology, S. 20-25.).

[211] Hills, settlement, S. 306.

bei Looveen, wurden in eben diesen Jahrzehnten aufgegeben. Die Vermutung liegt nahe, daß ihre Bewohner damals nach Britannien migrierten.[212] Gildas Darstellung einer Anwerbung sächsischer Söldner zur Abwehr von barbarischen Invasoren durch eine britische Autorität erscheint prinzipiell glaubwürdig. Eine solche Vorgehensweise mußte angesichts der in der Spätantike üblichen Praxis der Anwerbung germanischer Hilfstruppen nahegelegen haben. Die starke Streuung und Verschiedenartigkeit der Funde germanischer Siedler der ersten Jahrzehnte des 5. Jahrhunderts in Britannien zeigt jedoch, daß diese nicht alle nur infolge einer Anwerbungsmaßnahme auf die Insel gekommen sein können.[213] Viele mögen unter der Kontrolle britischer Autoritäten zu Verteidigungszwecken angesiedelt worden sein. Andere hingegen könnten als gewaltsame Eroberer nach Britannien ausgegriffen haben. Dabei wäre es möglich, wie Gildas' Bericht erahnen läßt, daß erste Siedler nachfolgenden Eroberern den Weg bereiteten.[214]

Es ist nach dem zeitlichen Verlauf und dem Raum, in dem sich die angelsächsische Landnahme vollzog, zu fragen. Hierbei muß zunächst auf die nur wenigen hundert bekannten Gräber angelsächsischer Landnehmer im Osten Englands hingewiesen werden, die sich anhand von Grabbeigaben auf die frühen Jahrzehnte des 5. Jahrhunderts datieren lassen. Der Schluß auf demographische Gegebenheiten der Vergangenheit auf der Basis gegenwärtig bekannter Grabstätten ist natürlich sehr problematisch. Festzuhalten ist jedoch auf jeden Fall, daß sich eine weit größere Zahl von Gräbern späterer Jahrzehnte des 5. und 6. Jahrhunderts im Osten findet. Ferner sind Gräber aus dem 6. Jahrhundert auch weiter westwärts entdeckt worden. Dieser Befund läßt neben natürlichem Bevölkerungswachstum unter den Landnehmern auch anhaltende Immigration vom Kontinent während des 5. Jahrhunderts vermuten. Ferner ist anzunehmen, daß westlichere Regionen Britanniens erst im Verlauf des 6. Jahrhunderts von Angelsachsen in Besitz genommen wurden.[215]

---

[212] Myres, Settlements, S. 52.
[213] Vgl. Campbell, Centuries, S. 34.
[214] Ebd., S. 34.
[215] Ebd., S. 34 ff.

John Hines zeigt, daß sich Funde, die er auf die Zeit bis ca. 450 datiert, zwischen Themse und Humber bis hin zu den *Midlands* verteilen. Die bis ca. 475 datierbaren Funde zeugen von einer beträchtlichen Ausdehnung des angelsächsischen Siedlungsraumes: Er erstreckte sich nun im Süden von Kent über Sussex und Surrey bis nach Wiltshire und Hampshire, in den *Midlands* bis zum Trent und im Norden bis in die Gegend von York. Bis 520 scheint sich die angelsächsische Besiedlung im Westen entlang der Themse und ihrer Nebenflüsse bis zum Severn und entlang des Trent sowie bis zum Tyne im Norden erweitert zu haben. In der Phase der Datierung bis 560 ist es dann wohl vorwiegend im Rahmen dieser territorialen Ausdehnung zu Binnenkolonisation durch angelsächsische Siedler gekommen.[216]

Sprachwissenschaftler haben im Rahmen der Ortsnamenforschung Versuche unternommen, Erkenntnisse über den Verlauf der angelsächsischen Landnahme zu gewinnen. Objekt der Betrachtung sind dabei vor allem Ortsnamen mit den Elementen „ing" und „ham". Das Element „ing" konnte bedeuten: „Sohn des ..." und in Eigennamen auch ohne diese funktionale Bedeutung auftreten, „die Leute des Hauses von ..." oder „der Ort des ...". Das Element „ham" meinte „die Siedlung der Leute von ...". Die ältere Forschung nahm an, daß die Ortsnamen mit den Elementen „ing" und „ingham" in der frühesten Phase der angelsächsischen Landnahme geprägt wurden. Seit den 1960er Jahren haben jedoch Studien, u. a. von Margaret Gelling,[217] die Auffassung widerlegt, daß diese Ortsnamen die Personennamen der Führer erster landnehmender Gruppen wiedergäben.[218] So ließen sich die Ortsnamen mit „ing" z. B. vielfach nicht mit dem archäologischen Nachweis frühester angelsächsischer Siedlungen in Einklang bringen.[219] Aus Vergleichen zwischen der Verteilung heidnischer angelsächsischer Gräber und dem Auftreten früher englischer Ortsnamen ist dann geschlossen worden, daß die Namen mit „ham" aus der Phase der Einwanderung angelsächsischer Siedler stammen würden. Die Namen mit „ing" hingegen

---

[216] Hines, Philology, S. 26 ff.

[217] Whittock, Origins, S. 119-122.

[218] Gelling, Margaret: The Evidence of Place-Names, in: Peter H. Sawyer (Hrsg.): Medieval Settlement. Continuity and Change, London 1976, S. 200-211, hier: S. 205 (im folg. zit.: Gelling, Evidence).

[219] Whittock, Origins, S. 122.

seien primär in nachheidnischer Zeit, in einer Phase weiterer territorialer Expansion und sozialer Konsolidierung geprägt worden. Dabei sei „ham" vorübergehend in der Kombination „ingham" aufgetreten.[220]

Auf Basis dieser Annahmen sind unter Betrachtung der Verteilung der drei Typen von Ortsnamen wiederum Schlüsse über den räumlich-zeitlichen Verlauf der angelsächsischen Besiedlung und Binnenkolonisation Britanniens gezogen worden. So glaubt Whittock z. B. aus der Verteilung der Ortsnamen eine generell starke Präsenz früher angelsächsischer Binnenkolonisten im östlichen England herauslesen zu können. Dabei sei, so Whittock weiter, diese Binnenkolonisation beispielsweise in Sussex und Essex später eingetreten als in Ostanglien. Auch sei die angelsächsische Bevölkerungzahl an der Südküste Englands westlich von Sussex und in Wessex im 5. und 6. Jahrhundert noch verhältnismäßig gering gewesen. Ferner könne man z. B. in Ostanglien eine Kolonisation entlang der Flußläufe erkennen.[221]

Gegen diesen Ansatz sind ganz grundlegende Einwände erhoben worden. Sawyer warnt z. B. davor, ohne flächendeckende Kenntnis früher angelsächsischer Gräber und nur anhand der bekannten Funde generalisierende Schlüsse über das Alter von Ortsnamen zu ziehen.[222] Myres wendet u. a. ein, daß die Ortsnamen mit „ing" primär an Personen oder Personenverbände, nicht jedoch an geographische Punkte gebunden gewesen seien. Viele dieser Namen könnten mit Verschwinden oder Migration der betreffenden Gruppe verlagert oder vergessen worden sein. Personenverbände, von deren Existenz heute nur noch Gräber zeugen, könnten womöglich einmal einem Ort einen Namen mit „ing" gegeben haben. Weitere Unsicherheiten entstünden bei der Klassifizierung früher Ortsnamen z. B. dadurch, daß „ing" auch bloß Element eines Personennamens gewesen sein könnte. Ferner könnte in vielen Fällen das Element „ham" auf das altenglische Suffix „hamm" zurückgehen. Dies bedeute „Wiese" oder „Weide" und habe noch in weit späteren Jahrhunderten der Namensgebung von Orten dienen können. Myres kommt zu dem Schluß, daß die Ortsnamenfor-

---

[220] Vgl. Sawyer, Britain, S. 158, Myres, Settlements, S. 39 f.
[221] Whittock, Origins, S. 122-126.
[222] Sawyer, Britain, S. 158 f.

schung nicht in der Lage sei, präzise und für den Historiker allgemein verwertbare Schlußfolgerungen zu liefern.[223]

3.3.3. Die Auswirkungen der Landnahme der Angelsachsen sowie die Frage der Kontinuität der britisch-römischen Sozial- und Wirtschaftsstruktur gemäß den sprachwissenschaftlichen und archäologischen Befunden

Die Diskussion um die Auswirkungen der angelsächsischen Landnahme auf die britische Bevölkerung war in der älteren Forschung von zwei gegensätzlichen Positionen gekennzeichnet.[224] Genährt vom Bild, das die erzählenden Quellen zur angelsächsischen Landnahme liefern, ging eine Position von totaler Diskontinuität in der Bevölkerungsstruktur aus:[225] Die Landnehmer seien in Massen ins Land gekommen und hätten die Einheimischen entweder getötet oder nach Westen in das unzugängliche Bergland abgedrängt. Die andere Position nahm an, daß die Angelsachsen nur in relativ geringer Zahl nach Britannien gekommen seien und dort über einer breiten unterworfenen Bevölkerungsschicht von Sklaven und abhängigen Bauern eine Militäraristokratie errichtet hätten.[226]

Für die erste Position scheint vor allem die Tatsache zu sprechen, daß die altenglische Sprache von der römisch-britischen weitestgehend unbeeinflußt blieb.[227] Auch wurde lange die überwältigende Mehrheit der englischen Orts- und Flurnamen, abgesehen von jenen in Cornwall, germanischem Ursprung zugerechnet.[228] Aus diesen Beobachtungen ist geschlossen worden, daß es sich bei den angelsächsischen Eroberern um eine beträchtliche Zahl den Boden kultivierender Siedler handelte.[229] Dem kann jedoch entgegnet werden, daß vielfach beobachtbar ganze Völker die Spra-

---

[223] Myres, Settlements, S. 41 f., 44 f.
[224] Krieger, Grundprobleme, S. 39.
[225] Whittock, Origins, S. 59 f.
[226] Krieger, Grundprobleme, S. 39.
[227] Ebd., S. 39. Nach aktuellem Forschungsstand gelten nur rund 30 englische Wörter als Ableitungen aus dem Britischen (Ward-Perkins, Bryan: Why did the Anglo-Saxons not become more British?, in: EHR 115 (2000), S. 513-533, hier S. 514 (im folg. zit.: Ward-Perkins, Anglo-Saxons).).
[228] Vgl. Campbell, Centuries, S. 38.
[229] Gelling, Evidence, S. 200-203.

che einer dünnen Erobererschicht adaptieren – so sprechen die Iren z. B. heute englisch. Letztlich konnte nie geklärt werden, wie sich allgemein ethnische Veränderungen auf Sprachen auswirken.[230] Jüngere Untersuchungen von englischen Ortsnamen, die für die Zeit bis ca. 730 nachweisbar sind, haben ergeben, daß ein sehr hoher Anteil - in einer Aufstellung 60 von 224 aufgelisteten Namen - tatsächlich britische Namenselemente aufweist. Dieser Befund spricht gegen die Annahme eines baldigen und vollständigen Verstummens der britischen Sprache im Osten Britanniens im Zuge der angelsächsischen Landnahme.[231]

Einen fruchtbaren Ansatz zur Untersuchung der Bevölkerungskontinuität in Britannien im Zuge der angelsächsischen Landnahme hat die Erforschung der sprachlichen Herkunft der Flußnamen in England ergeben. Dabei wurde unterstellt, daß die Namen großer Flüsse auch nach einer Änderung der Bevölkerungsstruktur langlebig blieben, die Namen kleiner Flüsse hingegen, die nur einem kleinen Personenkreis bekannt waren, wesentlich schneller verändert oder ersetzt werden konnten.[232] Die Flußnamen lassen in Richtung Westen eine deutliche Abnahme des germanischen Einflusses bei der Namensprägung der Wasserläufe erkennen. In den westlichen Teilen Englands, wie z. B. in Cornwall, tragen die Flüsse fast ausschließlich keltische Namen.[233]

Aufgrund dieser Beobachtung wird angenommen, daß der Osten der Insel und Kent eine intensive germanische Besiedlung erfuhr. In den Gebieten der frühen angelsächsischen Reiche Wessex, Mercien und Nordhumbrien deuten die Flußnamen jedoch bereits auf einen beachtlichen britischen Bevölkerungsanteil hin.[234] Nordhumbrien ging im 7. Jahrhundert aus den Teilreichen Bernicia und Deira hervor,[235] die britische Namen trugen. Da in Bernicia nur wenige angelsächsische Gräber gefunden wurden, wird angenommen, daß hier ein britisches Reich lediglich unter die Kontrolle einer

---

[230] Vgl. Campbell, Centuries, S. 38, Wormald, Patrick: Scandinavian Settlement, in: James Campbell (Hrsg.): The Anglo-Saxons, London ²1991, S. 162 f., hier S. 163.
[231] Hills, settlements, S. 312.
[232] Krieger, Grundprobleme, S. 40.
[233] Johnson, Britain, S. 145 f.
[234] Krieger, Grundprobleme, S. 40.
[235] Krieger, Geschichte, S. 42.

angelsächsischen Dynastie geriet.[236] Im Westen Englands scheint das römisch-britische Bevölkerungselement dominant geblieben zu sein.[237]

Eine Politik der „ethnischen Säuberung" erscheint mit Blick auf kontinentale Ereignisse der Völkerwanderungszeit als völlig untypisch für die damaligen germanischen Eroberungen.[238] Die spätere angelsächsische Gesetzgebung setzt einen breiten Grundstock unfreier Bevölkerung voraus. Es wird angenommen, daß dieser sich überwiegend aus Nachkommen der einheimischen Briten rekrutierte, die Landnehmer diese also keineswegs völlig ausgerottet oder verdrängt hatten.[239] Die Gesetze Ines von Wessex aus dem 7. Jahrhundert differenzieren für seinen Herrschaftsbereich zwischen seinem Volk der *Seaxe* und dem der *wealas*, der Welschen, d. h. der Briten. Die Bestimmungen des Gesetzestextes schlüsseln die Zahlungsverpflichtungen von Wergeld für Sachsen wie für die *wealas* nach Besitz und Status auf. Dabei werden auch Briten mit erheblichem Grundbesitz vorausgesetzt.[240]

Archäologisch ist es kaum möglich, im Osten Englands überlebende britische Bevölkerungselemente nachzuweisen. Catherine Hills stellt in diesem Zusammenhang die Frage, ob nicht Briten in größerer Zahl von den Landnehmern und ihrer Kultur assimiliert worden sein könnten. Weit irritierender sei es jedoch, daß sich im Westen Britanniens kaum archäologische Zeugnisse für irgendwelche Einwohner dieser Landesteile finden. Eine Erklärung dafür könne sein, daß die nachrömischen Briten keine reichhaltige materielle Kultur besaßen und ihre Toten nur selten so bestatteten, daß die entsprechenden Gräber von späteren mittelalterlichen Friedhöfen zu unterscheiden sind.[241]

In einigen römischen Städten, wie z. B. in St. Albans und Silchester, scheinen Zivilisationstechniken wie Wasserleitungsbau und der Gebrauch römischer Münzen noch bis weit ins 5. Jahrhundert hinein gepflegt worden zu

---

[236] Campbell, Centuries, S. 41.
[237] Krieger, Grundprobleme, S. 40.
[238] Ward-Perkins, Anglo-Saxons, S. 522.
[239] Krieger, Geschichte, S. 40.
[240] Ward-Perkins, Anglo-Saxons, S. 523 f.
[241] Hills, settlement, S. 306 ff.

sein.[242] Weiter westlich, z. B. in Cirencester oder Gloucester, ist für diese Zeit ein deutlicher Verfall der römischen Stadtarchitektur erkennbar, obgleich diese Orte offensichtlich weiterhin bewohnt wurden.[243] Mit dem Zusammenbruch der Reichsgewalt mögen viele dieser Städte ihre ökonomische Funktion verloren haben.[244] Einige *villae* - nicht nur im Westen der Insel - scheinen noch im 5. Jahrhundert in Stand gehalten worden zu sein. Ihre Mehrzahl jedoch zeugt von raschem Verfall.[245]

Bemerkenswert ist, daß im westlichen Britannien in nachrömischer Zeit eisenzeitliche Hügelfestungen wieder in Gebrauch genommen und teilweise ausgebaut wurden. Sie könnten der britischen Bevölkerung als Fluchtburgen gedient haben[246] und Gildas' Schilderung einer Flucht in die Berge widerspiegeln. Vielleicht waren sie auch Sitze britischer Führer, die man hinter den Arthur-Erzählungen vermutet.[247] Es ist ferner vermutet worden, daß diese Festungen als Stützpunkte militärischer Anführer die Keimzellen der Macht jener von Gildas erwähnten britischen Könige waren. Zwischen einer solchen Führerschicht und den Bauern muß es im westlichen Britannien auch eine grundbesitzende Mittelschicht gegeben haben. Davon zeugen in Cornwall und in Wales befestigte Gehöfte. Heidnische Kultstätten im Südwesten Britanniens lassen ein vorübergehendes Aufleben keltischer Kulte im 5. Jahrhundert erkennen.[248] Es mutet daher erstaunlich an, daß das also offenbar noch keineswegs gefestigte Christentum in Britannien den Zusammenbruch der Römerherrschaft überlebte und sich mittelfristig durchsetzte.[249]

---

[242] Johnson, Britain, S. 153-158.
[243] Ebd., S. 158.
[244] Campbell, Centuries, S. 39.
[245] Johnson, Britain, S. 159.
[246] Ebd., S. 159 ff.
[247] Hills, settlement, S. 306. Verwiesen sei an dieser Stelle auf die von Gildas erwähnte britische Fluchtbewegung nach Übersee: Bis zu den 460er Jahren ist eine zahlenstarke Präsenz britischer Siedler in der Bretagne sicher anzunehmen. Sie gaben der Bretagne ihre eigenständige kulturelle Prägung. Für das 6. Jahrhundert ist auch eine britische Siedlung in Nordspanien nachweisbar. Sie war groß genug, um ihren eigenen Bischof zu haben (Campbell, Centuries, S. 22.).
[248] Johnson, Britain, S. 159-162.
[249] Krieger, Geschichte, S. 33.

Auch unter den Angelsachsen mögen, in regional verschiedener Ausprägung, einige strukturelle Elemente des römischen Britanniens überlebt haben. Für das angelsächsische Reich Kent, das wohl schon früh im 5. Jahrhundert gegründet worden war, darf dabei eine größere Präsenz von Elementen römisch-britischer Zivilisation angenommen werden, als z. B. im nördlich des Hadrianswalls gelegenen Bernicia. Kent leitet seinen Namen von der britischen *civitas* der *Cantiaci* ab. Die neuen Herren dort nannten sich *Cantware*, die Männer von Kent. Beda läßt erkennen, daß König Ethelbert von Kent (ca. 560-616)[250] seinen Sitz in Canterbury, der *metropolis* seines Machtbereiches, gehabt habe.[251] Spuren jütischer Hütten aus dem 5. Jahrhundert sind in den Ruinen des römischen Canterburys gefunden worden. In York lassen Ausgrabungen erkennen, daß das römische Fort wohl noch lange nach dem Abzug der 6. Legion als Machtzentrum diente.[252] Wie diese beiden Städte, so scheint auch London sein Überleben einer strategisch und verkehrstechnisch günstigen Lage zu verdanken. Viele Städte verfielen unter angelsächsischer Herrschaft jedoch schnell.[253]

Wenn die Landnehmer auch die römische Architektur nicht aufrecht erhielten, haben sie bei der Besiedlung des Landes jedoch vielfach an die römische „Raumplanung" angeknüpft.[254] Eines der ältesten Elemente englischer Ortsnamen scheint „wicham" zu sei. Es kann mit „Siedlung bei einem *vicus*" übersetzt werden und taucht in England in verschiedenen Kombinationen rund 30 mal auf. Die Mehrzahl dieser Orte liegt in der Nähe römischer Straßen und vielfach bei Einrichtungen aus römischer Zeit.[255] Befestigte Orte blieben unter den Landnehmern - von ihnen bewohnt oder nicht - mit dem Namenselement „ceaster" (*castra*) bekannt.[256] Ähnlich verhält es sich mit Ortsnamen mit den Elementen „ecles" (*ecclesia*) und „funta" (*fontana*).[257] Myres warnt davor, in diese dem Lateinischen entlehnten

---

[250] Campbell, Centuries, S. 38.
[251] HE, I, 25 f., S. 80 ff.
[252] Campbell, Centuries, S. 18, 39.
[253] Krieger, Geschichte, S. 40.
[254] Ebd., S. 40.
[255] Johnson, Britain, S. 147.
[256] Myres, Settlements, S. 31.
[257] Johnson, Britain, S. 147.

Ortsnamenselemente zu viel soziale und institutionelle Kontinuität hinein zu interpretieren. Sie würden lediglich die Kenntnis der Landnehmer von noch erkennbaren Relikten der römisch-britischen Siedlungsstruktur beweisen.[258]

Die Angelsachsen führten, so die Meinung der jüngeren Forschung, auch zunächst die Siedlungsweise in Einzelgehöften britisch-römischer Prägung fort. Bei ihrer bäuerlichen Niederlassung griffen die Landnehmer auf seit langem kultiviertes Land zurück. In einigen Regionen ist es nachweisbar, daß die Aufteilung des Bodens und Grenzen von Ländereien aus römischer Zeit beibehalten wurden. An anderen Orten jedoch haben die Landnehmer sich offenbar ganz neue Siedlungsräume und landwirtschaftliches Nutzland, z. B. entlang der Flußtäler, erschlossen. Die für viele Teile Englands nachweisbare Wandlung der angelsächsischen Siedlungsstruktur hin zum Typus des kompakten Haufendorfes mit den charakteristischen weiten und offenen Feldern scheint sich erst zu einem in der Forschung umstrittenen, späteren Zeitpunkt vollzogen zu haben.[259]

Britannien wurde im Zuge der angelsächsischen Landnahme zweigeteilt: Der britische Westen, in dem Gildas' Texte und rund 200 Inschriften von Latinität zeugen, gehörte zur keltisch-christlichen Welt um das Irische Meer; der angelsächsische Osten war Teil der germanisch-heidnischen Welt der Nordsee.[260] Ein Kulturtransfer von West nach Ost fand in Britannien in jener Zeit offenbar kaum statt.[261] Das Wirtschaftssystem der Angelsachsen scheint im 6. Jahrhundert weniger entwickelt gewesen zu sein als das des römischen Britanniens. Für Kent ist seit dem 6. Jahrhundert ein reger Importhandel mit dem Kontinent erkennbar. Das Fehlen von Münzen läßt jedoch auf Tauschhandel schließen. Angelsächsische Goldschmiede schufen bemerkenswerte Schmuckgegenstände in beachtlicher Zahl. Die Angelsachsen bauten andererseits nicht in Stein und kannten, sieht man von Kent ab, kein Töpferrad.[262] Generell haben sich die angelsächsischen

---

[258] Myres, Settlements, S. 34 f.
[259] Vgl. Hills, settlement, S. 311 f., Krieger, Grundprobleme, 40 f.
[260] Campbell, Centuries, S. 22 f.
[261] Vgl. Ward-Perkins, Anglo-Saxons, S. 514 f.
[262] Campbell, Centuries, S. 43.

Landnehmer das römische Verwaltungs- und Wirtschaftssystem in Britannien nicht zu eigen gemacht.[263]

3.4. Zusammenfassendes Bild der angelsächsischen Landnahme

Die angelsächsischen Landnehmer entstammten den germanischen Stämmen der Angeln, Sachsen und Jüten. Angeln und Sachsen traten bereits auf dem Kontinent als „Mischgruppe" auf und generell haben sich die stammesmäßigen Grenzen dieser Völker im Zuge der Landnahme verwischt. An der germanischen Besiedlung des Südostens Englands haben vermutlich Landnehmer aus dem fränkischen Raum teilgenommen. In Ostengland läßt sich auch skandinavische Einwanderung erkennen. Die in der Literatur verbreitete Darstellung, Friesen hätten sich in nennenswerter Zahl an der angelsächsischen Landnahme beteiligt, ist umstritten. Die Rechts- und Sozialordnung der Landnehmer basierte als Ordnung von Personenverbänden wohl auf Haus, Sippe und Gefolgschaft. Die politische Organisation dieser Stämme ist jedoch nicht geklärt. Ebenso läßt sich über die Motive der Landnehmer zum Verlassen ihrer alten Heimat nur spekulieren: Siedlungsdruck durch Bevölkerungswachstum und ein steigender Meeresspiegel mögen hierbei eine Rolle gespielt haben.

Der Brite Gildas wertet das Wirken der Sachsen in Britannien als Strafe Gottes für die Verfehlungen seines eigenen Volkes. Auf angelsächsischer Seite übernimmt Beda diese Bewertung. Eine eigenständige Beurteilung der Landnahme des eigenen Volkes ist den angelsächsischen Quellen nicht zu entnehmen. Die erzählenden Quellen liefern generell keine Informationen zur angelsächsischen Landnahme als Vorgang bäuerlicher Siedlung und Aufteilung oder Erschließung genommenen Landes. Die Angaben der Angelsächsischen Chronik zu Eroberführerern und den von ihnen geführten Kampagnen können hinsichtlich ihres Aussagewertes prinzipiell in Zweifel gezogen werden. Folgt man der literarischen Tradition, so wurden ursprünglich germanische Söldner zu Verteidigungszwecken nach Britannien geholt und mit Land ausgestattet. Welcher Art die römisch-britischen Autoritäten waren, die diese Anwerbung veranlaßten, ist nicht näher bestimmbar. In Abgleich mit Einzelnachrichten kontinentaler Quellen und

---

[263] Krieger, Grundprobleme, S. 40.

dem archäologischen Befund muß eine zahlenstarke Ankunft germanischer Siedler auf die ersten Jahrzehnte nach 410 datiert werden. Jedoch schon für die Zeit der römischen Herrschaft ist germanische Einwanderung in Britannien anzunehmen.

Entgegen älteren Auffassungen geht die jüngere Forschung davon aus, daß sich die angelsächsische Landnahme in mehreren Phasen vollzog und über einen längeren Zeitraum hinweg erstreckte. Während dieser Zeit konnten sich die Briten militärisch wohl immer wieder behaupten. Ferner ist diese Landnahme vermutlich kaum koordiniert und von verschiedenen Kontingenten unterschiedlicher Größe und mit eher regionaler Zielsetzung vorgetragen worden. Im Zuge einer Rebellion angeworbener Söldner und einer folgenden militärischen Eskalation ist es dann vielleicht zu weiteren Invasionsschüben seitens der germanischen Küstenstämme gekommen. Die Briten leisteten offenbar militärischen Widerstand, und in einer wohl bedeutsamen Schlacht am *Mons Badonicus* (ca. 500?) wurde der Vormarsch der Angelsachsen gestoppt. Nach einigen Jahrzehnten der friedlichen Koexistenz konnten im Zuge einer weiteren Expansionsphase bis ca. 600 die Landnehmer dann bis auf den Norden und Westen die *Lowlands* unter ihre Gewalt bringen.[264]

In der jüngeren Forschung hat sich die Auffassung durchgesetzt, daß die Frage der Bevölkerungskontinuität im Zuge der angelsächsischen Landname nur differenziert für einzelne Regionen beantwortet werden kann. Sprachwissenschaftliche und rechtsgeschichtliche Untersuchungen lassen darauf schließen, daß für den Osten und Südosten von einer starken und dichten angelsächsischen Besiedlung auszugehen ist.[265] Auf eine konsequente Vertreibung oder Ausrottung der Einheimischen durch die Landnehmer kann hier jedoch nicht unbedingt geschlossen werden. Diese Annahme scheint auch durch die Ergebnisse jüngster DNA-Analysen untermauert zu werden. Richtung Westen und im Norden Englands scheint das britische Bevölkerungselement zunehmend stärker ausgeprägt geblieben und vielfach lediglich von angelsächsischen Eroberern unterworfen worden zu sein. Im Westen Britanniens bildeten sich im Zuge der angelsächsischen

---

[264] Krieger, Geschichte, S. 35-38.
[265] Krieger, Grundprobleme, S. 39 f.

Landnahme britische Herrschaften. Bis auf das Überleben des Christentums und des Gebrauchs der lateinischen Sprache ist über deren Sozial- und Verfassungsstruktur kaum etwas bekannt.[266]

Die Angelsachsen haben offensichtlich bei der Aufteilung und Besiedlung des genommenen Landes an die bestehende Raumplanung angeknüpft, sich mitunter aber auch neue Siedlungsräume erschlossen. Von der römisch-britischen Wirtschafts- und Verwaltungsstruktur haben sie generell nichts übernommen. Bei der Etablierung ihrer Herrschaften folgten sie ganz den sozialen und rechtlichen Vorstellungen ihrer kontinentalen Heimat. Im angelsächsischen England basierte Herrschaft im wesentlichen auf der Herrschaft von Gefolgsherren (altenglisch *hlaford* = Brotwart, neuenglisch *lord*) über Gefolgsleute.[267] Neben Sippe und Haus bzw. Gefolgschaft war in den angelsächsischen Reichen auch der Typus des germanischen Heerkönigs anzutreffen. Heerkönige waren nach erfolgter Landnahme vielfach bestrebt, ihr Amt erblich zu machen bzw. den Kreis der wählbaren Kandidaten auf die königliche Familie zu beschränken. Über die Frühzeit der angelsächsischen Herrschaftsbildung ist praktisch nichts bekannt. Um 600 haben mindestens zwölf angelsächsische Reiche bestanden, von denen man annimmt, daß sie im Zuge eines Konzentrationsprozesses aus kleineren Einheiten hervorgegangen waren: Neben Kent, Sussex, Wessex, Essex, Mittelanglien, Ostanglien, Mercien, Lindsey, Deira und Bernicia bestanden im walisischen Grenzgebiet noch die Herrschaften Hwicce und Magonsaete, die beide jedoch damals vermutlich schon unter der Abhängigkeit Merciens standen.[268]

---

[266] Um 600 sind die britischen Königreiche Dumnonia im heutigen Cornwall, Dyfed, Powys und Gwynedd in Wales sowie Elmet und Rheged im Nordwesten des heutigen Englands faßbar (Campbell, James: The First Christian Kings, in: James Campbell (Hrsg.): The Anglo-Saxons, London ²1991, S. 45-69, hier S. 52.).

[267] Welche Rolle die Gefolgschaft bei der Eroberung Britanniens durch die Angelsachsen gespielt hat, ist in der Forschung umstritten; das später klar erkennbare angelsächsische Gefolgschaftswesen kann nämlich nicht bis in die Jahre der Landnahme selbst zurückverfolgt werden (Schulze, Grundstrukturen, Bd. 1, S. 45.).

[268] Krieger, Geschichte, S. 39, 41 f.

4 England bis zum beginnenden 9. Jahrhundert

Sieben angelsächsische Reiche, Kent, Sussex, Essex, Wessex, Ostanglien, Mercien und das aus den Teilreichen Bernicia und Deira hervorgegangene Nordhumbrien, konnten ihre Eigenständigkeit im Verlauf des 7. Jahrhunderts behaupten. Diese Phase der englischen Geschichte war nämlich nicht nur vom Kampf gegen die gemeinsamen britischen Gegner geprägt; sie war vor allem von der Auseinandersetzung der angelsächsischen Reiche untereinander um die politisch-militärische Vorherrschaft gekennzeichnet. Dabei spielte offenbar das Amt des *bretwalda* eine bedeutende Rolle. Es handelte sich hierbei wohl um ein meist auf militärischen Erfolgen basierendes Oberkönigtum mit Befehlsgewalt über ein angelsächsisches Gesamtaufgebot.[269]

Mit der Nachfolge König Edwins von Nordhumbrien (616/17-632) im Bretwaldaamt verlagerte sich der Kampf um die Vorherrschaft auf sein Reich sowie auf Mercien und Wessex. Die übrigen angelsächsischen Reiche traten politisch wie militärisch mehr und mehr in den Hintergrund. Edwins Einfluß erstreckte sich bis weit in den Süden. Er konnte ferner das britische Reich Elmet sowie die Inseln Anglesey und Man im Kampf gegen die Waliser erobern. Sein Nachfolger Oswald (633-641) vermochte es, die nordhumbrische Vormachtstellung im Süden als *bretwalda* noch einmal zu behaupten. Er wurde jedoch 641 im Kampf gegen König Penda von Mercien (ca. 632-654) getötet. Dieser hatte sein Reich bereits auf Kosten von Wessex ausgedehnt und wurde nun zum Oberherrn in Britannien. Er übernahm zwar nicht das Bretwaldaamt, degradierte aber die übrigen angelsächsischen wie auch britischen Könige des Südens und Westens zu Unterkönigen. Oswalds Bruder Oswiu (641-670) konnte jedoch 654 den in Nordhumbrien eingefallenen Penda besiegen. Er eroberte ferner das Solvay-Gebiet im Norden und ließ sich als *bretwalda* bestätigen.[270]

Nach Jahren des Krieges gegen die Mercier schieden die nordhumbrischen Könige im Machtkampf um die Vorherrschaft der Insel praktisch aus, als König Egfrith (670-685) im Kampf gegen die Picten getötet wurde und sei-

---

[269] Ebd., S. 38, 42 f.
[270] Ebd., S. 43-46.

ne Nachfolger durch den Krieg gegen die nördlichen Nachbarn gebunden blieben. Wessex, das sich auf Kosten des britischen Reiches Dumnonia weiter auf der Halbinsel Devon ausgedehnt hatte, konnte sich unter König Ine (688-726) gegen Mercien durchsetzen und seinen Einfluß zeitweise auf Sussex, Surrey und Kent ausdehnen. Nach Ines Tod jedoch wurde Mercien unter seinen Herrschern Ethelbald (716-757) und Offa (757-796) zur Hegemonialmacht auf der Insel. Offa brachte Essex, Kent und Sussex nach Ausschaltung der Königssippen unter seine direkte Herrschaft, installierte in Wessex ein Schattenkönigtum und hatte sogar die Macht, den König von Ostanglien enthaupten zu lassen. Gegen die britischen Nachbarn ließ er den *Offa's Dyke* entlang der walisischen Grenze errichten.[271]

Die mercische Suprematie wurde 825 gebrochen, als es König Egbert von Wessex gelang, die Mercier vernichtend zu schlagen. In der Folge wurde Egberts unmittelbare Königsherrschaft in Essex, Surrey, Sussex und Kent anerkannt. Der ostanglische König unterstellte sich ihm als neuem Oberherrn. Im Jahr 829 marschierte Egbert in Mercien ein und setzte den dortigen König Wiglaff ab. Schließlich erkannten auch die Nordhumbrier Egberts Oberherrschaft an. Er verhinderte zwar nicht, daß Wiglaff später nach Mercien zurückkehrte; dennoch wurde Egbert als „Einiger Englands" bezeichnet.[272]

Die Basis der frühen englischen Gesellschaft war der freie Bauer. Er war Herr eines Haushaltes, der fast überall in England eine *hide* bzw. die *terra unius familiae* bewirtschaftete. Die Größe dieser Landeinheit bemaß sich nach dem, was für die Ernährung des Hauses benötigt wurde. Die *hide* war die zentrale Organisationseinheit für die Bemessung von Abgaben und Diensten, wie z. B. dem Dienst im allgemeinen Heeresaufgebot, dem *fyrd*.[273] Seit dem 7. Jahrhundert ist in England jedoch auch eine beginnende Manorialisierung nachweisbar: Neben ihrem Grundbesitz erlangten Adelige grundherrschaftliche Rechte über Siedlungen und Dörfer dergestalt, daß ihnen vormals dem König geschuldete Abgaben und Dienste übertragen wurden. Bis zum 9. Jahrhundert waren solche grundherrschaftlichen

---

[271] Ebd., S. 46 ff.
[272] Ebd., S. 47 ff.
[273] Stenton, England, S. 278 f., 290.

Strukturen ein charakteristisches Merkmal der englischen Sozialstruktur: Grundherren bezogen von vielfach freien, jedoch abgabenpflichtigen Bauern mehrerer Ortschaften Naturalien, Zahlungen und Dienste.[274]

Die Christianisierung der Angelsachsen erfolgte nicht von den britischen Gebieten im Westen der Insel aus – der Graben zwischen angelsächsischen Landnehmern und Briten war offenbar zu tief. Es war Papst Gregor der Große, der den Abt Augustinus mit 40 Begleitern zur Mission der Angelsachsen entsandte. In Gallien zum Bischof geweiht, landete Augustinus 597 in Kent. Dort taufte er zunächst König Ethelbert von Kent und zahlreiche Große des Reiches. In den Nachbarreichen Essex und Ostanglien blieb der Mission zunächst jedoch der durchschlagende Erfolg verwehrt. Papst Gregor hatte vorgesehen, in London und York, in Anlehnung an die römische Verwaltungsstruktur, Erzbistümer zu etablieren. Da beide Städte sich zunächst jedoch der Christianisierung verschlossen, richtete Augustinus in Canterbury seinen Sitz als Erzbischof ein. Im Jahr 628 gelang es den Missionaren, den einflußreichen Edwin von Nordhumbrien für das Christentum zu gewinnen. Oswald holte später iroschottische Wandermönche ins Land, die die neue Lehre in Nordhumbrien, Mercien, Mittelanglien und Essex verbreiteten.[275]

Es kam zu Spannungen zwischen der römisch-päpstlichen und der iroschottischen Mission, denn es bestanden Differenzen bezüglich des Brauchtums und der Liturgie. Ferner waren die Vertreter des von der kontinentalen Entwicklung seit langem abgeschnittenen keltisch-irischen Christentums nicht gewillt, den Primatsanspruch der römischen Kirche anzuerkennen und sich deren hierarchischen Vorstellungen unterzuordnen. Unter König Oswiu wurde 664 auf der Synode von Whitby die Observanzfrage zugunsten der römischen Mission entschieden. Die Folge dieser Entscheidung war die Ausbildung einer einheitlichen angelsächsischen Landeskirche als Teil der römischen Universalkirche. Dies trug entschieden zur kulturellen und politischen Einigung Englands bei. Unter Theodor von Tarsus (gest. 690) als Erzbischof von Canterbury wurde in England die Kir-

---

[274] Vgl. Sawyer, Britain, S. 199 f., Stenton, England, S. 313 f., Sawyer, Kings, S. 104-107.
[275] Krieger, Geschichte, S. 51 f.

chenorganisation in Bistümern nach römischen Vorstellungen aufgebaut. Die Klöster wurden nach der Benediktinerregel reformiert. Im Jahr 735 wurde York zum Erzbistum erhoben. Bis zum Beginn des 9. Jahrhunderts war ganz England – zumindest nominell – christianisiert.[276]

Erzbischof Theodor baute Canterbury zu einem Zentrum kirchlicher Gelehrsamkeit aus. Auch in den nordhumbrischen Köstern Lindisfarne, Wearmouth und Jarrow entfaltete sich, wie am Falle Bedas bereits gezeigt, Gelehrsamkeit hohen Niveaus. Von der Ausstrahlungskraft angelsächsischen Geisteslebens auf den fränkischen Raum zeugt nicht nur die angelsächsische Missionsbewegung auf dem Kontinent seit dem späten 7. Jahrhundert, sondern z. B. auch die Tatsache, daß der nordhumbrische Gelehrte Alcuin (gest. 804) von Karl dem Großen zum Leiter seiner Palastschule bestellt wurde. Wie auf dem Kontinent bildete auch in England das Eigenkirchenwesen das Grundprinzip des Verhältnisses zwischen Kirche und weltlicher Herrschaft: Der Grundherr sorgte für die unter seiner wirtschaftlichen Sachherrschaft verbleibende materielle Ausstattung der von seiner Herrschaftsgewalt erfaßten Geistlichen.[277]

Ostanglien konnte im 9. Jahrhundert offenbar unter seinen Königen Aethelstan, Aethelweard und Edmund die Unabhängigkeit gegenüber Mercien wieder herstellen. Über die damaligen Verhältnisse in Nordhumbrien ist bekannt, daß seit 844 die Königsherrschaft in diesem Reich instabil und von Thronwirren gekennzeichnet war. Der Kampf zwischen den Thronprätendenten Osbert und Aelle seit ca. 860 führte in Nordhumbrien offensichtlich zum monetären Zusammenbruch, denn es wurden keine Münzen mehr geprägt. Ferner ist bezeugt, daß beide Konkurrenten Land des Klosters Lindisfarne enteigneten. Vermutlich hatte der Krieg um die Krone beide ihrer Mittel beraubt, was sie wohl durch den Griff nach Kirchengut zu kompensieren suchten.[278]

Auch für Mercien gibt es deutliche Hinweise darauf, daß seit 823 drei Häuser um den Thron des Reiches kämpften. Mercische Urkunden offenbaren ferner, daß auch hier in der Mitte des 9. Jahrhunderts die Herrscher nach

---

[276] Ebd., S. 52 f., 56.
[277] Ebd., S. 54 ff.
[278] Wormald, Century, S. 135.

Kirchenland griffen, um damit dann ihre Gefolgsleute auszustatten. Vermutlich gingen den Königen die Ressourcen in Form von Grundbesitz aus. Diese aus Nordhumbrien und Mercien bezeugte Politik hat sicherlich beim betroffenen Klerus Unmut gegenüber den Herrschern hervorgerufen. In Wessex hatte König Egbert es erreicht, die Nachfolge seines Sohnes Aethelwulf zu sichern. Dieser wiederum setzte eine tragbare Nachfolgeregelung für seine vier Söhne durch, deren jüngster Alfred war. Es ist bezeugt, daß die westsächsischen Könige relativ gut mit Land und beweglichen Gütern ausgestattet waren. Den Wert ihrer Münzen konnten sie stabil halten. Auf Kirchengut scheinen sie so gut wie nicht zugegriffen zu haben.[279]

---

[279] Ebd., S. 138-142.

5 Die Landnahme der Wikinger in England

Aus weiten Teilen der Britischen Inseln sind kaum zeitgenössische Schriftquellen des 9. und 10. Jahrhunderts erhalten. Dies ist u. a. eine Folge wikingischer Verwüstungen religiöser Zentren, in denen Annalen, Urkunden sowie andere Texte verfaßt und aufbewahrt wurden. Weit besser ist es mit der Quellenlage für diese Zeit hinsichtlich jener Regionen Englands bestimmt, die die Wikinger nicht erobern konnten.[280] Die heidnischen Wikinger schrieben so gut wie nichts über sich auf, und in späteren Jahrhunderten hielten Skandinavier bloß Sagenhaftes über ihre Geschichte fest.[281]

5.1. Erzählende Quellen zur Landnahme der Wikinger in England

Die Hauptquelle für die Landnahme der Wikinger in England ist die Angelsächsische Chronik.[282] Das Werk liefert die umfassendsten Informationen[283] über den chronologischen Verlauf und die geographischen Schauplätze dieser Landnahme.[284] Bis zum Eintrag des Jahres 851, als laut Angelsächsischer Chronik zum ersten Mal Heiden in England überwintert haben sollen,[285] greift die Diktion der Chronik nur selten über die annalistische Notierung denkwürdiger Ereignisse hinaus. Besonders ab dem Jahreseintrag 871 aber, als König Alfred von Wessex seine Herrschaft antrat, mehren sich die Berichte und Detailangaben zu den Kämpfen gegen die Wikinger.[286] Die Chronik befaßt sich nun über weite Strecken hinweg ausschließlich mit dem westsächsischen Abwehrkampf gegen die skandinavischen Invasoren[287] und damit auch mit den Leistungen König Alfreds.[288]

---

[280] Sawyer, Kings, S. 24.
[281] Wormald, Century, S. 134.
[282] Zettel, Bild, S. 175.
[283] Fuchs, Landnahme, S. 101.
[284] Zettel, Bild, S. 175.
[285] ASChr-A, S. 44.
[286] Fuchs, Landnahme, S. 102.
[287] Sawyer, Kings, S. 25.
[288] Fuchs, Landnahme, S. 102.

Die Angelsächsische Chronik wurde wohl ursprünglich als Reaktion auf die große Wikingerinvasion von 892 verfaßt.[289] Es wird vermutet, daß Alfred selbst sie im Jahr 893 in Auftrag gab. Die Wahl der Volkssprache für ihre Darstellung mag mit der u. a. propagandistischen Intention zusammenhängen, die sich für den westsächsischen Hof vermutlich mit ihre Abfassung verband. Für den unter Alfred verfaßten Teil der Chronik ist in bezug auf die Darstellung der Ereignisse des 9. Jahrhunderts eine bewußte und berechnende Auslassung oder Überbewertung von Fakten zwar nicht erkennbar;[290] generell ist es jedoch schwierig, die englische Geschichte dieser Zeit losgelöst von der westsächsischen Perspektive zu betrachten.[291] Dem auf Wessex fixierten Verfasser sind offenkundig einige Ereignisse im Zusammenhang mit Wikingerzügen, gerade im Norden Englands, entgangen.[292]

Ein später im Norden Englands redigiertes Manuskript der Angelsächsischen Chronik weiß von frühen Wikingerüberfällen auf den nordhumbrischen Raum zu berichten. Dieses Manuskript ist zwar nicht erhalten, hat jedoch Eingang gefunden in die Versionen D und E der Angelsächsischen Chronik. Die Version D läßt bis zu den Annalen der Mitte des 11. Jahrhunderts eine Handschrift erkennen. Sie wurde von weiteren Schreibern bis zum Jahreseintrag 1079 fortgeführt. Die Herkunft der Version D ist nicht geklärt. Die Version E wurde für die Abtei Peterborough angefertigt. Der erste Schreiber schrieb bis zum Eintrag des Jahres 1121. Die Annalen dieses Manuskriptes wurden am weitesten geführt, nämlich bis zum Jahr 1154. Es enthält gesonderte Informationen zur Geschichte der Abtei Peterborough.[293]

---

[289] Sawyer, Kings, S. 24 f.
[290] Gransden, Writing, S. 32-35.
[291] Sawyer, Kings, S. 25.
[292] Fuchs, Landnahme, S. 102.
[293] Gransden, Writing, S. 38 ff. The Anglo-Saxon Chronicle. A Collaborative Edition, Bd. 6: MS D, hrsg. v. G. P. Cubbin, Cambridge 1996 (im folg. zit.: ASChr-D). Die Version E der Angelsächsischen Chronik findet sich im Paralleldruck mit der Parker-Chronik in der klassischen Edition von Charles Plummer und John Earle: Two of the Saxon Chronicles Parallel, Bd. 1: Text, Appendices and Glossary, hrsg. v. Charles Plummer u. John Earle, Oxford ²1952 (im folg. zit.: ASChr-E).

Neben der Angelsächsischen Chronik liegen zur Untersuchung der Landnahme der Wikinger in England zwei weitere erzählende Quellen vor, deren Verfasser sich eng an die Angelsächsische Chronik anlehnten.[294] Die Chronik des Aethelweard ist die erste Laienchronik der englischen Geschichte. Sie ist in der Gelehrtensprache Latein verfaßt.[295] Aethelweard war vermutlich ab ca. 975 bis zum beginnenden 11. Jahrhundert westsächsischer *aldorman*. Die Chronik beginnt mit der Schöpfung und endet im Jahr 975. Sie ist hauptsächlich eine Kompilation aus bekannten angelsächsischen Schriftquellen. Neben der Angelsächsischen Chronik dienten ihr als Grundlage vor allem Bedas Kirchengeschichte, aber auch weitere, nicht erhaltene Annalen.[296]

Die Schrift „De rebus gestis Alfredi" wurde mit großer Sicherheit vom walisischen Kleriker Asser verfaßt.[297] Asser unterstützte König Alfred von Wessex an seinem Hof bei literarischen Arbeiten und starb 910 als Bischof von Sherborne. Der Text basiert größtenteils auf einer ebenfalls nicht überlieferten Version der Angelsächsischen Chronik und ist angereichert mit biographischem Material zum Leben Alfreds. Assers Intention war es offensichtlich, mit der Schrift seinen Herrn als idealtypischen christlichen Führer darzustellen.[298]

Eine Bewertung früher Wikingerüberfälle auf England – indirekt aus der Perspektive der Opfer – geben Briefe, die Alcuin unter dem Eindruck der Nachricht von der Plünderung Lindisfarnes im Jahr 793 aus dem Frankenreich nach Nordhumbrien schrieb.[299] Bei der Analyse des Verlaufs der

---

[294] Zettel, Bild, S. 175.

[295] Krieger, Quellen, S. 226 f. Der Text wurde mit neuenglischer Übersetzung herausgegeben von Alistair Campbell: The Chronicle of Aethelweard (Nelson's Medieval Texts), London 1962 (im folg. zit.: Aethelweard).

[296] Gransden, Writing, S. 42-45.

[297] Vgl. ebd., S. 42, 47-51. Der Text liegt u. a. vor in einer Edition von William H. Stevenson: Asser's Life of King Alfred together with the Annals of Saint Neots erroneously ascribed to Asser, Oxford ²1959 (im folg. zit.: Asser).

[298] Ebd., S. 46 f., 51 f.

[299] Vgl. Fuchs, Landnahme, S. 103, Loyn, Vikings, S. 39. Briefe gehören streng betrachtet nicht zu den erzählenden Quellen.

Landnahme der Wikinger in England wird Bezug genommen werden auf sein Schreiben an den damaligen König Ethelred von Nordhumbrien.[300]

Einige Informationen über das Beziehungsgeflecht zwischen den Angelsachsen und den wikingischen Landnehmern sind der „Historia de Sancto Cuthberto" zu entnehmen.[301] Die Schrift wurde von einem unbekannten Mönch in der Mitte des 10. Jahrhunderts verfaßt. Sie beginnt mit dem Leben Cuthberts. Anschließend schildert der Text, wie die Mönche von Lindisfarne vor Wikingern aus ihrem Kloster flohen, mit dem Körper Cuthberts einige Jahre umherirrten und ihn schließlich in Chester-le-Street beisetzten. Der Text endet mit kurzen Lebensbeschreibungen der Bischöfe von Chester-le-Street. Der Bischofssitz wird dabei mit der Person Cuthberts identifiziert, der posthum die Interessen des Bistums verteidigt.[302]

5.2. Die wikingischen Landnehmer

Im Zeitraum zwischen dem Ende des 8. Jahrhunderts und ca. 1100 wurden die Britischen Inseln[303] und quasi alle Küstenvölker von Nord- und Ostsee, des Nordatlantiks bis hinein in den Mittelmeerraum von Wikingern heimgesucht. Die Zeitgenossen in Westeuropa bezeichneten diese Männer aus dem Norden vielfach als *Nortmanni* bzw. *Normanni*,[304] als „Dänen" oder schlichtweg als „Heiden".[305]

---

[300] Der Brief in neuenglischer Übersetzung: Letter of Alcuin to Ethelred, king of Northumbria (793, after 8 June), in: Dorothy Whitelock (Hrsg.): EHD, Bd. 1, London – New York ²1979, S. 842 ff. (im folg. zit.: Letter of Alcuin to Ethelred).

[301] Sawyer, Kings, S. 25. Auszüge des Textes in neuenglischer Übersetzung: Extracts from the anonymous „History of St Cuthbert", in: Dorothy Whitelock (Hrsg.): EHD, Bd. 1, London – New York ²1979, S. 286 ff. (im folg. zit.: Hist. SC). Der heilige Cuthbert (gest. 687) war Prior des Klosters Lindisfarne. Seit 685 war er Bischof, zunächst von Hexham, dann von Lindisfarne. Er starb als Eremit auf der Insel Farne. Die Mönche von Lindisfarne nahmen seine sterblichen Überreste bei ihrer Flucht vor Wikingern 875 mit. Nach verschiedenen Irrfahrten bargen sie Cuthberts Schrein 883 in Chester-le-Street (Rollason, David W.: Cuthbert, in: Robert-Henri Bautier u. a. (Hrsg.): LexMA, Bd. 3, München – Zürich 1986, Sp. 397.).

[302] Gransden, Writing, S. 76 f.

[303] Sawyer, Kings, S. 1.

[304] Krieger, Geschichte, S. 56.

[305] Sawyer, Kings, S. 1.

Das Wort *viking* ist vermutlich skandinavischen Ursprungs, findet sich aber auch in altenglischen Texten.[306] So spricht z. B. die Angelsächsische Chronik gelegentlich von *wicenga*.[307] In der modernen Literatur bezeichnet „Wikinger" teils Skandinavier, die Westeuropa in jenen Jahrhunderten angriffen,[308] teils umfassend den Kulturraum, dem sie entstammten.[309]

5.2.1. Die Herkunft sowie die ethnische Identität der wikingischen Landnehmer

Der oder die Schreiber der ursprünglichen Fassung der Angelsächsischen Chronik, Asser und Aethelweard waren von den Erfahrungen der Zeit König Alfreds geprägt:[310] Ihre Texte bezeichnen die Wikinger des 9. Jahrhunderts fast ausschließlich als „Dänen" (*Denescan* bzw. *Dani*) oder als „Heiden" (*heþne men* bzw. *pagani*).[311] Die Möglichkeiten der insularen Beobachter, Erkenntnisse über die genaue Herkunft der Wikinger zu erlangen, waren denkbar gering. Irische Quellen differenzieren ab der Mitte des 9. Jahrhunderts zwischen alten (norwegischen) und neuen (dänischen) Fremden, die in abgrenzbaren Schüben landeten.[312]

Norwegischen Wikingern können anhand sprachwissenschaftlicher und archäologischer Nachweise der Atlantik, Schottland, die nordwestlichen In-

---

[306] Lund, Niels: Wikinger II. Geschichte, in: Norbert Angermann u. a. (Hrsg.): LexMA, Bd. 9, München – Zürich 1998, Sp. 102-106, hier Sp. 102 (im folg. zit.: Lund, Wikinger).

[307] Vgl. z. B. ASChr-A, S. 51.

[308] Lund, Wikinger, Sp. 102.

[309] Sawyer, Kings, S. 1. Die Etymologie des Wortes *viking* ist umstritten: Es könnte abgeleitet sein vom angelsächsischen *wic* (lateinisch *vicus*) und Personen bezeichnen, die Handelsplätze angreifen. Das Wort könnte auch auf die Landschaft Viken am Oslofjord zurückzuführen sein, die dann als ursprüngliches Herkunftsland der Wikinger angesehen werden müßte. Andere übersetzen das Wort allgemein mit „Leute von der Bucht", da die Wikinger regelmäßig in geschützten Buchten vor Anker gegangen seien und von hier aus Streifzüge ins Landesinnere unternommen hätten. „Wikinger" könnte auch „Kämpfer" (altnordisch *vig* = Kampf, *vigja* = schlagen, zerschlagen) oder „Leute, die vom Heimatort aus einige Zeit auf Seefahrt gehen" (altnordisch *vikja* = sich abwenden, einen Abstecher machen) bedeuten (vgl. Krieger, Geschichte, S. 56 f., Lund, Wikinger, Sp. 102.).

[310] Fuchs, Landnahme, S. 104.

[311] Vgl. ASChr-A, S. 39-62, Aethelweard, I, 1-IV, 3, S. 26-51, Asser, Kap. 3-94, S. 4-81.

[312] Fuchs, Landnahme, S. 104.

seln und Irland als Haupteinflußbereiche zugewiesen werden;[313] im östlichen England weisen die Erkenntnisse der Ortsnamenforschung hingegen auf hauptsächlich dänische Siedler hin. Die Dänen waren zwar die bedeutendste Gruppe der Neuankömmlinge in England; jedoch zeugen vereinzelte norwegisch geprägte Ortsnamen im Osten Englands, wie auch in größerer Zahl in Yorkshire, von norwegischen Siedlern. Ferner finden sich Ortsnamen, die auf norwegische Siedler schließen lassen, in großer Zahl in Lancashire, Cumbria, im westlichen Yorkshire[314] und in Cheshire.[315] Jüngere Studien haben in dieser Region jedoch auch dänischen Einfluß auf die Prägung der Ortsnamen nachgewiesen.[316] Die hier siedelnden Skandinavier stammten vermutlich aus dem Raum des Wikingerreiches Dublin.[317]

Wenn es den Opfern der Wikinger auch vielfach schwer fiel, zwischen deren Herkunft zu differenzieren, so scheinen die Skandinavier selbst sich mitunter ihrer unterschiedlichen Nationalitäten bewußt gewesen zu sein. Der altenglischen Übersetzung der Geschichte des Orosius[318], die gegen Ende des 9. Jahrhunderts angefertigt wurde, ist der Tatenbericht eines Norwegers namens Ohthere oder Óttar beigefügt. Er hatte England besucht und König Alfred von Wessex von seinem Leben in Norwegen sowie seinen Reisen durch Skandinavien berichtet. Óttar z. B. differenzierte zwischen den Norwegern, den Schweden und den Dänen.[319] Dabei hatte Óttar eine klare Vorstellung z. B. von Dänemark als geographischer Einheit: Zu

---

[313] Ebd., S. 104.

[314] Laing, England, S. 142 f.

[315] Wilson, David M.: The Scandinavians in England, in: David M. Wilson (Hrsg.): The Archaeology of Anglo-Saxon England, London 1976, S. 393-403, hier S. 395 (im folg. zit.: Wilson, Scandinavians).

[316] Wilson, David M.: The Vikings in Britain, in: Vorträge und Forschungen, Bd. 41, II, S. 81-94, hier S. 90 (im folg. zit.: Wilson, Vikings).

[317] Wilson, Scandinavians, S. 395.

[318] Der spätantike Geschichtsschreiber Orosius schrieb 417/18 auf Veranlassung Augustinus' hin sein Hauptwerk „Historiarum adversum paganos libri VII". Es handelt sich um eine christlich-theologische Deutung der Weltgeschichte, die heidnische Vorwürfe, die Christen seien für den Niedergang Roms verantwortlich, widerlegen soll. Im späten 9. Jahrhundert entstand eine altenglische Übersetzung, die lange irrtümlich Alfred dem Großen zugeschrieben wurde (Goetz, Hans-Werner: Orosius, in: Norbert Angermann u. a. (Hrsg.): LexMA, Bd. 6, München – Zürich 1993, Sp. 1474 f., hier Sp. 1474 f.).

[319] Sawyer, Kings, S. 26, 79.

Dänemark hätten neben Jütland und den umliegenden Inseln auch Gebiete im Südwesten des heutigen Schwedens gehört; Bornholm jedoch habe einen eigenständigen König gehabt.[320] Die meisten Skandinavier identifizierten ihre Herkunft primär jedoch wohl mit einer bestimmten Region, wie z. B. Westfold oder Jütland. Dabei ist zu vermuten, daß sich Wikingerverbände vielfach aus Männern mehrerer Regionen zusammensetzten.[321]

Dänische und norwegische Wikinger agierten vielfach in Konkurrenz zueinander;[322] in Irland wurden gewalttätige Konflikte zwischen Norwegern und Dänen ausgetragen – Wikinger waren nicht automatisch miteinander verbündet; ihre Loyalität galt ihren jeweiligen Führern.[323] Es gab jedoch wesentliche einende Elemente des nordischen Kulturraumes: Den Skandinaviern gemeinsam scheint z. B. der Glaube an die germanische Götterwelt sowie vergleichbare religiöse Riten gewesen zu sein. Runeninschriften sowie überlieferte Orts- und Personennamen lassen ein von anderen germanischen Dialekten zu unterscheidendes Altnordisch erkennen; jedoch läßt sich schon für die Zeit vor dem Ende des ersten Jahrtausends trennen zwischen westlichem Nordisch, von dem sich das heutige Isländisch und das Norwegische ableiten, und östlichem Nordisch, das in Schweden und Dänemark gesprochen wurde.[324]

5.2.2. Die soziale und politische Identität der wikingischen Landnehmer

Die Rechts- und Sozialordnung Skandinaviens zur Zeit der Landnahme der Wikinger in England läßt ebenfalls gemeinsame Grundzüge mit nur kleineren regionalen Unterschieden erkennen.[325] Später niedergeschriebene skandinavische Rechtstexte belegen gesellschaftliche Differenzierung im vorchristlichen Norden anhand verschieden hoher Beträge von Wergeld (altnordisch *mansbot*) oder anderen Kompensationszahlungen, die für einen Freien an dessen Sippe zu entrichten waren. Neben einer mit herausragen-

---

[320] Loyn, Vikings, S. 8 f.
[321] Sawyer, Kings, S. 80.
[322] Fuchs, Landnahme, S. 104 f.
[323] Sawyer, Kings, S. 80.
[324] Loyn, Vikings, S. 3-6.
[325] Ebd., S. 6.

dem Grundbesitz ausgestatteten Aristokratie[326] bildete der freie Bauer auch in Skandinavien die Basis der Gesellschaft. Er war typischerweise Hausherr, bebaute eigenen Boden und hielt Sklaven.[327] Die „Vita Anskarii" des Rimbert[328] z. B. bezeugt weit verbreitete Sklaverei für das 9. Jahrhundert in Skandinavien. Es hat den Anschein, daß schon vor dieser Zeit der Menschenraub bei benachbarten Völkern die wichtigste Bezugsquelle für skandinavische Sklavenhändler und -halter war.[329]

Eine große Zahl mit reichhaltigen Grabbeigaben ausgestatteter Hügelgräber in ganz Skandinavien zeugt von Männern oder Frauen herausragender Bedeutung. Es handelte sich hierbei offensichtlich um mit Besitztum ausgestattete Autoritäten, die anderen Schutz bieten und dafür Gehorsam verlangen konnten. Für solche Führer sind in der Dichtung vielerlei Bezeichnungen überliefert.[330] Sie waren Häuptlinge oder Kleinkönige, deren Machtbereich in der Regel lokal oder regional begrenzt war. Es ist anzunehmen, daß gewaltsame Konflikte zwischen solchen lokalen und regionalen Führern um Einfluß und Ressourcen im 9. Jahrhundert in Skandinavien ebenso die Politik bestimmten, wie im England des 7. Jahrhunderts.[331]

Fränkische Quellen geben einige Aufschlüsse über die Autorität dänischer und schwedischer Könige des 9. Jahrhunderts. Die dänischen Könige z. B., die Ansgar als Erzbischof von Hamburg-Bremen kannte, übten gewisse Macht im südlichen Jütland aus, die sich jedoch nicht bis auf die dänischen Inseln erstreckte. In Dänemark und in Schweden fungierten Könige zu die-

---

[326] Sawyer, Kings, S. 40-43.

[327] Loyn, Vikings, S. 7.

[328] Rimbert (gest. 888) war ab 865 Erzbischof von Hamburg-Bremen. Er setzte die Missionstätigkeit seines Vorgängers Ansgar in Skandinavien fort. Die im Stile karolingischer Heiligenviten verfaßte „Vita Anskarii" beschreibt Leben und Leistungen Ansgars, insbesondere dessen Missionstätigkeit in Birka und Dänemark. Das Werk liefert wichtige Hinweise über die politischen Verhältnisse insbesondere im Schweden im 9. Jahrhunderts (Volz, Ruprecht: Rimbert, in: Norbert Angermann u. a. (Hrsg.): LexMA, Bd. 7, München – Zürich 1995, Sp. 851 f., hier Sp. 851 f.).

[329] Sawyer, Kings, S. 39.

[330] Ebd., S. 46 ff.

[331] Ebd., S. 52 f. Der Königstitel wurde in Skandinavien um 800 von zahlreichen Kriegsherren vornehmen Geschlechts mit oft nur unbeständigen Machtpositionen getragen. Er hatte hier weit weniger exklusive Bedeutung als bei vielen südgermanischen Stämmen zur Zeit der Völkerwanderung (Loyn, Vikings, S. 6.).

ser Zeit wohl hauptsächlich als Heerführer. Über die Struktur dieser Heere oder Flotten ist jedoch kaum etwas bekannt; im Kern bildeten sie sich wohl aus der Gefolgschaft des Königs.[332]

5.2.3. Die Motivation der wikingischen Landnehmer

Für die plötzlich über Europa hereinbrechenden Züge der Skandinavier, die zuvor am Rande des Weltgeschehens gelebt hatten, sind in der Vergangenheit verschiedene Erklärungsversuche angestrengt worden. Schon der normannische Chronist Dudo von St. Quentin[333] vertrat die These, daß Überbevölkerung in Verbindung mit prekären wirtschaftlichen Verhältnissen einen großen Teil der Skandinavier außer Landes getrieben habe. Diese Erklärung konnte jedoch von der modernen Forschung nicht bestätigt werden. Archäologische Untersuchungen haben nämlich gezeigt, daß im 9. und 10. Jahrhundert in Skandinavien erschließbares Land grundsätzlich in ausreichendem Maße zur Verfügung stand.[334] Es gab in dieser Zeit auch keine klimatischen Veränderungen, die eine solche Wanderung ausgelöst haben könnten.[335]

---

[332] Sawyer, Kings, S. 53 f.

[333] Dudo von St. Quentin (ca. 960-1026) war der erste Geschichtsschreiber der Normannen. Als Kaplan und Kanzler war er unter Herzog Richard I. (gest. 996) an den Hof der normannischen Fürsten gekommen. Dort verfaßte er vermutlich ab 1015 „De moribus et actis primorum Normanniae ducum". Das Werk rühmt die normannische Herzogenfamilie, die ihr Volk nach der Niederlassung in der Normandie zu Gesittung, rechtem Glauben und geordneten Verhältnissen geführt habe (Sot, Michel: Dudo v. St-Quentin, in: Robert-Henri Bautier u. a. (Hrsg.): LexMA, Bd. 3, München – Zürich 1986, Sp. 1438 f. (im folg. zit.: Sot, Dudo).).

[334] Krieger, Geschichte, S. 57 f. Lediglich für Norwegen läßt sich ab dem 8. Jahrhundert eine durch Landnot hervorgerufene Emigrations- und Siedlungsbewegung zu den westlichen Fjorden und Inseln Skandinaviens, nach Schottland, den Orkney- und Shetlandinseln, den Färöer, den Hebriden und ab dem Ende des 9. Jahrhunderts nach Island feststellen (Loyn, Vikings, S. 11 f.). Wie bereits geschildert, kamen die Wikinger, die England überfielen, jedoch überwiegend aus dem fruchtbaren und leicht zugänglichen Dänemark. Ferner gingen, was noch zu zeigen ist, nicht die wirtschaftlich benachteiligten, sondern Vertreter der Oberschicht auf Wikingerfahrt (Krieger, Geschichte, S. 58.).

[335] Fuchs, Landnahme, S. 105. Die Wissenschaft weiß heute, daß sich in den hier relevanten Jahrhunderten das Klima in Nord- und Westeuropa stetig erwärmte. In Skandinavien vergünstigten sich damals die Lebensbedingungen, weshalb Klimaveränderungen als Erklärung für die Ursache der Wikingerzüge ausscheiden. (Loyn, Vikings, S. 10 f.).

Die Wikinger wurden ferner nicht, wie z. B. die islamischen Araber, von einer aggressiven politisch-religiösen Idee getrieben – ihre Götterlehre war gegenüber anderen Religionen weitgehend indifferent. Ebensowenig lassen sich Anhaltspunkte dafür finden, daß die Wikinger von der Vision eines germanischen Großreiches angetrieben worden wären. Ein weiterer Erklärungsansatz schließlich sieht die Wikingereinfälle als Reaktion auf die fränkische Expansion im Zuge der Sachsenkriege. Gegen diesen Ansatz spricht aber, daß die ersten wikingischen Raubzüge im fränkischen Raum mit einiger Sicherheit von Norwegern unternommen wurden. Diese dürften von fränkischen Heeren in Sachsen wohl kaum beeindruckt worden sein.[336]

Die Wikingerzüge sind vermutlich durch das Zusammenwirken mehrerer Ursachen ausgelöst worden. Betrachtet man das Agieren der Wikinger in Europa, so läßt sich erkennen, daß es sich bei ihnen sowohl um genügsame Ackerbauern und harte Kämpfer, als auch um wagemutige Seefahrer und begabte Kaufleute handelte. Dabei ließen sie einen ausgeprägten Sinn für das Verhältnis von Profit zu Risiko erkennen. Unter den Skandinaviern dürften aufgrund der schon seit Generationen bestehenden Handelskontakte in den Süden Kenntnisse über die Völker, die die Wikinger später heimsuchten, vorhanden gewesen sein. Die äußere Schwäche Westeuropas im 9. Jahrhundert, die Auflösungserscheinungen des Karolingerreiches und der Kampf der angelsächsischen Reiche um die Vorherrschaft untereinander, dürfte vielen Skandinaviern nicht entgangen sein.[337]

Eine ganz wesentliche Voraussetzung für die Hochseefahrten der Wikinger waren jedoch zunächst Innovationen im Schiffbau: Vor allem das Segel ist hierbei zu nennen, dessen Anwendung in Skandinavien Darstellungen auf Runensteinen sicher ab dem 8. Jahrhundert belegen.[338] Der Einsatz solcher technischer Neuerungen wurde wahrscheinlich ganz wesentlich durch eine steigende Nachfrage nach skandinavischen Gütern in Westeuropa und dem sich dadurch intensivierenden Fernhandel bedingt. Die Skandinavier exportierten damals z. B. Pelze, Walroßelfenbein und wahrscheinlich Eisenprodukte.

---

[336] Krieger, Geschichte, S. 57 f.
[337] Ebd., S. 58.
[338] Sawyer, Kings, S. 75 f.

Die Nachfragesteigerung ermunterte ferner wohl viele skandinavische Händler, wie z. B. den Walroßjäger Óttar, auf ausgedehnteren Fahrten nach neuen Ressourcen auszugreifen.[339] Andere hingegen versuchten offensichtlich, sich ihren Anteil an den wachsenden Handelsströmen auf unehrliche Weise zu sichern: Wikingische Aktivitäten basierten eindeutig auf einer engen Verzahnung von Handel und Beutewirtschaft.[340] Durch das wachsende Handelsvolumen konnten vermutlich in Skandinavien lokale und regionale Autoritäten, die Handelsrouten kontrollierten oder z. B. die Eisengewinnung organisierten, mitunter beträchtlich an Reichtum und Macht gewinnen. Solche erfolgreichen Führer haben wahrscheinlich oftmals Konkurrenten ins Exil verdrängt.[341] Skandinavien erlebte im Verlaufe des 9. und 10. Jahrhunderts eine Phase der Herrschaftskonzentration, die zahlreiche Vertreter des Adels veranlaßt haben dürfte, ihr Glück jenseits des Meeres zu suchen.[342] Die „Vita Anskarii" z. B. berichtet von einem Überfall auf Birka, geführt von einem solchen Exulanten aus Schweden.[343] Als eine Ursache für die Wikingerzüge kann also eine „Überbevölkerung" in den Oberschichten, aus denen sich Mannschaften und Anführer rekrutierten, angenommen werden.[344] Kampfesruhm schließlich, der im damaligen Skandinavien neben Sippenzugehörigkeit und Landbesitz den sozialen Status bestimmte, ist in Verbindung mit Beutetrieb sicherlich als weitere wesent-

---

[339] Ebd., S. 64, 75, 77. Für das 6. und 7. Jahrhundert ist kein intensiver Handelsaustausch zwischen Skandinavien und dem Süden erkennbar. Ausgrabungen belegen jedoch an vielen Handelsplätzen, wie z. B. Birka, Haddeby oder Skiringssal am Oslofjord, ab dem 8. Jahrhundert beginnenden bzw. auflebenden Handel mit dem christlichen Europa (Loyn, Vikings, S. 18.).

[340] Fuchs, Landnahme, S. 105 f.

[341] Sawyer, Kings, S. 77. Es ist z. B. kein Zufall, daß die drei frühen Handelszentren Birka, Skiringssal und Haddeby alle mit späteren Herrschaftszentren in Verbindung standen; hier ist paralleles Wachstum von Handel und Herrschaft erkennbar (Loyn, Vikings, S. 18 f.).

[342] Krieger, Geschichte, S. 58. Bis 1100 hatten sich drei Königreiche Norwegen, Schweden und Dänemark herausgebildet. Einen entscheidenden Schritt z. B. zur Schaffung eines zentralen norwegischen Königtums tat Harald Schönhaar, der die Idee eines geeinten norwegischen Königreiches etablierte und am Ende des 9. Jahrhunderts ein Bündnis aus Kleinkönigen Westnorwegens unterwarf (Loyn, Vikings, S. 7-10.).

[343] Sawyer, Kings, S. 77.

[344] Fuchs, Landnahme, S. 105.

liche Ursache für die Wikingerzüge zu sehen.[345] Offenbar in der Art eines „Schneeballeffektes" sind die ursprünglich zahlenmäßig begrenzten Raubzüge später dann von Invasionsunternehmen großen Stils abgelöst worden.[346] Hierbei ist zu betonen, daß Wikinger Beute nicht nur in Form beweglicher Güter, d. h. Handelsprodukte, Wertgegenstände und Sklaven,[347] nahmen; Wikinger konnten heute als Piraten oder Händler und morgen als Siedler auftreten.[348]

5.3. Der Verlauf der Landnahme der Wikinger in England

Laut Angelsächsischer Chronik kamen die ersten Dänen in der Regierungszeit König Beorhtrics von Wessex (786-802)[349] in drei Schiffen nach England.[350] Aethelweard weiß zu berichten, daß der von Dorchester aus zum Hafen geeilte königliche Vogt und seine Begleiter, die die Seefahrer für Kaufleute gehalten hätten, von ihnen getötet worden seien.[351] Beiden Quellen zufolge waren dies die ersten Dänen, die nach England gekommen seien.[352]

Eine vielleicht auf König Offa zurückgehende Urkunde sieht für das Jahr 792 in Kent Verteidigungsmaßnahmen gegen heidnische Seefahrer vor.[353] Im Jahr 793 wurde das Kloster Lindisfarne von Seefahrern geplündert. Alcuin, der damals mit dem Hof Karls des Großen in Verbindung stand und somit ein „Ohr am Pulsschlag des Weltgeschehens" hatte,[354] drückt in Brie-

---

[345] Loyn, Vikings, S. 15 ff.
[346] Krieger, Geschichte, S. 59.
[347] Wormald, Century, S. 145.
[348] Vgl. Loyn, Vikings, S. 17.
[349] Sawyer, Kings, S. 79.
[350] ASChr (EHD I), S. 180.
[351] Aethelweard, III, 1, S. 26 f.
[352] ASChr-A, S. 39, Aethelweard, III, 1, S. 27. Es ist bekannt, daß in der nicht erhaltenen Urfassung der Angelsächsischen Chronik hier von „Nordmännern" die Rede gewesen war. Sie seien, so spätere Versionen der Chronik, aus Hörthaland (Westnorwegen) gekommen. Wegen dieser widersprüchlichen Angaben und der vagen Datierung vermutet Fuchs, daß Gewährsleute des oder der Chronisten eine von damals häufiger vorkommenden skandinavischen Landungen in England zum ersten Dänenüberfall hochstilisiert haben könnten (Fuchs, Landnahme, S. 104 Anm. 45.).
[353] Wormald, Century, S. 132.
[354] Fuchs, Landnahme, S. 103.

fen nach England seine Fassungslosigkeit über diesen maritimen Überfall aus.[355] Piratenangriffe durch Friesen waren damals entlang der Nordküste des Frankenreiches und vielleicht auch in Kent wohl ein bekanntes Phänomen;[356] den Norden Englands trafen solche Überfälle jedoch unvorhergesehen.[357] Alcuin deutet die Heimsuchung durch Heiden als Strafe Gottes für Verfehlungen des eigenen Volkes. Folglich gibt er seinen Landsleuten Ratschläge zu Besserung des Lebenswandels.[358] Zu 794 berichten die Versionen D und E der Angelsächsischen Chronik, daß Nordhumbrien von Heiden verwüstet und ein Kloster, mit dem vermutlich Jarrow zu identifizieren ist,[359] geplündert worden sei.[360]

Im Jahr 804 suchten die Mönche von Lyminge in Kent Schutz innerhalb der Mauern Canterburys. Ferner beziehen sich mehrere Urkunden der frühen Jahre des 9. Jahrhunderts aus Kent auf heidnische Feinde. Zwei von ihnen, die auf 811 und 822 datiert werden, erwähnen die Verpflichtung, von Heiden errichtete Forts zu zerstören.[361] Diesen Zeugnissen ist zu entnehmen, daß die Wikinger ein Faktor im Leben jener Bewohner Englands geworden waren, die für die Seefahrer aus dem Norden vom Wasser aus zu erreichen waren.[362]

Zumindest in der Anfangsphase beruhte die Taktik der Wikinger auf dem Überaschungseffekt. Mit ihren Booten, die nur geringen Tiefgang hatten,

---

[355] Letter of Alcuin to Ethelred, S. 842 f.
[356] Sawyer, Kings, S. 79.
[357] Fuchs, Landnahme, S. 103.
[358] Letter of Alcuin to Ethelred, S. 843.
[359] Vgl. Fuchs, Landnahme, S. 103, 106. Wikinger überfielen deshalb häufig Klöster, weil diese Orte in der Regel nicht verteidigt wurden und dabei in großer Menge Wertgegenstände und Menschen bargen, die versklavt werden konnten. Bei den betroffenen Christen erzeugte die Verwüstung ihrer religiösen Zentren eine Krisenstimmung, was den Wikingern als Heiden jedoch nicht bewußt gewesen sein dürfte (Wormald, Century, S. 144 f.).
[360] ASChr-D, S. 17, ASChr-E, S. 57. Die „Annalen von Ulster" sprechen für dieses Jahr gar von der Verwüstung ganz Britanniens durch Heiden. Der wikingische Aktionsradius, die nordwestlichen Inseln und das westliche Irland, wird hier durch Zerstörungslisten von Klöstern wiedergegeben (Fuchs, Landnahme, S. 103 f.). Alcuin berichtet von Heiden, die 799 die aquitanische Küste heimgesucht hätten. Im Jahr 800 stellte Karl der Große eine Flotte gegen Piraten auf (Wormald, Century, S. 114.).
[361] Sawyer, Kings, S. 78.
[362] Vgl. Fuchs, Landnahme, S. 104.

konnten sie in flache Buchten einlaufen oder Flußläufe hinauffahren und dort vor Anker gehen. Während ein Teil der Besatzung das Schiffslager sicherte, schwärmte die Hauptstreitmacht zu blitzschnellen Streifzügen aus. Bevor eine Abwehr organisiert werden konnte, waren die Piraten vielfach schon wieder verschwunden. Die im wesentlichen auf dem *fyrd* basierende angelsächsische Verteidigung war gegenüber dieser Taktik zunächst schwerfällig und wenig effektiv. Generell war für die Kampagnen der Wikinger auch kennzeichnend, daß sie stets den Weg des geringsten Widerstandes suchten: Ihre Angriffsziele wählten sie nach der Aussicht auf Beute und unter Abwägung des Risikos.[363]

Gemäß den erzählenden Quellen scheint England nach den anfänglichen Überfällen bis zum Jahr 835 kaum von Wikingerangriffen betroffen gewesen zu sein.[364] In diesem Jahr jedoch, so hält die Angelsächsische Chronik fest, hätten Heiden die Insel Sheppey verwüstet. Für die folgenden Jahre berichtet die Chronik von mehreren mehr oder weniger erfolgreichen Wikingerüberfällen auf die Süd- und Ostküste Britanniens.[365] Hierbei handelte

---

[363] Krieger, Geschichte, S. 59 f.

[364] Wormald, Century, S. 132. Bis in die 830er Jahre muß zumindest die Gefahr von Wikingerangriffen in England gesehen worden sein: König Ceolwulf von Mercien entband in einer Urkunde von 822 den Erzbischof von Kent nicht von Verteidigungspflichten gegen Heiden (Zettel, Bild, S. 184.). Die Wikingerverbände, die zu Beginn des 9. Jahrhunderts in Westeuropa angriffen, zählten nur wenige Schiffe; wohl deshalb waren Verteidiger gegen die Seefahrer öfters erfolgreich. Wikingereinfälle konnten 811 und 812 in Irland und 820 im Frankenreich abgewehrt werden. Diese Verhältnisse änderten sich, als infolge des Erbstreits der Söhne Ludwigs des Frommen die fränkischen Verteidigungsmaßnahmen vernachlässigt wurden. Nachdem 833 Ludwig abgesetzt worden war, ergriffen die Wikinger ihre Chance: 834 wurde der an einem Rheinmündungsarm gelegene große Handelsplatz Dorestad erstmals geplündert. Es ist zu vermuten, daß die Nachricht vom Erfolg dieses Angriffes sich im Norden schnell verbreitete, denn schon im Jahr darauf kehrte ein größerer Wikingerverband nach Dorestad zurück. Nicht nur aus dem fränkischen Raum, sondern auch aus Irland und England werden für die folgenden Jahre Wikingereinfälle zahlenstärkerer Verbände gemeldet (Sawyer, Kings, S. 80 ff.).

[365] ASChr (EHD I), S. 186 ff. Nachdem Ludwig der Fromme 835 seine Macht wieder gefestigt hatte, begann er unter dem Eindruck der Angriffe auf Dorestad, die Verteidigung entlang der friesischen Küste wieder zu organisieren. 839 gab es noch einen Wikingerüberfall auf Friesland; Dorestad blieb damals jedoch verschont, und das Frankenreich erlebte bis zum Ende der Regierungszeit Ludwigs keine Wikingerangriffe mehr. Womöglich hatten es die Menschen dort den Verteidigungsmaßnahmen zu danken, daß die Wikinger in den folgenden Jahren ihr Glück vermehrt auf den Britischen Inseln suchten (Sawyer, Kings, S. 81 ff.).

es sich um offensichtlich auf Beute abzielende Angriffe, die stets gegen Ziele in Meeresnähe oder nahe schiffbarer Flüsse vorgetragen wurden.[366] Hier sollen gemäß der Chronik Wikingerverbände von bis zu 35 Booten operiert haben. Geht man von 25-50 Mann pro Boot aus, so können diese Verbände bis zu 1750 Mann gezählt haben.[367]

Zu 851/51[368] hebt die Chronik hervor, daß erstmals Heiden auf der Insel Thanet überwintert hätten.[369] Auch sei in dieser Zeit, so die Chronik, eine Flotte von 350 Schiffen in der Themsemündung gelandet.[370] Diese Zahlenangabe ist lediglich so zu verstehen, daß es sehr viele Schiffe gewesen sein müssen.[371] Deren Besatzungen hätten London und Canterbury gestürmt. Noch 854/55 hätten Heiden auf Sheppey überwintert. Die Chronik berichtet für jene Jahre von schwereren Gefechten mit einheimischen Aufgeboten.[372] Es kam also zu einer Intensivierung der Kämpfe mit den Wikingern.[373] Die

---

[366] Fuchs, Landnahme, S. 106.

[367] Zettel, Bild, S. 239, 243.

[368] Im Mittelalter folgte die Chronistik bei der Festsetzung des Jahresbeginns verschiedenen Konventionen. Es ist anhand des Dargestellten mit großer Sicherheit bestimmbar, daß die Angelsächsische Chronik u. a. die Jahre des hier relevanten Zeitraumes mit dem 24. September beginnen läßt. Daher datiert sie viele Ereignisse nach heutiger Zeitrechnung ein Jahr zu spät. Die Wikinger schlugen z. B. ihr Winterlager erst nach September auf. (vgl. Stenton, England, S. 246 Anm. 3, Whitelock, Dorothy: Appendix to Introduction. On the Commencement of the Year in the Saxon Chronicles, in: Charles Plummer, John Earle (Hrsg.): Two of the Saxon Chronicles Parallel, Bd. 2: Introduction, Notes, and Index, Oxford ²1952, S. cxxxix-cxliid, hier S. cxxxix-cxli.). In Abgleich mit der Literatur werden im folg. die Datierungen der Chronik gemäß der heutigen Zeitrechnung wiedergegeben.

[369] ASChr (EHD I), S. 188. Die kentische Landschaft Thanet bildete im 9. Jahrhundert noch eine von Festland getrennte Insel (Krieger, Geschichte, S. 60.). Die Parker-Chronik nennt den Ort der Überwinterung nicht (ASChr-A, S. 44.). Asser zufolge fand diese Überwinterung auf Sheppey statt (Asser, Kap. 3, S. 4 f.). Aethelweard hingegen spricht auch von der *insula Tenet* (Aethelweard, III, 4, S. 31.). Wikinger hatten schon 841 in Irland Basen errichtet und dort überwintert. 843 errichteten Skandinavier ein festes Lager auf Noirmoutier und überwinterten ebenfalls 851 an der Seine. Die Folge war stets eine Intensivierung ihrer Überfälle in der Region (Sawyer, Kings, S. 83-86.).

[370] Ebd., S. 188.

[371] Fuchs, Landnahme, S. 106. Eine Zahl von 350 Schiffen ergäbe bis zu 18000 Besatzungsmitglieder. Dies könnte freilich eine Übertreibung sein (Zettel, Bild, S. 239.).

[372] ASChr (EHD I), S. 188-191.

[373] Fuchs, Landnahme, S. 106.

Wikinger waren ursprünglich höchstwahrscheinlich gefolgschaftlich organisiert gewesen. Quellen aus ganz Europa lassen jedoch erkennen, daß sich gegen Mitte des 9. Jahrhunderts wikingische Einzelgefolgschaften dann zur Erhöhung ihrer Schlagkraft unter „Seekönigen" zu größeren Verbänden von 150 Schiffen und mehr zusammenschlossen.[374]

Die angelsächsischen Quellen registrieren mit der Überwinterung zwar ein neues Phänomen; jedoch lassen sie hier noch keine grundsätzliche Änderung im Verhalten der Wikinger bzw. ihrer Ziele erkennen.[375] Wikinger unternahmen in England nach wie vor sporadische Beutezüge.[376] Weitere Neuerungen hinsichtlich der Beziehungen zwischen Angelsachsen und Wikingern meldet die Angelsächsische Chronik dann für das Jahr 865:[377] Die Kenter hätten versucht, mit dem Versprechen, Tribut zu zahlen, von einem auf Thanet lagernden heidnischen Heer Frieden zu erkaufen – vergeblich: Die Heiden hätten das östliche Kent verwüstet.[378] Im selben Jahr sei dann das „Große Heer", das *mecel here*, nach England gekommen.[379] Dieses Heer, so berichtet die Angelsächsische Chronik, habe in Ostanglien Winterquartier bezogen und sei dort mit Pferden versorgt worden; die Ostangler hätten nämlich mit den Heiden Frieden geschlossen,[380] d. h. einen Frieden durch Tribute erkauft.[381]

---

[374] Vgl. Schulze, Grundstrukturen, Bd. 1, S. 45, Wormald, Century, S. 145.

[375] Zettel, Bild, S. 182 f.

[376] Loyn, Vikings, S. 40.

[377] Fuchs, Landnahme, S. 107.

[378] AChr (EHD I), S. 191. Die Herrscherposition Karls des Kahlen war in den ersten Jahren seiner Regierungszeit durch Rebellionen und Auseinandersetzungen mit Ludwig dem Deutschen geschwächt. Daher war er kaum in der Lage, das Westfrankenreich gegen Wikingereinfälle zu verteidigen. Oftmals wurden den Seeräubern Tribute gezahlt – ein untaugliches Mittel des Schutzes: Mitunter hielten die Wikinger sich nicht an ihr Friedensversprechen. Außerdem war die Abmachung mit einer Gruppe von Wikingern nicht auch für die übrigen bindend. Erst 862 begann Karl damit, das Landesinnere u. a. mit der Errichtung permanent bemannter Forts zu befestigen. Als Wikinger Mitte der 860er Jahre daher im westfränkischen Raum kaum mehr erfolgreich operieren konnten, wandten sich wohl viele von ihnen nach England (Sawyer, Kings, S. 86-90.).

[379] AChr-A, S. 47.

[380] AChr (EHD I), S. 191.

[381] Stenton, England, S. 247. In den folgenden Jahren schlossen die Wikinger des Großen Heeres wiederholt regionale Waffenstillstände. Da dies stets in einer Situation der Schwäche seitens der einheimischen Angelsachsen geschah, kann kein Zweifel daran bestehen, daß die Wikinger sich diese Arrangements vergüten ließen (Fuchs, Landnahme, S. 107.).

Bevor das Heer nach England kam, war es vermutlich im fränkischen Raum aktiv gewesen. Ausgegrabene Münzen, die mit dem Großen Heer in Verbindung zu bringen sind, weisen neben englischen auch karolingische und arabische Prägungen auf. Letztere waren mit Beginn des Jahrhunderts aus Asien nach Skandinavien importiert worden und dort im Umlauf. Diese Münzen lassen vermuten, daß sich im Großen Heer Wikinger, die in ganz Europa aktiv gewesen sein könnten, sowie direkt aus Skandinavien stammende Männer zusammengeschlossen hatten.[382]

Angaben zur Größe des Heeres bei seiner Landung in England sind den Quellen nicht zu entnehmen.[383] Die Streitmacht stand anfangs wohl unter königlicher Führung Halfdans und Ivars.[384] Die beiden hatten über den Verband jedoch wahrscheinlich keine Befehlsgewalt im Sinne eines straffen Zentralkommandos;[385] Aethelweards Bezeichnung des Heeres als *classes*[386] beschreibt den Zusammenschluß vieler Gefolgschaften in diesem Großverband.[387] Die Angelsächsische Chronik nennt im weiteren Verlauf der Einträge neben anderen Königen als Führer von Truppenteilen des Großen Heeres auch diverse Earls, *eorlas*,[388] d. h. Wikingerführer geringerer Autorität.[389]

---

[382] Wormald, Century, S. 145.

[383] Vgl. Zettel, Bild, S. 243 f.

[384] Wormald, Century, S. 145. Aethelweard schreibt von dieser Streitmacht als *classes tyranni Igvuares* (Aethelweard, IV, 2, S. 35.). Halfdan zumindest wird in den erzählenden als *cyning* bzw. *rex* bezeichnet. Ferner sollen die beiden Brüder gewesen sein (vgl. ASChr-A, S. 48, 50, Aethelweard, IV, 3, S. 43, Asser, Kap. 50, 54, S. 38, 43.). In skandinavischen Zeugnissen werden Halfdan und Ivar als die Söhne des berüchtigten Wikingerkönigs Ragnar Lothbrok besungen (vgl. Fuchs, Landnahme, S. 107, Krieger, Geschichte, S. 61.). Das Ansehen ihrer Sippe mag ihnen die für die Führung des Großen Heeres nötige Autorität verliehen haben (Stenton, England, S. 246.).

[385] Loyn, Vikings, S. 40. Das altenglische Wort *here* bezeichnet nicht unbedingt eine regelrechte Armee im modernen Sinne; es kann auch einen wenig organisierten Heerhaufen oder eine große Räuberbande meinen (Zettel, Bild, S. 239, 245.).

[386] Aethelweard, IV, 2, S. 35.

[387] Zettel, Bild, S. S. 241 f.

[388] ASChr-A, S. 48 ff.

[389] Loyn, Vikings, S. 40. Aethelweard spricht von *consules* der Dänen, *quos illi ‚eorlas' solent nominare* (Aethelweard, IV, 3, S. 40.). Mit anderen Worten: Die Wikinger selbst benannten einen ihrer Führer unterhalb der Ebene des Königs wohl mit dem altnordischen Wort *jarl*, was dem altenglischen *eorl* entspricht (Zettel, Bild, S. 247.).

Mit einer Basis auf festem englischen Boden und ausgestattet mit Reittieren, waren die Aktionen der Wikinger in England nun nicht mehr an Wasserwege gebunden.[390] Wie Horst Zettel klar herausarbeitet, lassen die Quellen jedoch nicht erkennen, daß die Unternehmungen der Wikinger des Großen Heeres anfänglich unter anderen Zielsetzungen gestanden hätten als der Erlangung von Beute und Profit. Dies blieb zunächst Ziel ihrer „zum Selbstzweck werdenden wikingischen Lebensweise".[391] Im ersten Jahr versorgte sich das Große Heer wohl in Ostanglien: Zerstörungen in Thetford und Brandspuren an der Kathedrale von North Elmham mögen aus dieser Zeit herrühren.[392] Dann begannen diese Wikinger, verschiedene Regionen Englands heimzusuchen - sie „weideten quasi die Produktion des Landes ab".[393] Die Angelsächsische Chronik berichtet, daß das Heer 866 nach Nordhumbrien gezogen sei,[394] wo dann das Kloster von Whitby geplündert wurde.[395] In Nordhumbrien habe noch immer der Thronstreit zwischen Osbert und Aelle getobt. Im Jahr 867 seien die beiden bei dem gemeinsamen Versuch, das von den Wikingern besetzte York zu befreien, getötet worden.[396] Es ist bezeugt, daß die Wikiger in Nordhumbrien einen tributpflichtigen König von ihren Gnaden namens Egbert einsetzten.[397]

Noch 867 sei das Wikingerheer, so die Angelsächsische Chronik, dann nach Mercien gezogen, wo es bei Nottingham ein Lager errichtet habe. Dem mercischen König Burgred sei es auch mit der militärischen Hilfe König Ethelreds von Wessex nicht gelungen, die Wikinger, die sich in ihrem Lager verschanzt gehabt hätten, zum Kampf zustellen.[398] Auch Burgred erkaufte daher den Frieden.[399] Nachdem die Wikinger die beiden

---

[390] Stenton, England, S. 247.

[391] Zettel, Bild, S. 183, 209 f., 240. Daher ist es völlig unverständlich, daß z. B. Sawyer behauptet, „in 865 ... a 'great army' ... arrived in East Anglia with the intention of conquering land on which to settle" (Sawyer, Britain, S. 116.).

[392] Loyn, Vikings, S. 41.

[393] Fuchs, Landnahme, S. 107.

[394] ASChr (EHD I), S. 191.

[395] Loyn, Vikings, S. 41.

[396] ASChr (EHD I), S. 191.

[397] Stenton, England, S. 248.

[398] ASChr (EHD I), S. 192.

[399] Stenton, England, S. 248.

folgenden Winter in Nottingham und York verbracht hätten, sei das Heer 869 wieder nach Ostanglien geritten. Dort habe König Edmund versucht, die Wikinger zu bekämpfen; er sei jedoch von den Dänen getötet worden, die dann das ganze Land erobert hätten (*þa Deniscan ... þæt lond all geeodon.*).[400] Was eine solche „Eroberung" durch Wikinger für das Land und seine Einheimischen bedeutete, erläutert die Angelsächsische Chronik in der Regel nicht. Nur die Version E berichtet zu dieser Eroberung Ostangliens, daß die Wikinger alle Klöster, zu denen sie gelangten, zerstört hätten. So seien auch Peterborough niedergebrannt und seine Mönche getötet worden.[401] Das Wikingerheer wandte sich nun gegen das stärkste angelsächsische Reich, gegen Wessex.[402]

König Egbert hatte hier bereits zu Beginn des 9. Jahrhunderts die Gefahr, die von den Wikingern ausging, erkannt. Sein Versuch, eine gemeinsame angelsächsische Abwehrfront gegen sie aufzubauen, hatte wohl zur Wiederbelebung des Bretwaldaamtes in seiner Person geführt. Der Widerstand der Westsachsen gegen die Wikinger sollte zum Kampf um das Überleben einer unabhängigen angelsächsischen Herrschaft schlechthin werden. Symbolfigur dieses angelsächsischen Abwehrkampfes wurde König Alfred der Große.[403] Als das Große Heer erstmals in Wessex einfiel, war noch nicht Alfred, sondern sein älterer Bruder Ethelred dort König.[404] Die Angelsächsische Chronik berichtet, daß die Dänen 870 zunächst nach Reading gekommen seien. König Ethelred und Alfred seien ihnen darauf mit einem großen Aufgebot (*micle fierd*) entgegengezogen. Einem westsächsischen Sieg bei Ashdown seien dänische Erfolge bei Basing und einem Ort namens Meretun gefolgt.[405] Die Chronik spricht von weiteren erbitterten und blutigen Gefechten, in denen auf dänischer Seite neun Earls und ein König getötet worden seien.[406]

---

[400] ASChr-A, S. 47.
[401] ASChr-E, S. 71.
[402] Loyn, Vikings, S. 41.
[403] Krieger, Geschichte, S. 61.
[404] Loyn, Vikings, S. 42.
[405] ASChr-A, S. 48. Der Ort, der in der Angelsächsischen Chronik „Meretun" genannt wird, konnte nicht identifiziert werden (Krieger, Geschichte, S. 62.).
[406] ASChr (EHD I), S. 192 f.

Alfred, der nach dem Tod Ethelreds 871 König von Wessex geworden war, konnte offensichtlich den Abzug der Dänen mit Tributen erwirken. Stets den Weg des geringsten Widerstandes suchend, zog das Große Heer über London nach Norden ab.[407] Die Angelsächsische Chronik erzählt, daß es den Winter 873/74 bei Repton in Mercien verbracht habe.[408] Die Archäologie kann belegen, daß die Wikinger hier ein befestigtes Lager der Fläche von 1,4 Hektar errichteten. Hier fand sich auch ein Massengrab mit den Knochen von 249 Menschen, 80 Prozent von ihnen Männer, 20 Prozent Frauen.[409] Es wird vermutet, daß es sich hierbei um Tote aus dem Umfeld des Großen Heeres handelt, die einer Epidemie zum Opfer gefallen sein könnten. In der Nähe dieses Massengrabes befindet sich auch die Begräbnisstätte einer Persönlichkeit hohen Ranges, vermutlich eines Wikingerführers.[410] Im bereits geschlagenen Mercien[411] hätten die Wikinger, so die Angelsächsische Chronik, König Burgred vertrieben und anschließend auch hier das ganze Land erobert. Sie hätten ferner in diesem Reich einen ihnen bedingungslos ergebenen Schattenkönig eingesetzt (*unwisum cyninges þegne, ... he him aþas swor ..., þæt he him gearo wære swa hwelce dæge swa hie hit habban wolden*).[412]

Noch 874 teilte sich dann das Große Heer.[413] Die Angelsächsische Chronik berichtet, daß ein Kontingent unter der Führung Halfdans nach Northumbrien gezogen sei und das Land erobert habe. Für das Jahr 876 notiert die Chronik: *þy geare Healfdene Norþanhymbra lond gedǽlde 7 ergende wǽron 7 hiera tilgende*.[414] Asser beschreibt den selben Vorgang: *Halfdene, rex illius partis Northanhymbrorum, totam regionem sibimet et suis divisit et illam cum suo exercitu coluit*.[415] Bei Aethelweard heißt es: *tyrannus*

---

[407] Krieger, Geschichte, S. 62.
[408] ASChr (EHD I), S. 194.
[409] Wilson, Vikings, S. 88.
[410] Keynes, Simon: The Vikings in England, c. 790-1016, in: Peter H. Sawyer (Hrsg.): The Oxford Illustrated History of the Vikings, Oxford - New York 1997, S. 48-82, hier S. 54 f.
[411] Krieger, Geschichte, S. 62.
[412] ASChr-A, S. 49 f.
[413] Stenton, England, S. 252.
[414] ASChr-A, S. 50.
[415] Asser, Kap. 50, S. 38.

Haelfdene Northanhymbriorum sortius est regnum.[416] Hier lassen die erzählenden Quellen eine klare Qualitätsveränderung hinsichtlich der wikingischen Aktivitäten erkennen:[417] Wikinger, die sich in den vorangegangenen Jahren von ihrer Heimat wohl immer mehr gelöst hatten, begannen, sich in England niederzulassen.[418]

Ein zweites Kontingent unter den Königen Guthrum, Oscetel und Anwend habe sich hingegen wieder Richtung Süden gewandt: 876 sei es, wie die Angelsächsische Chronik festhält, in Wessex eingefallen. Nach Friedensschluß mit König Alfred und unter Stellung von Geiseln und heiligen Schwüren seien diese Wikinger 877 jedoch wieder abgerückt. Just zur Erntezeit seien sie nach Mercien gezogen und hätten dort einen Teil des Landes aufgeteilt (*þa on hærfeste gefor se here on Miercna lond 7 hit gedǣldon sum*).[419] Nicht ohne Häme vermerkt der Chronist, daß auch der mercische Marionettenkönig Ceolwulf seinen Teil des Landes erhalten habe.[420] Asser bestätigt diese Angaben: *mense Augusto ... exercitus perrexit in Merciam, et illam regionem Merciorum partim dedit Ceolwulfo ... partim inter se divisit.*[421] Aethelweard hingegen spricht von der Verwüstung Merciens und der Vertreibung der Einheimischen (*Merciorum regna vastando pellunt ingenuos passim*).[422]

Die Angelsächsische Chronik berichtet weiter, daß dieses Heer jedoch noch im Winter 877/78 wieder in Wessex eingefallen sei. Dort habe es einen Teil der Bevölkerung nach Übersee vertrieben (*micel þæs folces ofer sę adrǣfdon*) und die meisten anderen unterworfen. Gleichzeitig sei ein Wikingerheer mit 23 Schiffen in Devon gelandet, das die Westsachsen zwar hätten besiegen können; konfrontiert mit der feindlichen Hauptmacht habe sich König Alfred jedoch mit einer kleinen Truppe in das Gebiet von

---

[416] Aethelweard, IV, 3, S. 41.
[417] Vgl. Fuchs, Landnahme, S. 107.
[418] Vgl. Zettel, Bild, S. 183, 213.
[419] ASChr-A, 50.
[420] Fuchs, Landnahme, S. 108.
[421] Asser, Kap. 51, S. 40.
[422] Aethelweard, IV, 3, S. 42.

Athelney,[423] in die Parret-Sümpfe, zurückziehen müssen – Wessex befand sich am Rande des Abgrunds.[424]

Dem jungen König gelang es in dieser fatalen Situation, von der ihm verbliebenen Basis aus den Widerstand neu zu organisieren. Nach sieben Wochen des Kleinkrieges[425] habe er bei Edington den entscheidenden Sieg gegen das bei Chippenham lagernde dänische Hauptheer errungen. Dessen König Guthrum habe sich daraufhin mit den 30 bedeutendsten Männern des Heeres taufen lassen. Guthrum habe bei seiner Taufe, wie die Chronik später vermerkt, den angelsächsischen Namen Aethelstan angenommen. Das Heer sei dann über Cirencester nach Ostanglien abgezogen und habe dort im Jahr 879 *gesæt þæt lond 7 gedęlde*.[426] Auch nach Asser habe das Heer *regionem dividens coepit inhabitare*.[427] Aethelweard hingegen spricht lediglich von der Unterwerfung der Ostanglier *(omnesque habitatores illius terrae sub iugo imperii sui duxere)*.[428] Der erfolgreiche Widerstand der Westsachsen unter Alfred scheint auch auf andere Wikingerverbände Eindruck gemacht zu haben:[429] Die Angelsächsische Chronik berichtet, daß ein Wikingerheer 878 bei Fulham an der Themse ein Lager aufgeschlagen habe; es sei aber im folgenden Jahr nach Gent abgezogen,[430] offensichtlich, um das Glück lieber auf dem Kontinent zu suchen.[431]

Der Angelsächsischen Chronik, die reflektorische Einschübe fast völlig vermeidet, sind keinerlei Interpretationen oder Einordnungen der wikingischen Landnahme in England zu entnehmen. Darin folgen ihr auch Asser

---

[423] ASChr (EHD I), S. 195 f.
[424] Krieger, Geschichte, S. 63.
[425] Ebd., S. 63 f.
[426] ASChr-A, S. 51, 54.
[427] Asser, Kap. 60, S. 48.
[428] Aethelweard, IV, 3, S. 43.
[429] Krieger, Geschichte, S. 64.
[430] ASChr (EHD I), S. 196.
[431] Krieger, Geschichte, S. 64. Alfreds erfolgreicher Widerstand gegen die Wikinger fiel mit einer neuen Phase politischer Wirren im Westfrankenreich zusammen: Karl der Kahle war 877 gestorben, und sein Sohn folgte ihm zwei Jahre später in den Tod. Einige Wikinger wußten sofort Kapital aus der durch Machtkämpfe bedingten äußeren Schwäche des Reiches Kapital zu schlagen. Das Große Heer von Fulham begann 879 eine Serie von Raubzügen im westfränkischen Raum (Sawyer, Kings, S. 91.).

und Aethelweard. Die beiden Autoren lassen lediglich durch ihre Wortwahl negative Emotionen gegenüber den Wikingern erkennen. Bei Asser scheint das Bewußtsein der religiösen Konfrontation mit den Wikingern sehr stark ausgeprägt zu sein: Konsequenter als die anderen beiden Quellen stellt er die Wikinger als *pagani* den *Christiani* gegenüber.[432] Aethelweard bringt seinen Hass gegenüber den Wikingern durch Bezeichnungen wie *barbari* oder *plebs impiissima* zum Ausdruck.[433]

Im Jahr 886 sei es König Alfred gelungen, den Dänen London zu entreißen und es zu besetzen.[434] Vermutlich noch im selben Jahr unterzeichnete er dann mit dem Dänenkönig Guthrum einen Vertrag,[435] der die Grenze zwischen den Herrschaftsbereichen der beiden festlegte. Sie sollte entlang der Themse, dem Lea und der römischen Watling Street verlaufen.[436] Das Abkommen bestimmte ferner, daß Bevölkerungsaustausch über die Grenze hinweg verhindert und der Handel zwischen den Herrschaftsbereichen Restriktionen unterworfen werden sollte. Außerdem wurde den Angelsachsen unter dänischer Herrschaft das gleiche Wergeld wie den Dänen entsprechenden Standes zugestanden. Der Vertrag geht von der Existenz dominanter skandinavischer Bevölkerungselemente östlich der genannten Grenze aus; ihre Seßhaftigkeit jedoch setzt das Dokument nicht voraus.[437]

5.4. Die skandinavische Siedlung in England sowie die Auswirkungen der Landnahme der Wikinger in England

Die erzählenden Quellen berichten also von drei Inbesitznahmen bzw. Aufteilungen von Land durch Wikinger des Großen Heeres in England. Ein Vergleich dieser drei Vorgänge zeigt jedoch unterschiedliche Verhaltensweisen seitens der Wikinger: Nur mit Bezug auf Nordhumbrien ist der Angelsächsischen Chronik und Assers Darstellung bäuerliche Tätigkeit durch die Wikinger zu entnehmen. In Mercien hingegen kamen die Wikinger „ge-

---

[432] Zettel, Bild, S. 210 ff.
[433] Aethelweard, IV, 2, S. 37.
[434] ASChr (EHD I), S. 199.
[435] Stenton, England, S. 260.
[436] Krieger, Geschichte, S. 65.
[437] Fuchs, Landnahme, S. 113.

rade recht, um zu ernten, nicht um zu sähen."[438] Im Winter kehrten sie wieder nach Wessex zurück. Die Vorgänge um die Landteilung der Wikinger in Mercien sind unklar. Siedlung von Dänen in den östlichen *Midlands* ist für das Jahr 942 belegt:[439] Zu diesem Jahr berichtet nämlich die Angelsächsische Chronik von den „Fünf Burgen" Leicester, Lincoln, Nottingham, Stamford und Derby und ihren dänischen Bewohnern.[440] Es ist vermutet worden, daß sich ein Teil des Heeres, das 877 von Wessex aus nach Nordosten gezogen war, hier in fünf Kontingenten niedergelassen haben könnte; wenn dies so gewesen wäre, bliebe jedoch die große Schlagkraft des restlichen Heeres zu erkären, das im folgenden Winter Wessex angriff. Archäologisch läßt sich hier eine um Heeresstandorte konzentrierende dänische Siedlung nicht nachweisen. In Ostanglien wurde den erzählenden Quellen zufolge Land genommen und geteilt.[441]

Wie oben zitiert, beschreibt die Angelsächsische Chronik die Teilung des in Besitz genommenen Landes durch Wikinger dreimal mit *gedęlde*, Asser mit *divisit* und Aethelweard für den Fall Nordhumbriens mit *sortius est regnum*. Der oder die höchstwahrscheinlich geistlichen Schreiber der Angelsächsischen Chronik fanden für den Vorgang der Landteilung, wie Rüdiger Fuchs zeigt, vermutlich Anschauungsmaterial in der biblischen Frühgeschichte des israelischen Volkes. Fuchs vergleicht entsprechende Textstellen der Vulgata und ihre altenglischen Übersetzungen von Aelfric von Eynesham[442]: Der Vulgata-Text spricht an fünf Stellen von der Verteilung von Land per Los, *sorte dividere*; Aelfric verkürzt in seiner Übersetzung dieser Textstellen zweimal auf *dælan*, ohne *mid hlote* oder ähnliches hinzuzufügen. Dies wie auch die Wiedergabe von *dælan* aus der Angelsächsischen Chronik mit *sortiri* bei Aethelweard zeige, so Fuchs, daß zumindest

---

[438] Ebd., S. 108.
[439] Ebd., S. 108.
[440] ASChr (EHD I), S. 221.
[441] Fuchs, Landnahme, S. 108.
[442] Aelfric war angelsächsischer Mönch und Priester, ab 1005 Abt des Klosters Eynsham. Er verfaßte seit Ende des 10. Jahrhunderts ein umfangreiches Oeuvre u. a. bestehend aus Homilien, Heiligenviten, Briefen und Traktaten. Aelfric legte auch kommentierte altenglische Bibelübersetzungen vor (Szarmach, Paul E., Jan Pinborg: Aelfric, in: Robert Auty u. a. (Hrsg.): LexMA, Bd. 1, München – Zürich 1980, Sp. 180 f., hier Sp. 180.).

um die Jahrtausendwende *dælan* auch die Bedeutung „per Los verteilen" beigelegen habe.[443] Der Verfasser dieses Abschnitts der Angelsächsischen Chronik habe also vermutlich für die Beschreibung der Teilung genommenen Landes durch die Wikinger einen biblischen Begriff verwendet; die biblischen Darstellungen hätten, wie Fuchs ausführt, hier wohl Pate für ein Erklärungsmodell gestanden: „Behalfen sich der Chronist und nach ihm andere aber mit einem bekannten Modell, um Niederlassung und Besitznahme von Land in einer Region zu erklären, in die sie nur beschränkten Einblick hatten, dann darf man ihnen auch nur wenig Einsicht in den genauen Vorgang zutrauen."[444] Abgesehen von Nordhumbrien ist dem vagen Bild der Angelsächsischen Chronik von der Aufteilung des Landes durch Wikinger nicht zu entnehmen, ob es sich hierbei um eine regelrechte Landaufteilung zur Bewirtschaftung oder einfach um eine Kontingentierung von Einkünften handelte. Dementsprechend ist auch nicht erkennbar, welches Ausmaß die eine oder die andere Variante gehabt haben könnte. Anhand der erzählenden Quellen zur Landnahme der Wikinger in England ist lediglich festzustellen, daß überlebende Plünderergruppen in vorgeblich abgrenzbaren Regionen neue Lebensgrundlagen erwarben.[445] In der „Historia de Sancto Cuthberto" wird beschrieben, wie der Wikingerführer Raegnald nach der Errichtung seiner Herrschaft in Nordhumbrien (918)[446] den Grundbesitz Cuthberts verteilte. Dabei habe er seinen Gefolgsleuten Scula und Onlafbal je ein beträchtliches Gebiet zugewiesen.[447] Diese Quellenstelle ist als Beleg für die These herangezogen worden, die Wikinger hätten die einheimischen Angelsachsen als Aristokratie überschichtet. Scula und Onlafbal seien hier die Einkünfte Cuthberts überschrieben worden. Wie jedoch wiederum deren Gefolgsleute an der Beute partizipierten, ob sie Land zur Bebauung oder aber Herrschaftsrechte zugesprochen bekamen, geht aus der „Historia de Sancto Cuthberto" nicht hervor.[448]

---

[443] Fuchs, Landnahme, S. 109 f.
[444] Ebd., S. 110.
[445] Ebd., S. 110 f.
[446] Ebd., S. 97.
[447] Hist. SC, § 22 f., S. 287 f.
[448] Fuchs, Landnahme, S. 117 f.

Mit der Frage, ob Wikinger in England in großer Zahl den Boden kultivierten oder primär nur in die Position der Nutznießer von Einkünften einrückten, ist notwendigerweise die grundsätzliche Frage nach der Zahl der nach England eingewanderten Skandinavier verbunden.[449] Da die schriftlichen Quellen nichts näheres über die Besiedlung des Landes durch Skandinavier aussagen[450] und es der Archäologie kaum gelingt, ländliche skandinavische Siedlung in England nachzuweisen,[451] muß hierzu vor allem die Sprachforschung konsultiert werden.[452] Die ältere Forschung ging von einem Massenzuzug von Skandinaviern nach England im Zuge der dortigen Landnahme von Wikingern aus. In verschiedenen Publikationen hat vor allem Sawyer diese Lehrmeinung jedoch ab 1958 wiederholt angefochten. Seitdem habe sich, so Fuchs, die Diskussion um diese Frage zu einem „Glaubenskrieg" bezüglich der Heergrößen der Wikinger sowie der Einwirkungsmöglichkeiten von Fremden auf Ortsnamen und Sprache einer Region entwickelt.[453]

Zugunsten der Annahme einer zahlreichen skandinavischen Einwanderung und Siedlung in England ist in der Forschung immer wieder auf den Einfluß der skandinavischen Sprachen auf das Englische verwiesen wor-

---

[449] Ebd., S. 117.

[450] Zettel, Bild, S. 292.

[451] Wilson, Vikings, S. 88. Ganz generell sind in England sehr wenige ländliche Siedlungen aus jener Zeit nachgewiesen worden. Hinzu kommt, daß die Wikinger materiell gesehen schnell den angelsächsischen Lebensstil übernommen haben dürften. Nur einige Gehöfte im östlichen Yorkshire und ein skandinavischer Hof bei Ribblehead im Grenzgebiet zwischen Yorkshire und Lancashire, der mit der Niederlassung von Wikingern unter Halfdan in Verbindung gebracht wird, zeugen von ländlichen skandinavischen Siedlern. (vgl. Laing, England, S. 141, Wilson, Vikings, S. 88.). Auch sind nur wenige skandinavische Gräber entdeckt worden. Einige befinden sich im Gebiet der „Fünf Burgen", die übrigen im Nordosten und Nordwesten Englands. (Wilson, Scandinavians, S. 396 f.). Die geringe Zahl der heidnischen skandinavischen Gräber in England könnte auf eine schnelle Christianisierung der Wikinger hindeuten (Laing, England, S. 141.). Urbane skandinavische Siedlung in England belegen Funde aus dem späten 9. und frühen 10. Jahrhundert z. B. in York und Lincoln. Daneben zeugen noch einige Münz- und Silberschätze im Norden Englands von skandinavischer Präsenz im frühen 10. Jahrhundert. Schließlich zeigt die Gestaltung diverser Skulpturen die Verschmelzung angelsächsischer und skandinavischer Stilformen (Wilson, Vikings, S. 89.).

[452] Vgl. Fuchs, Landnahme, S. 118.

[453] Ebd., S. 117.

den.[454] Neuenglische Wörter wie *take, husband, window, low, loose, wrong, hence* und viele mehr sind skandinavischen Ursprungs.[455] Es ist ferner wiederholt angeführt worden, daß zahlreiche dieser Wörter dem alltäglichen Gebrauch zuzuordnen seien, dem viele Sprachwissenschaftler eine große Resistenz gegen fremde Einflüsse beimessen. Aufgrund dieser Beobachtung wie auch der Tatsache, daß besonders englische Wortfelder des Rechts und der Maße skandinavischen Einfluß erkennen lassen, ist auf ein erhebliches skandinavisches Sprecherpotential geschlossen worden.[456]

Fuchs zeigt sich diesen Interpretationen gegenüber jedoch skeptisch: Tatsächlich sei die Mehrzahl der rund 140 angenommenen skandinavischen Lehnwörter der englischen Sprache entweder nicht dem alltäglichen Gebrauch zuzuordnen oder nicht absolut eindeutig nordischen Ursprungs. Ferner sei sich die Sprachforschung – dieses Problem wurde bereits im Zusammenhang mit der angelsächsischen Landnahme angesprochen – nicht über die Wirkungsmechanismen des Sprachaustausches einig.[457]

Es gibt zahlreiche englische Ortsnamen mit skandinavischen Bildungselementen. Sie können in drei Gruppen unterteilt werden: Die sogenannten „Grimston-Hybriden" sind zusammengesetzt aus einem skandinavischen Personennamen und dem altenglischen Element „tun" für Ortschaft. Ferner gibt es Ortsnamen mit den skandinavischen habitativen Endungen „by" und „thorp". Diese treten in Kombination mit skandinavischen Wörtern, oftmals Personennamen, auf.[458]

Das Verbreitungsgebiet der früh nachweisbaren Ortsnamen skandinavischer Prägung zeigt erhebliche Schwankungen hinsichtlich ihrer Vertei-

---

[454] Ebd., S. 116.
[455] Laing, England, S. 142.
[456] Fuchs, Landnahme, S. 116 f.
[457] Ebd., S. 117.
[458] Ebd., S. 117, 120. Angemerkt sei, daß die Identifikation von englischen Ortsnamen mit dem Element „thorp" als skandinavische Prägungen äußerst problematisch ist. In England nämlich findet sich auch das mit „thorp" eng verwandte Ortsnamenselement „throp", das je nach regionalem Dialekt auch als „thorp" in Erscheinung treten konnte. Es ist durchaus anzunehmen, daß es sich bei vielen Ortsnamen mit „thorp", deren Ursprung skandinavischer Siedlungsaktivität zugeschrieben wird, tatsächlich um skandinavisierte altenglische Ortsnamen mit „throp" handelt (vgl. Sawyer, Kings, S. 102, Lund, Niels: Thorp-Names, in: Peter H. Sawyer (Hrsg.): Medieval Settlement. Continuity and Change, London, 1976, S. 223 ff., hier S. 224.).

lungsdichte; es stimmt jedoch im wesentlichen mit den von den erzählenden Quellen angegebenen Niederlassungsgebieten der Skandinavier überein. Nur ganz wenige solcher Ortsnamen lassen sich westlich der im Vertrag zwischen Alfred und Guthrum festgelegten Grenze nachweisen.[459] Die z. B. durch Stenton vertretene ältere Forschung nahm an, daß diese Ortsnamen von einer sehr großen Zahl sich niederlassender Kämpfer des dänischen Heeres geprägt worden seien.[460] Die Wikinger hätten angelsächsische Grundherrschaften übernommen und die dazugehörigen Siedlungen zumindest teilweise umbenannt; andere hätten sich als bäuerliche Neusiedler in kleineren Ansiedlungen niedergelassen.[461]

Der dänisch besetzte Teil Englands wurde später *Danelag* bzw. Danelaw (Bereich des dänischen Rechts) genannt.[462] Hier ist für das 11. Jahrhundert gegenüber dem übrigen England eine deutliche Konzentration freibäuerlicher Landbesitzer festzustellen. Mit diesem freibäuerlichen Bevölkerungselement sind von manchen Forschern Skandinavier identifiziert worden, die sich hier in einer von gemeinfreiheitlichen Strukturen geprägten Inbesitznahme von Land seit dem Ende des 9. Jahrhunderts angesiedelt haben sollen.[463] Vor allem in Stentons Darstellungen findet sich die sogenannte „rank and file-Theorie":[464] Im Gebiet des Danelaws habe sich „rank and file" des Großen Heeres zu Tausenden unter seinen Führern niedergelassen und noch lange nach dem Übergang zum Ackerbau die militärische Organisationsstruktur beibehalten. In ihr spiegele sich die spätere soziale Struktur des Danelaws wieder.[465]

Neuere Erkenntnisse hierzu brachte die Bewertung von Korrelationen zwischen der räumlichen Verteilung der drei genannten Typen von Ortsnamen und geographisch-landwirtschaftlichen Gegebenheiten: Die sich insgesamt in der Minderzahl befindenden „Grimston-Hybriden" kommen in der Regel bei Siedlungen auf gutem Ackerboden vor, der schon von Angelsachsen

---

[459] Ebd., S. 118.
[460] Vgl. Zettel, Bild, S. 244, Fuchs, Landnahme, S. 117, Stenton, England, S. 254-257.
[461] Fuchs, Landnahme, S. 118.
[462] Krieger, Geschichte, S. 65, 69.
[463] Fuchs, Landnahme, S. 123.
[464] Vgl. Zettel, Bild, S. 291.
[465] Stenton, England, S. 519.

besiedelt gewesen war. Sie gelten als Hinweis auf eine relativ frühe Besitzübernahme durch einen Skandinavier und die anschließende Umbenennung des betreffenden Ortes. Die Namen mit dem Element „by" finden sich weit häufiger auf weniger gutem Ackerboden und werden daher mehrheitlich einer sekundären Siedlungsphase zugerechnet. Meist am Rande kultivierbaren Landes finden sich die Ortsnamen mit dem Element „thorp". Aus diesen Beobachtungen wurde abgeleitet, daß während einer ersten Niederlassungsphase Skandinavier in Besitz- und Herrschaftsrechte größerer Siedlungskomplexe eingetreten seien, die teilweise nach ihnen benannt wurden. Die Siedlungen auf schlechterem Land seien hingegen von nachfolgenden Siedlern unter Aufsplitterung größerer Besitzkomplexe übernommen worden; oder sie würden einer Phase des Landesausbaus durch Skandinavier entstammen.[466]

Die jüngere Ortsnamenforschung scheint somit die Annahme bestätigen zu können, daß in England eine erhebliche Zahl von Skandinaviern siedelte und auch in großem Umfang in untergeordnete soziale Positionen drängte. Nur ihre Nähe zur Bewirtschaftung des Landes könne die hier skizzierte Bildung skandinavisierter Ortsnamen hervorgerufen haben. Gestützt wird diese Auffassung dadurch, daß in England auch Flurnamen mit skandinavischen Bildungselementen zu finden sind; diese hätten nicht im Zuge einer aristokratischen Überschichtung entstehen können.[467]

Fuchs stellt jedoch heraus, daß es für das hier umrissene Modell der Ortsnamensbildung keinerlei positiven Beweis gibt. Es müsse sich vielmehr der Kritik stellen, daß die Sprachforschung bisher auch kein brauchbares Modell zur Wirkungsweise der Sprecherzahl und ihrer sozialen Schichtung auf die Ortsnamensbildung vorlegen konnte.[468] Eben dies ist Stentons Rückschlüssen über die Zahl der skandinavischen Einwanderer aus der Summe der skandinavisch geprägten Ortsnamen entgegenzuhalten.[469] Jüngere Untersuchungen haben außerdem gezeigt, daß bestimmende Merkmale für den Status des Freibauern im 11. Jahrhundert nicht ethnische Zugehörigkeit,

---

[466] Fuchs, Landnahme, S. 120.
[467] Ebd., S. 120 ff.
[468] Ebd., S. 120 ff.
[469] Vgl. Zettel, Bild, S. 244.

sondern Leistung in Steuern und ehrenhaften Diensten waren. Auch trugen nur sechs von 74 namentlich bekannten und als freibäuerlich klassifizierten Landbesitzern zweifelsfrei skandinavische Namen. Die ungleiche Verteilung der Freibauern in England im 11. Jahrhundert resultiert vielmehr aus einer unterschiedlichen Entwicklung der Landesteile seit der skandinavischen Niederlassung: Anders als im Danelaw brachten in Wessex die politischen Anstrengungen zur Rückeroberung des skandinavisch beherrschten Teils Englands eine Konzentration der ökonomischen Ressourcen und eine weit stärkere Manorialisierung mit sich.[470]

Hinsichtlich der Zahlenstärke der skandinavischen Siedler in England ist in der Vergangenheit auch die These einer „secondary migration" vertreten worden. Eine solche zweite Welle von Einwanderern habe dann unter dem Schutz der bereits in England etablierten dänischen Heere den Landes- und Siedlungsausbau betrieben. Zwar hat sich keinerlei Überlieferung einer solchen dänischen Wanderung nach England erhalten; die Angelsächsische Chronik erzählt jedoch von einem Großen Heer, das 892 nach England gekommen sei. In diesem Bericht wurde der Beleg für eine „secondary migration" gesehen. Auch ist den Wikingern dieses Heeres die Absicht der Siedlung unterstellt worden, denn sie hätten ihre Familien mitgebracht.[471]

Die Chronik erwähnt zwar an zwei Stellen Frauen und Kinder im Zusammenhang mit diesem dänischen Heer. Jedoch läßt sie weder Zahl noch Herkunft der Frauen erkennen. Nach mehreren Kampagnen in Britannien habe sich das Heer im Sommer 896 aufgeteilt. Ein Teil sei nach Ostanglien und ein anderer nach Nordhumbrien gezogen. Was diese Wikinger dort weiter trieben, berichtet die Chronik nicht. Jene aber, die mittellos (*feohlease*) gewesen seien, hätten sich Schiffe besorgt und seien zum Kontinent gefahren.[472] Konnten sie sich nicht in England niederlassen, weil ihnen die materielle Grundlage dazu fehlte? Es ist vermutet worden, daß jene beiden Heeresteile, die im Lande geblieben sein sollen, als zweite Welle skandina-

---

[470] Fuchs, Landnahme, S. 123.
[471] Ebd., S. 122, 125.
[472] ASChr-A, S. 55-59.

vischer Siedler in England auftraten; dies ist allerdings keinesfalls beweisbar.[473]

Als Gegenposition zu Stenton hat Sawyer wiederholt die Auffassung vertreten, daß die dänischen Wikingerheere des 9. Jahrhunderts nur einige hundert Mann gezählt hätten. Die Wikinger hätten sich in England in die bestehende territoriale und soziale Struktur des Landes eingefügt. Die von Stenton vertretene „rank and file-Theorie" lehnt Sawyer ab.[474] Er ist der Auffassung, daß die überwiegende Zahl der skandinavisch beeinflußten Ortsnamensprägungen erst einige Jahrzehnte nach der Niederlassung von Dänen in England stattgefunden habe. Dies macht Sawyer daran fest, daß jene Gebiete des Danelaws, die schon zu Beginn des 10. Jahrhunderts durch die Angelsachsen zurückerobert wurden, weit weniger skandinavisch geprägte Ortsnamen aufweisen als seine übrigen Zonen. Eine Großzahl dieser Ortsnamen spiegele weniger ursprüngliche skandinavische Siedlung, als vielmehr Fragmentierungen von Grundherrschaften wider.[475]

Die Führer der Wikinger hätten, so Sawyer, Einkünfte und Dienste von den von ihnen in Besitz genommenen Grundherrschaften eingefordert. Das Land dieser Grundherrschaften sei von ihren Gefolgsleuten oder Einheimischen bewirtschaftet worden. In der ersten Hälfte des 10. Jahrhunderts habe die skandinavische Führungsschicht des Danelaws schwere Niederlagen gegen die angelsächsischen Rückeroberer erlitten.[476] Die Angelsächsische Chronik berichtet zu 910 vom Tode zweier dänischer Könige, zweier Earls und wenigstens fünf weiterer Führer in einem solchen Kampf. Zu 937 nennt sie fünf tote skandinavische Könige und sieben gefallene Earls.[477]

Durch solche Verluste, so Sawyer weiter, sei die Macht und die Autorität der Aristokratie im Danelaw erheblich geschwächt worden. Dadurch hätten dort viele freie Landbesitzer sich den Verpflichtungen gegenüber ihren Grundherren entziehen und Unabhängigkeit erlangen können. Die Personennamen der Freien, die solche Rechte für sich gewannen, seien dann in

---

[473] Fuchs, Landnahme, S. 122 f.
[474] Vgl. Zettel, Bild, S. 244, 291 f.
[475] Sawyer, Kings, S. 103 f.
[476] Ebd., S. 104 ff.
[477] ASChr (EHD I), S. 210 f., 219 f.

die Ortsnamen der von ihnen beherrschten Siedlungen in Verbindung mit skandinavischen habitativen Endungen eingegangen. Diese von Sawyer vermutete Fragmentierung der Herrschaftsstruktur erkläre auch die große Zahl kleiner Kirchengemeinden im Danelaw. Sie hätten nur als Eigenkirchen vieler Grundherren kleinerer Herrschaften entstehen können.[478] Es bleibt jedoch festzuhalten, daß auch Sawyer keinen positiven Beweis für seine Theorie liefern kann.

Es gibt schließlich Belege für auffällige Konzentrationen skandinavischer Personennamen in Ostanglien im 11. Jahrhundert. Aber auch sie sagen nichts über die Zahl oder die soziale Schichtung ursprünglicher skandinavischer Siedler in England aus. Für den Bereich des Danelaws sind ferner skandinavisch geprägte Bezeichnungen und Institutionen des Agrar-, Steuer- und Rechtswesens erkennbar: So gab es hier z. B., anders als im übrigen England, eine *lahslit* genannte Rechtsbruchbuße; es kann auch beispielhaft angeführt werden, daß sich das nördliche Danelaw später vom übrigen England durch die *caracuta* als Steuerbemessungsgrundlage im Gegensatz zur angelsächsischen *hide* unterschied.[479]

Aus all den hier diskutierten Indizien und Belegen läßt sich ein Einfluß skandinavischer Plünderer, Siedler und Herrscher im Danelaw klar erkennen; aber niemand konnte, wie Fuchs unterstreicht, bisher überzeugend die Zahl der dortigen skandinavischen Siedler oder die von ihnen eingenommenen sozialen Positionen nachweisen. Auch läßt sich die Wirkungsweise ihrer Anwesenheit nur schwer erfassen.[480]

Von vier unabhängigen angelsächsischen Königreichen, die bis in die Mitte das 9. Jahrhunderts Bestand gehabt hatten, überlebte nur Wessex die Invasion des Großen Heeres.[481] Der Angelsächsischen Chronik ist die Zerstörung von Klöstern in Ostanglien zu entnehmen; das ganze Ausmaß der Verheerung dieser kulturellen und religiösen Zentren nördlich und östlich der Watling Street läßt sich jedoch anhand zahlreicher Neu- und Wieder-

---

[478] Sawyer, Kings, S. 106 f.
[479] Fuchs, Landnahme, S. 123 f.
[480] Ebd., S. 123-125.
[481] Stenton, England, S. 257.

gründungen von Klöstern im Verlauf des 10. Jahrhunderts erkennen.[482] Abgesehen von York und Lindisfarne wurden die Bischofslisten der Bistümer im Bereich des Danelaws für Jahrzehnte unterbrochen. Wie sehr die kirchlichen Zentren in Nordhumbrien, Mercien und Ostanglien unter den Wikingern gelitten haben müssen, zeigt auch die Tatsache, daß Bücher und Urkunden dort in jener Zeit entweder fast gänzlich verschwanden oder aber die verbliebene Schriftkultur deutlich an Niveau einbüßte.[483]

Die Auswirkungen der Aktivitäten des Großen Heeres und der Niederlassung dieser Wikinger in England auf die übrige Bevölkerung sind historiographisch kaum nachvollziehbar. Vermutlich hatte ihre Anwesenheit in England mitunter konstruktive Auswirkungen auf das Land: Der Handel wurde durch die Fahrten der Skandinavier in Westeuropa damals vielerorts angeregt. Stadtgründungen, wie z. B. jene von Norwich, sind Wikingern zuzuschreiben. Andere Städte, wie York und wahrscheinlich London, wurden durch sie neu belebt. Auch ließen Wikingerherrscher in England neue Münzen prägen. Die Fertigkeiten der damaligen Skandinavier in der Metallverarbeitung standen jenen der zeitgenössischen Angelsachsen in nichts nach.[484] In Nordengland geschaffene Skulpturen lassen stilistisch skandinavische Einflüsse erkennen.[485] Vor allem jedoch dem Schiffbau in England gaben die Wikinger wohl technisch neue Impulse.[486]

Bei den gelegentlichen Erwähnungen von Vertreibungen in den erzählenden Quellen wird nichts über Zahlen, Ausmaß oder Folgen gesagt. Die Archäologie findet keinerlei Hinweise für Vertreibungen durch Wikinger in England, geschweige denn für Massaker an der angelsächsischen Bevölkerung.[487] Sprachforscher gehen davon aus, daß trotz der Verwandtschaft des Altnordischen mit dem Altenglischen im 9. Jahrhundert Wikinger und Angelsachsen anfangs nur schwer miteinander kommunizieren konnten.[488] Dennoch mag die Ähnlichkeit der Sozialstrukturen von Angelsachsen und

---

[482] Fuchs, Landnahme, S. 111 f. Anm. 77.
[483] Wormald, Century, S. 147 f.
[484] Ebd., S. 149.
[485] Laing, England, S. 167 f., 176-180.
[486] Wormald, Century, S. 149.
[487] Laing, England, S. 141.
[488] Sawyer, Kings, S. 101.

Skandinaviern ihre Integration begünstigt haben;[489] beide kannten z. B. die Organisation der Gesellschaft in Sippen.[490] Mit der Zeit übernahmen die Neuankömmlinge in England die Sprache der Einheimischen.[491] Die Christianisierung der Skandinavier im Danelaw[492] wurde in der Forschung damit erklärt, daß Dänen mit Einheimischen Ehegemeinschaften eingegangen seien. Aus dem späten 10. Jahrhundert gibt es vereinzelte Nachrichten über solche Verbindungen und Kinder, die daraus hervorgingen.[493]

Warum überlebte Wessex als einziges unabhängiges angelsächsisches Reich die Invasion des Großen Heeres? Wohl der persönlichen Tapferkeit und Entschlossenheit König Alfreds war es zu verdanken, daß die Westsachsen es 878 schafften, sich zu reorganisieren und schließlich das Große Heer zu besiegen. Bei der Beantwortung der Frage müssen allerdings auch Alfreds Voraussetzungen berücksichtigt werden: Anders als im Falle Nordhumbriens und Merciens fanden die wikingischen Invasoren in Wessex keine dynastischen Auseinandersetzungen vor. Die Siege Egberts mögen dem westsächsischen Königsgeschlecht großes Prestige beschert haben – die Unterstützung der Gefolgsleute und des Volkes war Egberts Nachfolgern wohl sicher. Für diesen Rückhalt mag auch die offensichtlich günstige materielle Ausstattung der damaligen westsächsischen Herrscher auschlaggebend gewesen sein.[494]

Nach 878 gelang es König Alfred, der Wikingerbedrohung mit umfassenden militärischen und administrativen Reformen zu begegnen.[495] Die in diesem Jahr einsetzende militärische Atempause nutzte Alfred für eine Re-

---

[489] Laing, England, S. 141.
[490] Loyn, Vikings, S. 91.
[491] Sawyer, Kings, S. 101.
[492] Vgl. Krieger, Geschichte, S. 65. Die Archäologie konnte Hinweise dafür finden, daß die Skandinavier im Danelaw im Zuge eines längeren kulturellen Austauschprozesses den christlichen Glauben annahmen: Die Nachkommen der Wikinger übernahmen christliche Bestattungsriten. In Nordengland fand man Steinkreuze, auf denen dänische Krieger mit Waffen abgebildet sind. Es handelt sich hierbei um eine typische Mischform von Christentum und Heidentum. Noch hundert Jahre nach der Taufe Guthrums warnt Aelfric vor heidnischen Bräuchen und gibt Ratschläge zur Taufe von Heiden (Zettel, Bild, S. 302.).
[493] Fuchs, Landnahme, S. 125 f.
[494] Vgl. Wormald, Century, S. 149.
[495] Ebd., S. 149.

organisation und Stärkung der Wehrkraft seines Reiches. Alfred erkannte den Wert einer Flotte, um den Wikingern mit ihren eigenen Waffen zu begegnen.[496] Den Einsatz von Schiffen gegen die skandinavischen Seefahrer mag sich Alfred von Karl dem Großen abgeschaut haben.[497] Ferner ließ Alfred Wessex mit einem System befestigter Verteidigungsstützpunkte und Fluchtburgen für die Bevölkerung,[498] den sogenannten *burhs*, überziehen.[499]

Schließlich reformierte Alfred auch das westsächsische Heerwesen.[500] Zu 893 berichtet die Angelsächsische Chronik, daß der König das *fyrd* zweigeteilt habe, so daß stets eine Hälfte des Volksaufgebotes habe Dienst leisten müssen, während die andere Hälfte habe daheim bleiben können.[501] Somit verringerte sich zwar die Mannstärke des für Alfred verfügbaren Heeres; jedoch konnte dieses länger im Einsatz bleiben, da die Bauern abwechselnd Wehrdienst leisten und die Felder bestellen konnten und sich nicht nach Ablauf der Dienstzeit das ganze Heer auflöste.[502] Dazu kamen

---

[496] Krieger, Geschichte, S. 64. Die Angelsächsische Chronik notiert zu 896: Þa het Ælfred cyng timbran langscipu ongen ða æscas. ... Sume hæfdon .lx. ara, sume ma. Þa wæron ægðer ge swiftran ge unwealtran ge eac hieran þonne þa oðru; næron nawðer ne on fresisc gescæpene ne on denisc, bute swa him selfum ðuhte þæt hie nytwyrðoste beon meahten (ASChr-A, S. 60.).

[497] Wormald, Century, S. 150.

[498] Krieger, Geschichte, S. 64.

[499] Wormald, Century, S. 154. Die *burhs* lagen so über das Land verteilt, daß sie nie mehr als einen Tagesmarsch voneinander entfernt waren. Einige wurden, wie z. B. Winchester, innerhalb der Mauern römischer Städte eingerichtet. Als Grundlage für die Erbauung anderer *burhs*, wie beispielsweise Chisbury oder Portchester, dienten Reste eisenzeitlicher oder römischer Festungen. Wieder andere wurden als befestigte Orte ganz neu angelegt. Ausgrabungen und Urkunden belegen, daß die *burhs* nicht nur der Bevölkerung als Fluchtburgen dienten; viele von ihnen wurden als regelrechte städtische Wirtschaftszentren angelegt. Ein Verwaltungsdokument, genannt „Burghal Hidage", dessen Entstehung womöglich auf die Zeit König Alfreds des Großen zurückzuführen ist, listet 33 Orte auf. Dazu nennt das Dokument die Zahl der *hides*, die zu einem *burh* gehörten. Die Summe der *hides* entsprach der Anzahl der Männer, die zur Bemannung der Befestigungswerke des jeweiligen *burh* benötigt wurden. Winchester z. B. waren 2400 *hides* zugeordnet, um die römischen Mauern von gut drei Kilometern Länge zu verteidigen (Wormald, Patrick: The Burhs, in: James Campbell (Hrsg.): The Anglo-Saxons, London ²1991, S. 152 f., hier S. 152 f.).

[500] Krieger, Geschichte, S. 64.

[501] ASChr (EHD I), S. 202.

[502] Vgl. Krieger, Geschichte, S. 64, Wormald, Century, S. 150.

Ansätze der Herausbildung eines Berufssoldatenstandes in Form ständiger Besatzungen der *burhs* oder der Gefolgschaft des Königs bzw. der Großen des Landes. Mit den militärischen Reformen ging eine Straffung der Königsherrschaft Alfreds einher: Dies forcierte er vor allem über den Ausbau eines Verwaltungssytems auf der Basis von Grafschaften, den *shires*.[503]

Angriffen der Dänen von See her oder über Land konnte Alfred somit in der Folgezeit mit größerer Wirksamkeit begegnen und Invasoren immer wieder abwehren.[504] Noch in den 870er Jahren hatte das große Heer weit nach Wessex eindringen können. Nach 892 gelang es dem dritten großen, in England operierenden Wikingerverband hingegen kaum mehr, die territoriale Integritäts des Reiches zu verletzen.[505] Schon im Jahr 883 wurde Alfred in dem von den Dänen nicht besetzten Teil Merciens als Oberherr anerkannt. Nach der Verheiratung seiner Tochter Aethelflaed mit dem dort herrschenden *aldorman* Ethelred nahm das freie Mercien immer mehr den Charakter einer westsächsischen Provinz an.[506] Die Angelsächsische Chronik berichtet, daß sich 886 nach der Rückeroberung Londons alle Angelsachsen, auch die unter dänischer Herrschaft, Alfred unterworfen hätten.[507]

Im Vertragswerk des Abkommens mit Guthrum erhob sich Alfred dann selbst zum Sprecher aller Angelsachsen.[508] Er bemühte sich in den folgenden Jahren darum, das angelsächsische Gemeinschaftsbewußtsein zu stärken. Diesem Ziel diente z. B. die Sammlung und Überarbeitung überlieferter angelsächsischer Volksrechte. Durch die Berufung von Gelehrten an seinen Hof sowie die Gründung von Schulen und Klöstern gab er seinem Volk den Anstoß zu einer neuen kulturellen Blüte.[509] Wessex wurde somit zum Nukleus des späteren gesamtenglischen Königreiches.[510]

---

[503] Krieger, Geschichte, S. 64.
[504] Ebd., S. 64.
[505] Wormald, Century, S. 150.
[506] Krieger, Geschichte, S. 65.
[507] ASChr (EHD I), S. 199.
[508] Wormald, Century, S. 155.
[509] Krieger, Geschichte, S. 65 f.
[510] Loyn, Vikings, S. 42.

Die Norweger siedelten erst nach der Wende zum 10. Jahrhundert in England. Anders als die dänische Siedlung waren die norwegischen Niederlassungen in England nicht primär das Ergebnis gewaltsamer Inbesitznahme von Land; sie vollzogen sich vielmehr in Form eines stetigen Einsickerns. Das Hauptsiedlungsgebiet der Norweger in England, der Nordwesten, war vor ihrer Ankunft sehr dünn besiedelt; eine Vertreibung der Einheimischen dieser Region durch die Norweger wird nicht angenommen.[511]

5.5. Zusammenfassendes Bild der Landnahme der Wikinger in England

Die im späteren Danelaw siedelnden Wikinger waren überwiegend Dänen. Nur für das heutige Yorkshire ist ein größerer Anteil von skandinavischen Siedlern aus Norwegen erkennbar. Über die Rechts- und Sozialordnung der vorchristlichen Skandinavier ist bekannt, daß diese sippschaftlich organisiert waren. Neben freien Bauern ist eine über größeren Grundbesitz verfügende Aristokratie erkennbar. Herrschaft übten in Skandinavien um 800 vorwiegend Häuptlinge und Kleinkönige lokaler und regionaler Bedeutung aus. Eine wesentliche Ursache für die Wikingerzüge dürfte wachsender Fernhandel mit dem westeuropäischen Raum gewesen sein, der Skandinavier dazu veranlaßte, unter Nutzung nautischer Innovationen immer weitere Routen zu befahren. Dabei gingen seitens der skandinavischen Seefahrer Handel und Beutewirtschaft oftmals Hand in Hand. Wohl durch wachsende Handelsprofite bedingt, kam es ab dem 9. Jahrhundert zu Herrschaftskonzentrationen in Skandinavien. Hierbei wurden Aristokraten verdrängt, die im Exil dann als Wikinger, als Piraten auf großer Fahrt, auftraten. Die Suche nach Kampfesruhm und Imitationseffekte haben die Wikingerfahrten vermutlich zum Massenphänomen gemacht.

Nach einigen Überfällen um 800 dürfte England bis 835 kaum von Wikingern angegriffen worden sein. In den nun folgenden Jahren wurden mehrere auf Beute abzielende Angriffe von Wikingern gegen vom Wasser aus erreichbare Ziele geführt. Im Zuge von Überwinterungen größerer Wikingerverbände auf Thanet und Sheppey in den 850er Jahren kam es zu einer Intensivierung der Kämpfe angelsächsischer Aufgebote mit Wikingern. Im

---

[511] Laing, England, S. 142 f.

Jahr 865 schließlich landete das Große Heer in Ostanglien. Es setzte sich aus vielen einzelnen Wikingergefolgschaften zusammen, die wahrscheinlich zuvor in ganz Westeuropa aktiv gewesen waren. Unter der Zielsetzung der Erlangung von Beute und Profit unterwarf das Große Heer in den folgenden Jahren nacheinander Nordhumbrien, Ostanglien und Mercien. Ein Teil des Großen Heeres scheiterte mit dem Versuch der Eroberung von Wessex schließlich 878 am Widerstand unter König Alfred dem Großen. Guthrum, der Führer dieses Verbandes, ließ sich mit 30 Großen seines Heeres taufen und zog nach Ostanglien ab.

Dort ist 879 Land unter den Wikingern zu deren Niederlassung aufgeteilt worden. Bereits 876 hatte der Wikingerführer Halfdan den Boden Nordhumbriens unter einem Teil des Großen Heeres aufgeteilt. Für 877 wird von der Aufteilung Merciens berichtet. Nur für Nordhumbrien erwähnen die erzählenden Quellen, daß die Wikinger das Land selbst bebauten. Anhand der Schriftquellen sowie mittels der Ortsnamenforschung läßt sich generell der Einfluß skandinavischer Siedler und Herrscher im Danelaw klar erkennen; ihre Zahl wie auch die sozialen und ökonomischen Stellungen, die die Skandinavier in England einnahmen, sind jedoch nicht geklärt.

Auf kirchliche Zentren wirkten die Aktivitäten der Wikinger im Norden und Osten Englands offenbar verheerend, wobei für Peterborough die Tötung von Mönchen durch Wikinger bezeugt ist. Eine systematische Tötung anderer Bevölkerungsgruppen in England scheinen die Skandinavier nicht begangen zu haben. Sporadische Nachrichten der Schriftquellen über Vertreibungen Einheimischer durch Wikinger konnte die Archäologie nicht bestätigen. Die sprachliche und gesellschaftliche Verwandschaft der Skandinavier mit den Angelsachsen begünstigte es offenbar, daß die Wikinger in England mit der Zeit anglisiert wurden und dabei das Christentum annahmen.

Der Angelsachse Alcuin interpretiert frühe Nachrichten von einem Wikingerangriff als Strafe Gottes für Verfehlungen des eigenen Volkes. Außer negativen Gefühlsäußerungen gegenüber den Wikingern sind den übrigen erzählenden Quellen keine Interpretationen oder Wertungen der wikingischen Aktivitäten in England zu entnehmen. Da die in England landnehmenden Wikinger nichts Schriftliches hinterließen, ist von ihrer Seite natürlich keinerlei Bewertung des Landnahmevorganges faßbar.

Ein noch 878 in England gelandeter Wikingerverband zog wohl angesichts des westsächsischen Widerstandes bald auf den Kontinent ab. Der Stabilität des westsächsischen Königreiches wie auch dem persönlichen Einsatz Alfreds des Großen ist es zu verdanken, daß Wessex die Invasion des Großen Heeres überlebte. Alfred reorganisierte nach 878 durch Festungsbau, eine Reform des Volksheeres und den Aufbau einer Flotte die Verteidigung seines Reiches. Daher konnten in der Folgezeit keine Wikingerheere mehr weit nach Wessex eindringen. 868 besetzte Alfred London und unterzeichnete einen Grenzvertrag mit Guthrum. Das Abkommen legte die Demarkationslinie zwischen den beiden Herrschaftsbereichen entlang der Linie London – Bedford – Chester fest.[512] Wessex mit dem freien Mercien als westsächsischer Provinz bildete die Keimzelle des späteren gesamtenglischen Königtums. Ein größerer Wikingerverband, der 982 in England gelandet war, konnte die Westsachsen nicht besiegen. Ob Teile dieses Heeres sich in einer zweiten Siedlungswelle in England niederließen, ist unklar. Die Norweger, die im Nordwesten Englands siedelten, sickerten erst nach 900 stetig in diese dünn besiedelte Region ein.

---

[512] Krieger, Geschichte, S. 65.

6 England bis zum Ende der Regierungszeit Eduards des Bekenners

Alfred der Große starb im Jahr 899. Er hinterließ seinem Sohn Eduard dem Älteren (899-924) ein gefestigtes und straff geführtes Reich. Eduard fiel 909 mit einem starken Heer im dänischen Nordhumbrien ein und schlug die Skandinavier dort im folgenden Jahr bei Tettenhall vernichtend. Mit der Unterstützung seiner Schwester Aethelflead, die nach dem Tode ihres Mannes Ethelred (gest. 911) Mercien unter Eduards Oberhoheit regierte, führte der westsächsische König in den folgenden Jahren militärische Operationen gegen die Dänen in Ostanglien, Nordmercien und Essex. Die Dänen waren in mehrere, miteinander rivalisierende Herrschaften gespalten und nicht in der Lage, eine koordinierte Abwehr aufzubauen. Daher konnte Eduard bis Ende 918 alle skandinavischen Domänen südlich des Humbers unterwerfen. Im Jahr 920 gelang es ihm, das von Raegnald errichtete Wikingerreich in Nordhumbrien zu besiegen: Der norwegische Wikingerkönig von York, die Könige von Schottland und Strathclyde sowie der Herrscher des angelsächsisch-nordhumbrischen Teilreiches Bamburgh erkannten Eduards Oberhoheit an.[513]

Sein Sohn Athelstan (924-939) vertrieb schließlich 927 die Wikingerführer aus York und unterstellte das Reich seiner unmittelbaren Herrschaft. Unter ihm wurde England erstmals zu einem Gesamtreich vereinigt, das Angelsachsen und Skandinavier einschloß. Nach Athelstans Tod (939) konnten Wikinger unter Olaf Guthfrithson, dem König von Dublin, das Land vorübergehend wieder bis zur Watling Street erobern. Athelstans Nachfolger Edmund (939-946) gelang es bis 944 jedoch, alle von ihnen genommenen Gebiete zurückzugewinnen. Nach dem Tod Edmunds 946 setzte sich der aus Norwegen vertriebene Wikingerkönig Erik „Blutaxt" in York fest: Er wurde dort als König anerkannt. Edmunds Nachfolger Edred (946-955) gelang es jedoch, die angelsächsische Herrschaft in Nordhumbrien wieder herzustellen. König Edgar (959-975) bemühte sich um die Integration von Angelsachsen und Skandinaviern: Er erkannte das Danelaw an und garan-

---

[513] Ebd., S. 66 f.

tierte beiden Volksgruppen, ihren angestammten Rechtstraditionen folgen zu dürfen.[514]

Seit 980 mehrten sich erneut Wikingereinfälle in England. Schlagkräftige Wikingerheere fielen 991 und 994 in England ein. Nach schweren Kämpfen konnte beide Male ihr Abzug erkauft werden. Entscheidend für den Erfolg der Skandinavier in dieser Invasionsphase war zum einen die wankelmütige und ungeschickte Führung des englischen Königs Ethelred (978-1016), die weitverbreitete Illoyalität im angelsächsischen Adel hervorrief. Zum anderen war die Anglisierung der Skandinavier im Danelaw noch nicht so weit fortgeschritten, daß diese sich überwiegend mit dem gesamtenglischen Königtum identifiziert hätten; beim angelsächsischen Abwehrkampf gegen die Wikinger standen die Skandinavier in England weitestgehend abseits. Gegen die wiederholten dänischen Angriffe in jenen Jahren konnte Ethelred keine wirksame Abwehrfront aufbauen.[515]

Die Geschichte der Beziehungen Englands mit der Normandie, die in der normannischen Eroberung von 1066 kulminierten, begann 991: In diesem Jahr schloß Ethelred mit Herzog Richard I. von der Normandie einen gegen Wikinger gerichteten Freundschaftsvertrag.[516] Im Jahr 1002 gelang es Ethelred durch seinen Eheschluß mit Emma, der Schwester des normannischen Herzogs Richard II., die politischen Beziehungen zu dem Herzogtum auszubauen. Mit dieser Rückendeckung glaubte er, zum vernichtenden Schlag gegen die Dänen ausholen zu können: Er gab noch im selben Jahr den Befehl, alle Dänen zu töten, derer in seinem Reich habhaft zu werden war. Bei dieser Maßnahme wurde auch eine Schwester des Dänenkönigs Sven Gabelbart getötet - dessen Todfeindschaft konnte Ethelred sich nun sicher sein. Sven gelang es im Jahr 1013, ganz England zu erobern. Ethelred floh mit seiner Familie an den Hof des Normannenherzogs. Nach dem plötzlichen Tod Svens im Jahr 1014 setzte sich sein Sohn Knut in England an die Spitze des dänischen Heeres, wurde jedoch vom heimkehrenden Ethelred nach Dänemark vertrieben.[517]

---

[514] Ebd., S. 67 ff., 71.
[515] Ebd., S. 70 f.
[516] Van Houts, Normans, S. 102.
[517] Krieger, Geschichte, S. 71 f.

Im folgenden Jahr kehrte Knut mit einem Heer nach England zurück. Bevor es zu einer militärischen Entscheidung kam, verstarb Ethelred 1016. Sein Sohn Edmund Ironside wurde von Knut bald geschlagen und England unter beiden in zwei Herrschaftszonen aufgeteilt. Als Edmund jedoch ebenfalls noch im selben Jahr verstarb, bot der angelsächsische Adel nun Knut die Krone an. England wurde unter Knut dem Großen (1017-1035) Bestandteil eines Großreiches, das neben England auch Dänemark, Teile Schwedens und zeitweilig Norwegen umfaßte. Die Kämpfer seines Invasionsheeres wurden finanziell abgefunden und konnten somit zur Rückkehr in ihre Heimatländer veranlaßt werden. Angelsachsen und Skandinavier in England behandelte er nach dem Prinzip absoluter Gleichberechtigung und Respektierung ihrer angestammten Rechtstraditionen. Beide Volksgruppen wurden unter Knuts Herrschaft endgültig in einen gemeinsamen Staatsverband integriert.[518]

In der Mitte des 11. Jahrhunderts zählte England rund 1,5 Mio. Einwohner.[519] Die angelsächsisch-dänische Herrschafts- und Sozialordnung basierte damals auf einem breiten Grundstock gemeinsamer germanischer Rechtstraditionen. Dabei hatten die angelsächsischen Könige in der vorangegangenen Zeit das Gefolgschaftswesen als Herrschaftsinstrument ausbauen können. Der Macht, die dem König aus seiner hausherrlichen Gewalt über das Gefolgschaftssystem erwuchs, wurde dadurch entscheidend gestärkt, daß jeder einem Gefolgsherrn geleistete Treueeid unter einem allgemeinen Treuevorbehalt zugunsten der Krone stand. Auch über die Kirche in England herrschten die Könige, gestützt auf das Gefolgsschaftssystem sowie das Eigenkirchenwesen. Dadurch unterstanden die Kirchen und die Prälaten des Landes der hausherrlichen Gewalt des Königs.[520] Die Gefolgsleute des Königs oder hoher Adeliger (altenglisch *thegn*, altnordisch *huscarl*) waren in der Regel Grundherren; sie konnten allerdings auch als

---

[518] Ebd., 72-75.

[519] Ebd., S. 75. Verschiedene Schätzungen schwanken in ihren Ergebnissen zwischen 1,1 und 2,25 Mio. Bewohnern des Landes zu dieser Zeit. Nach Jäschkes Urteil können 1,5 Mio. Einwohner als Mindestgröße angenommen werden (Jäschke, Landnahme, S. 219.).

[520] Ebd., S. 75 f., 80.

besoldete Dienstleute im Haus ihres Herren leben.[521] Zum Aufbau ihrer Klientel bedienten sich Gefolgsherren in England in der ersten Hälfte des 11. Jahrhunderts mitunter der Landleihe gegen Dienste oder Abgaben, genannt *laen*. Teilweise war die Übertragung von Land auch mit einer Kommendation verbunden.[522] Mit diesem Rechtsakt unterwarf sich eine Person freien Standes - vielfach aus wirtschaftlicher Not - der Herrschaft eines anderen Freien. Der Kommendierte übernahm dabei die Verpflichtung zu Gehorsam und Leistung von Diensten.[523]

Knut der Große hatte in England die großen *earldoms* als Zwischenstufen zwischen der Krone und den *shires* eingerichtet. Während längerer Phasen seiner Abwesenheit hatte Knut die Herrschaftsgewalt in England an einen der Earls als seinen Stellvertreter deligieren können. Als Gegengewicht zur Macht der meist grundbesitzenden Earls dienten dem König die mit zunehmend umfangreicheren Gerichts- und Kontrollaufgaben ausgestatteten Verwalter der *shires*, genannt Sheriffs (altenglisch *scir-gerefa*). Zur Einweisung ihrer Amtsträger bedienten die angelsächsischen Könige sich damals kurzer, in Volkssprache abgefaßter Urkunden, genannt *writs*. Unterhalb der Ebene der *shires* bestanden die Hundertschaften als territorialen Einheiten von 100 *hides*. Die Bewohner der Hundertschaften traten alle vier Wochen unter der Leitung eines königlichen Amtsträgers zur Gerichtsversammlung zusammen. Bei der Rekrutierung des *fyrd* knüpfte das Königtum an die Hundertschaften an. Dabei war im 11. Jahrhundert für je-

---

[521] Vgl. Sawyer, Peter H.: Hauskerl, in: Robert-Henri Bautier u. a. (Hrsg.): LexMA, Bd. 4, München – Zürich, 1989, Sp. 1973 (im folg. zit.: Sawyer, Hauskerl), Harding, Alan: Thegn, in: Norbert Angermann u. a. (Hrsg.): LexMA, Bd. 8, München – Zürich, 1997, Sp. 614 f., hier Sp. 614. Die Annahme, daß die *huscarls* eine militärische Elitetruppe mit besonderem Recht gebildet hätten, ist wissenschaftlich überholt (Sawyer, Hauskerl, Sp. 1973.).

[522] Barrow, Julia S.: Lehen, -swesen; Lehnrecht. IV. England, in: Robert-Henri Bautier u. a. (Hrsg.): LexMA, Bd. 5, München – Zürich 1991, Sp. 1816 ff., hier Sp. 1816 (im folg. zit.: Barrow, Lehen).

[523] Stenton, England, S. 490 f. Diese Dienste mußten mit der Wahrung des freien Standes des Kommendierten vereinbar sein. Es handelte sich bei der Kommendation jedoch nicht um den Eintritt in eine Gefolgschaft, sondern um die Unterwerfung unter ein stärker herrschaftlich gestaltetes Abhängigkeitsverhältnis (Schulze, Grundstrukturen, Bd. 1, S. 56 f.).

weils fünf *hides* ein Kämpfer zu stellen.[524] Im Rahmen der Grundherrschaften konnten die adeligen Grundherren eine niedere Gerichtsbarkeit vor allem über die ihnen unterstehenden Unfreien wahren.[525] Ein hochentwickeltes Steuersystem sicherte den angelsächsischen Königen im 11. Jahrhundert regelmäßige Einnahmen u. a. aus Gerichtsbußen, Zöllen und Grundsteuern.[526]

Als nur wenige Jahre nach Knuts Tod auch seine beiden Söhne starben, zerbrach das Großreich völlig. Mit König Eduard (1042-1066) gelangte in England wieder das westsächsische Königsgeschlecht zur Herrschaft. Eduard, der Sohn König Ethelreds und der Normannin Emma, war in der Normandie aufgewachsen und hatte die normannische Lebensart weitgehend angenommen. Der König brachte der Tagespolitik wenig Interesse entgegen; er widmete sich in weltabgewandter Fömmigkeit vor allem kirchlichen Fragen. Daher hat ihm die Nachwelt den Beinamen „Bekenner" gegeben. Dies begünstigte die Machtverschiebung zugunsten des angelsächsisch-dänischen Hochadels als Folge der Delegationspolitik Knuts: Die Earls waren bemüht, ihre Machtposition gegenüber dem Königtum auszubauen. Vor allem Earl Godwin von Wessex gelang es, durch geschickte Hausmachtpolitik eine beherrschende Stellung in England einzunehmen und diese 1045 durch die Verheiratung seiner Tochter Edith mit König Eduard abzusichern.[527]

König Eduard begann schon früh, sich mit normannischen Beratern zu umgeben und Normannen in weltliche und kirchliche Ämter zu berufen. Ferner erhielten nordfranzösische Barone Landschenkungen in England. Diese Politik der Überfremdung rief die Opposition von Teilen des angelsächsisch-dänischen Hochadels hervor. 1051 kam es zur Machtprobe Godwins mit Eduard: Godwin weigerte sich, Ausschreitungen gegen den Grafen von Boulogne in Dover zu ahnden. Da der König sich jedoch der Loyalität

---

[524] Krieger, Geschichte, S. 74, 78 ff. Mit der Einführung des *selected fyrd* war die Absicht verbunden gewesen, die steigenden Kosten für die Bewaffnung auf mehrere Bauern umzulegen, damit die Ausrüstung des Kriegers beschafft werden konnte (Wormald, Century, S. 150, 154.).

[525] Ebd., S. 79.

[526] Krieger, Grundprobleme, S. 30.

[527] Ebd., S. 81.

zweier anderer mächtiger Earls sicher war, sahen Godwin und seine Söhne sich gezwungen, das Land zu verlassen.[528] Königin Edith wurde vorübergehend in ein Kloster verbannt.[529]

Die Version D der Angelsächsischen Chronik erklärt, warum die Krise von 1051 nicht zum Bürgerkrieg eskalierte: *leton þæt \hi/ urum feondum rymdon to lande, 7 betwyx us sylfum to mycclum forwyrde*.[530] Anhand noch weiterer Quellenstellen zeigt John, daß große Teile der Bevölkerung des Landes durch die Wikingerinvasionen vorangegangener Zeiten traumatisiert waren. Es sei vor allem diese kollektive Angst vor innerer Schwäche und dadurch begünstigten Invasionen gewesen, die damals die englische Nation geeint habe.[531]

Doch bereits 1052 landeten Godwin und sein Sohn Harold mit einem in Flandern und Irland angeheuerten Flottenverband wieder in England. Die unpopuläre Normannisierungspolitik Eduards trug dazu bei, daß Godwin von der Bevölkerung sehr freudig empfangen wurde. Daher sah sich der König gezwungen, seinen Widersacher und dessen Familie vollständig zu rehabilitieren. Godwin konnte ferner Eduard dazu zwingen, zahlreiche Normannen außer Landes zu schicken. Unter diesen war auch Robert, der frühere Abt von Jumièges. Ihn hatte Eduard zum Erzbischof von Canterbury erhoben. Godwin veranlaßte, daß der Metropolitansitz mit seinem Vertrauten, Bischof Stigand, besetzt wurde. Stigand wurde auf Appellation Roberts hin von Papst Leo IX. exkommuniziert, verzichtete jedoch nicht auf das Amt.[532]

Nach dem Tod Godwins 1053 setzte sein Sohn Harold Godwinson tatkräftig die Hausmachtpolitik seines Vaters fort. Während sich Eduard nun immer mehr aus der Politik zurückzog, wurde Harold zum maßgebenden Mann in England, der allein in der Lage war, die Verteidigung des Landes

---

[528] Ebd., S. 82.
[529] Van Houts, Normans, S. 103.
[530] ASChr-D, S. 70.
[531] John, Eric: The End of Anglo-Saxon England, in: James Campbell (Hrsg.): The Anglo-Saxons, London ²1991, S. 214-239, hier S. 225, 228 (im folg. zit.: John, End).
[532] Krieger, Geschichte, S. 82 f.

nach außen zu führen.[533] Als sich der Gesundheitszustand des kinderlosen Königs verschlechterte, drängte sich immer mehr die Frage seiner Nachfolge auf.[534]

---

[533] Ebd., S. 83. Harolds Fähigkeit als militärischer Führer zeigte sich, nachdem 1058 der walisische König Gruffydd zusammen mit einem exilierten englischen Earl und einer norwegischen Flotte den Westen Englands bedroht hatte. Harold fiel 1062 erfolgreich mit einem Heer in Wales ein. Gruffydd wurde 1063 von seinen eigenen Männern ermordet, um den Abzug der englischen Truppen zu erreichen. Harold brachte die Beseitigung dieser Bedrohung auf den Gipfel seines Ansehens im eigenen Land (Stenton, England, S. 574 ff.).

[534] Ebd., S. 83.

7 Die Landnahme der Normannen in England

Im Vergleich zu den beiden bereits untersuchten Landnahmen ist die Schriftquellenlage zu jener der Normannen in England sehr reichhaltig: Abgesehen von kurzen Erwähnungen in zeitgenössischen Annalen, Chroniken, Gesta und Viten verschiedenster Herkunft finden sich längere erzählende Textpassagen zu dieser Landnahme sowohl in Zeugnissen aus England als auch in solchen aus der Normandie. Der Quellenreichtum ermöglicht es, ein detailliertes und teilweise sehr präzises Bild der normannischen Landnahme in England zu zeichnen.[535] Dennoch ist die Quellenlage nicht rundum zufriedenstellend. Wie kaum anders zu erwarten, weicht die Darstellung des Geschehens seitens der angelsächsischen Quellen vielfach von jener der normannischen Zeugnisse ab. Die normannischen Quellen weisen dabei mitunter eine deutlich wertende Tendenz zugunsten der Landnehmer auf.[536] Bei der Analyse der Landnahme der Normannen in England kann im folgenden nicht jede einzelne hierfür relevante Quellenstelle detailliert analysiert werden. Da dieses Thema jedoch schon seit langem sehr intensiv von der Forschung bearbeitet worden ist, empfiehlt sich bei seiner Behandlung vielfach der Rekurs auf die wissenschaftliche Literatur.

7.1. Erzählende Quellen zur Landnahme der Normannen in England

Die angelsächsische bzw. anglo-skandinavische Sichtweise der normannischen Landnahme in England wird im wesentlichen durch die Angelsächsische Chronik wiedergegeben. Die hierfür relevanten Manuskripte, die Versionen D und E, wurden im Zusammenhang mit der Landnahme der Wikinger in England bereits kommentiert. Die Annalen der Version D, die sich mit der normannischen Landnahme in England befassen, wurden vermutlich kurz nach den entsprechenden Ereignissen niedergeschrieben.[537] Eine weitere zeitgenössische angelsächsische Quelle zur Landnahme der Normannen in England ist die von einem Anonymus vermutlich vor 1075 geschriebene „Vita Edwardi Regis". Der Text ist Königin Edith gewid-

---

[535] Jäschke, Landnahme, S. 220 f., 225.
[536] Gransden, Writing, S. 92.
[537] Vgl. Ebd., S. 92 f.

met,[538] die wahrscheinlich auch Informantin des Verfassers war. Die Lebensgeschichte Eduards macht u. a. Angaben dazu, wen sich der englische König vor seinem Tod als seinen Nachfolger wünschte.[539]

Die „Eadmeri Historia novorum in Anglia" wurde im Canterbury des ausgehenden 11. und frühen 12. Jahrhunderts verfaßt.[540] Eadmer war angelsächsischer Mönch und am Sitz des Erzbischofs tätig. Sein Text liefert u. a. Informationen, die für die Bewertung der politischen Ereignisse relevant sind, die der Nachfolge Eduards vorausgingen.[541] Wilhelm von Malmesbury, englischer Mönch sowie Sohn einer Einheimischen und eines Normannen, begann seine „Gesta Regum Anglorum" vor 1118.[542] Sich auf normannische und angelsächsische Überlieferungen der Bibliotheksbestände der Abtei Malmesbury stützend, verfaßte er mit diesem bis 1120 reichenden, umfassenden Geschichtswerk eine wertvolle Quelle.[543] Die Chronik „Chronicon ex Chronicis" entstand wohl zwischen 1124 und 1140 in Worcester. Der Autor war höchstwahrscheinlich der angelsächsische Mönch John, der in der Stadt am Bistumssitz wirkte. Dieses Werk zur englischen Geschichte[544] basiert hauptsächlich auf einer nicht überlieferten Version der Angelsächsischen Chronik, die jedoch mit detaillierteren Angaben zum Dargestellten angereichert wurde.[545]

---

[538] Ebd., S. 60. Auszüge des Textes in neuenglischer Übersetzung: The Vita Edwardi Regis: The Life of King Edward who rests at Westminster, in: R. Allan Brown (Hrsg.): The Norman Conquest (Documents of Medieval History, Bd. 5), London 1984, S. 80-93 (im folg. zit.: VER).

[539] Vgl. John, End, S. 232 f.

[540] Jäschke, Landnahme, S. 222. Ein Auszug des Textes in neuenglischer Übersetzung: Eadmer of Canterbury: History of Recent Events, in: Elisabeth van Houts (Hrsg.): The Normans in Europe (Manchester Medieval Sources Series), Manchester – New York 2000, S. 147-150 (im folg. zit.: Eadmer).

[541] Van Houts, Normans, S. 146 f.

[542] Ebd., S. 108, 161. Auszüge der Textes in neuenglischer Übersetzung: William of Malmesbury: Deeds of the Kings of the English, in: Elisabeth van Houts (Hrsg.): The Normans in Europe (Manchester Medieval Sources Series), Manchester – New York 2000, S. 161-170 (im folg. zit.: GR).

[543] Krieger, Quellen, S. 235.

[544] Gransden, Writing, S. 143 f. Ein für die Untersuchung der Landnahme der Normannen in England relevanter Auszug der Chronik in neuenglischer Übersetzung: John of Worcester: Chronicle, in: Elisabeth van Houts (Hrsg.): The Normans in Europe (Manchester Medieval Sources Series), Manchester – New York 2000, S. 142-146 (im folg. zit.: JW).

[545] Van Houts, Normans, S. 142.

Als zeitgenössische erzählende Quelle, die die Landnahme der Normannen in England aus normannischer Sicht schildert, ist zunächst das vermutlich im Frühjahr 1070 fertiggestellte Werk „Gesta Normannorum Ducum" zu nennen.[546] Es wurde verfaßt vom Mönch Wilhelm, der in der Abtei Jumièges in der Normandie wirkte. Nach einem kurzen Abriß über die Anfänge der Normandie beschreibt der Text in chronologischer Reihenfolge Leben und Wirken der einzelnen normannischen Herzöge.[547] Das erklärte Ziel der Schrift ist es, die vorbildlichen Taten der normannischen Herzöge hervorzukehren und das neue anglonormannische Königtum zu preisen.[548] Der Autor widmete das Werk seinem Herzog Wilhelm und bemühte sich offensichtlich darum, dessen Einnahme des englischen Throns als legitim erscheinen zu lassen.[549] Dennoch gilt „Gesta Normannorum Ducum" als wertvolle Quelle zur Geschichte der normannischen Eroberung Englands.[550]

Wesentlich apologetischeren Charakter hat die zweite zeitgenössische erzählende Quelle, die die Landnahme der Normannen in England aus normannischer Sicht darstellt: Es handelt sich hierbei um die „Gesta Guillelmi Ducis Normannorum et Regis Anglorum" des Wilhelm von Poitiers.[551] Der Verfasser war Hofgeistlicher Herzog Wilhelms. In der Forschung ist Wilhelm von Poitiers vielfach als Propagandist der normannischen Eroberung Englands gewertet worden.[552] Das Werk ist eine Lebensbeschreibung Herzog Wilhelms (später auch König von England) von seiner Kindheit bis

---

[546] Jäschke, Landnahme, S. 221. Der Text wurde herausgegeben von Jean Marx: Guillaume de Jumièges: Gesta Normannorum Ducum, Rouen – Paris 1914 (im folg. zit.: GND). Eine neuenglische Übersetzung des Textes in Auszügen: William of Jumièges, in: R. Allan Brown (Hrsg.): The Norman Conquest (Documents of Medieval History, Bd. 5), London 1984, S. 1-15.

[547] Krieger, Quellen, S. 233.

[548] Jäschke, Landnahme, S. 221. Wilhelms Werk steht damit in der historiographischen Tradition Dudos Darstellung zum Lobpreis des normannischen Herzogenhauses (Sot, Dudo, Sp. 1439.).

[549] Gransden, Writing, S. 94 f.

[550] Krieger, Quellen, S. 233.

[551] Ebd., S. 233. Mit französischer Übersetzung herausgegeben von Raymonde Foreville: Guillaume de Poitiers: Histoire de Guillaum le Conquérant (Les Classiques de l'Histoire de France au Moyen Age), Paris 1952 (im folg. zit.: GG).

[552] Jäschke, Landnahme, S. 221 f.

zum Jahr 1067.[553] Da der Schluß des Textes nicht vollständig überliefert ist, kann nicht mit Sicherheit bestimmt werden, ob er vor dem Tod König Wilhelms I. im Jahr 1087 verfaßt wurde. Wilhelm von Poitiers, der wahrscheinlich die „Gesta Normannorum Ducum" als Vorlage für sein Werk verwendete, gilt als Zeitgenosse Wilhelms von Jumièges.[554]

Um eine weitere erzählende Quelle zur normannischen Landnahme in England handelt es sich beim berühmten Teppich von Bayeux. Auf den Wandbehang ist mit farbiger Wolle eine fortlaufende und mit kurzen lateinischen Texten erläuterte Szenenfolge zur militärischen Eroberung Englands durch die Normannen und ihrer Vorgeschichte aufgestickt.[555] Der vermutlich um 1080 entstandene Teppich[556] gilt als zeitgenössisches Dokument mit hohem historischen Aussagewert.[557] Auch seine Darstellung rechtfertigt die normannische Eroberung Englands.[558]

Zwischen 1123 und 1141 wurde das Werk „Orderici Vitalis historiae ecclesiasticae" verfaßt. Ordericus Vitalis wurde 1075 in England als Sohn eines Normannen und einer Einheimischen geboren. Seit 1085 Mönch in der Abtei St. Évroul in der Normandie, bewahrte er zeitlebens Sympathien für England. Seine 13 Bände umfassende Kirchengeschichte gilt trotz einiger Irrtümer und Ungenauigkeiten als bedeutende Quelle zur Geschichte Englands und der Normandie, vor allem für die Zeit von 1066 bis 1141.[559] Ordericus überarbeitete außerdem das Werk „Gesta Normannorum Ducum" des Wilhelm von Jumièges. Er fügte dem Text Informationen hinzu, die für

---

[553] Krieger, Quellen, S. 233.
[554] Jäschke, Landnahme, S. 222. Daß Wilhelm von Poitiers seinem Werk die „Gesta Normannorum Ducum" zugrunde legte, wird in der Forschung allgemein angenommen; bewiesen wurde dies jedoch nie (John, End, S. 221.).
[555] Krieger, Quellen, S. 229. Der Teppich von Bayeux in schwarz-weiß abgedruckt und kommentiert: The Bayeux tapestry, in: David C. Douglas (Hrsg.): EHD, Bd. 2, London – New York ²1981, S. 247-301 (im folg. zit.: BT).
[556] Van Houts, Normans, S. 6.
[557] Krieger, Quellen, S. 230.
[558] Van Houts, Normans, S. 6.
[559] Vgl. Krieger, Quellen, S. 234 f., Jäschke, Landnahme, S. 222. Die 13 Bücher des Werkes mit neuenglischer Übersetzung: The Ecclesiastical History of Ordericus Vitalis, hrsg. u. übers. v. Majorie Chibnall (Oxford Medieval Texts), 6 Bd., Oxford 1969-80 (im folg. zit.: Ord. Vit. HE).

Wilhelms ursprüngliche Leserschaft allgemein bekannt gewesen waren.[560] Umstritten als Quelle zur Landnahme der Normannen in England ist das sogenannte „Carmen de Hastingae Proelio".[561] Die Frage seiner Urheberschaft und seiner Entstehungszeit hat in der Forschung immer wieder Anlaß zu Kontroversen gegeben. Bei Ordericus Vitalis findet sich der Hinweis, daß Bischof Wido von Amiens (gest. 1074 oder 1075) vor seiner Abreise nach England im Jahr 1067 ein Gedicht über die Schlacht von Hastings verfaßt habe. Mit diesem Gedicht ist von einigen Forschern das „Carmen de Hastingae Proelio" identifiziert worden. Damit wäre es die älteste Quelle zur Landnahme der Normannen in England, die dazu noch von einem mit dem politischen Geschehen vertrauten Autor verfaßt worden wäre. Einige offensichtlich unglaubwürdige Angaben des Gedichts sind dabei als poetische Ausgestaltung gewertet worden. Andere Forscher hingegen machen gerade an solchen Ungenauigkeiten fest, daß das Gedicht nicht zeitnah zur normannischen Eroberung Englands entstanden sei. So wird der Text mitunter als Stilübung aus dem 12. Jahrhundert von nur geringem Quellenwert betrachtet.[562]

7.2. Die normannischen Landnehmer

7.2.1. Die Herkunft sowie die ethnische Identität der normannischen Landnehmer

Die Gründung des Herzogtums Normandie war ein unmittelbares Ergebnis der Wikingerangriffe auf Westeuropa, insbesondere auf das Westfrankenreich. Dessen König Karl der Einfältige schloß wahrscheinlich im Jahr 911 mit dem Wikingerführer Rollo oder Hrolf einen Vertrag: Karl überließ den Wikingern unter Rollo die Stadt Rouen sowie Gebiete am Unterlauf der Seine.[563] Sie hatten vermutlich während der vorangegangenen Jahre durch Streifzüge das Seinetal verwüstet und sich am Oberlauf des Flusses nieder-

---

[560] Van Houts, Normans, S. 113.
[561] Der Text mit neuenglischer Übersetzung: The Carmen de Hastingae Proelio of Guy Bishop of Amiens, hrsg. u. übers. v. Catherine Morton u. Hope Muntz (Oxford Medieval Texts), Oxford 1972 (im folg. zit.: Carmen).
[562] Vgl. Krieger, Quellen, S. 234, van Houts, Normans, S. 129, Davis, Ralph H. C., Lodewijk J. Engels u. a.: The Carmen de Hastingae Proelio, in: R. Allen Brown (Hrsg.): Battle Proc., Bd. 2 (1979), Woodbridge 1980, S. 1-20, hier S. 1-5.
[563] Brown, Normannen, S. 20 f.

gelassen. Rollo und seine Männer sollten das Gebiet selbständig verteidigen – vermutlich gegen andere Wikinger. Als Bedingung für diesen Vertrag mußte Rollo das Christentum annehmen.[564] Nach Dudo ließen sich auch alle Gefolgsleute Rollos taufen.[565] Der Vertrag Karls mit Rollo war vermutlich ursprünglich nur als vorübergehendes Arrangement zur Befriedung der Wikinger gedacht gewesen;[566] Rollos Lehen behielt jedoch Bestand. Die Herren von Rouen konnten ihre Autorität in den folgenden Jahren sogar nach Westen ausdehnen:[567] Reimser Annalen ist zu entnehmen, daß Rollo 924 mit dem Bessin (um Bayeux) und dem Hiémois (um Falaise) belehnt wurde. Sein Sohn Wilhelm Langschwert (ca. 928-43) erhielt 933 das Cotentin und das Avranchin (die Gebiete um Coutances und Avranches). Damit entsprach die Ausdehnung des Herzogtums wohl im wesentlichen seinen Grenzen in der Mitte des 11. Jahhunderts.[568] Ortsnamen lassen auf Niederlassungen von Skandinaviern nördlich der Seine, auf der Halbinsel Cotentin[569] und entlang der Küste der Normandie schließen.[570] Im 13. Jahrhundert von Snorri Sturluson[571] niedergeschriebenen Sagen zufolge war Rollo norwegischer Exulant, der über die Orkneyinseln und Schottland ins Westfrankenreich kam. Der überwiegende Teil der skandinavischen Siedler in der Normandie scheint den Erkenntnissen der Sprachforschung nach jedoch dänischer Abstammung gewesen zu sein. Von 80 skandinavischen Personennamen, die in normannischen Quellen identifiziert werden konnten, sind die meisten dänisch.[572]

---

[564] Van Houts, Normans, S. 13 f.
[565] Brown, Normannen, S. 32.
[566] Van Houts, Normans, S. 14 f.
[567] Sawyer, Kings, S. 99.
[568] Vgl. van Houts, Normannen, S. 16 f., Brown, Normannen, S. 22 f.
[569] Van Houts, Normans, S. 17 f.
[570] Brown, Normannen, S. 24.
[571] Snorri Sturluson (1179-1241) war politischer Führer einer der mächtigsten Familien Islands und bedeutendster Autor des Landes im Mittelalter. Er schrieb neben Sagen und Liedern, wie z. B. der „Snorra Edda", die „Heimskringla" nieder. Es handelt sich hierbei um eine geschichtliche Darstellung des norwegischen Königtums, in der Rollo oder Hrolf als Sohn eines westnorwegischen Adeligen identifiziert wird (vgl. van Houts, Normans, S. 15, Volz, Ruprecht: Snorri Sturluson, in: Norbert Angermann u. a. (Hrsg.): LexMA, Bd. 7, München – Zürich 1995, Sp. 2016 f., hier Sp. 2016.).
[572] Van Houts, Normans, S. 15, 18.

Es konnten in diesen Quellen nur drei weibliche skandinavische Namen festgestellt werden. Daher ist anzunehmen, daß sich in der Normandie primär dänische Männer niederließen, die einheimische Frauen heirateten. Schon deren Kinder erlernten wohl das Französische als Muttersprache.[573] Bereits Wilhelm Langschwert sah sich genötigt, seinen Sohn, den späteren Herzog Richard I., nach Bayeux zu schicken, damit er Dänisch lerne. In Rouen wurde das Dänische bereits zu dieser Zeit offensichtlich nicht mehr gesprochen. Die skandinavische Siedlungsaktivität vollzog sich in der Normandie vermutlich im Stile einer aristokratischen Überschichtung, die die alte fränkische Herrschaft verdrängte.[574] Der dominante Bevölkerungsteil im Herzogtum, die Bauern auf dem Land, Händler und Handwerker in den Städten und Mönche in den Klöstern, blieb fränkisch. Den archäologischen Nachweisen zufolge wurden die normannischen Herren offenbar sehr rasch von der fränkischen Kultur assimiliert.[575]

7.2.2. Die soziale und politische Identität der normannischen Landnehmer

Im Laufe des 10. Jahrhunderts lernten die normannischen Herzöge die Klosterkultur schätzen und wurden zu großzügigen Unterstützern des Mönchtums in ihrem Herrschaftsbereich. Richard II. gelang es, cluniazensische Reformer in sein Herzogtum zu holen. Vom spirituellen Unternehmungsgeist der Zeit beseelt, machten normannische Herzöge und Adelige in der Folgezeit die cluniazensische Reform zu einem ihrer zentralen Anliegen.[576] Neben zahlreichen klösterlichen Neugründungen im Herzogtum verdient auch der normannische Kathedralbau Erwähnung: Was z. B. den Sakralbauten von Jumièges, La Trinité in Rouen oder St. Etienne in Caen abzulesen ist, ist nicht nur „Glaube an gute Werke, gepaart mit Reichtum

---

[573] Ebd., S. 18.
[574] Brown, Normannen, S. 24. Insgesamt ist der skandinavische Einfluß auf den Dialekt der Normandie sehr gering geblieben und beschränkt sich im wesentlichen auf Wortfelder der Seefahrt. Im Dialekt der Normandie finden sich einige wenige Begriffe skandinavischen Ursprungs, die den Ackerbau betreffen. Dies läßt vermuten, daß skandinavische Siedler in der Normandie teilweise auch in die Kultivierung des Landes involviert waren (Sawyer, Kings, S. 108, 110.).
[575] Van Houts, Normans, S. 2, 13, 15, 18.
[576] Brown, Normannen, S. 33 ff.

und technischer Kunstfertigkeit, sondern Selbstvertrauen, Herrschaftsbewußtsein ... und Stolz."[577]

Urkunden belegen, daß sich in der Normandie skandinavische Rechtsinstitutionen bis in die Mitte des 11. Jahrhundert erhielten: So behielten die Herzöge z. B. das Recht zur Exilierung (*ullac*).[578] Die Macht der normannischen Herzöge basierte jedoch im wesentlichen auf karolingisch-fränkischen Rechts- und Verfassungsstrukturen. Zahlreichen Quellen ist zu entnehmen, daß die Normannen das fränkische Lehnswesen übernommen und bis zur Mitte des 11. Jahrhunderts am konsequentesten von allen europäischen Herrschern umgesetzt hatten.[579]

Das Grundprinzip des Lehnswesens ist folgendermaßen zu umreißen: Ein Freier, genannt Vasall, unterwarf sich durch Kommendation der Herrschaftsgewalt eines anderen Freien, genannt Lehnsherr. Durch diesen Akt wurde der Vasall gegenüber dem Lehnsherrn Gehorsam und Dienstleistungen schuldig. Der Lehnsherr überließ dem Vasallen dafür ein Stück Land, ein Amt oder ein anderes vermögendes Recht und dessen Erträge zu dauernden Nutzung. Das durch die Kommendation begründete Unterwerfungsverhältnis wurde dann durch die beiderseitige Leistung des Eides zur wechselseitigen Treue entscheidend modifiziert: Durch diesen Akt wurden dem Lehnsherrn gegenüber seinem Vasallen über die Verleihung des Gutes hinaus Pflichten auferlegt, wie z. B. die Gewährung von Schutz und Rechtsschutz.[580] Der vom Vasallen zu leistende Dienst wurde in der Regel

---

[577] Ebd., S. 32, 34 f.

[578] Van Houts, Normans, S. 20.

[579] Brown, Normannen, S. 28, 55 f.

[580] Vgl. Krieger, Grundprobleme, S. 20, Diestelkamp, Bernhard: Lehen, -swesen; Lehnrecht. I. Allgemein; Frankreich und Deutsches Reich, in: Robert-Henri Bautier u. a. (Hrsg.): LexMA, Bd. 5, München – Zürich 1991, Sp. 1807-1810, hier Sp. 1809. Eine Wurzel des Lehnswesens war vermutlich ein Rechtsverhältnis gallo-römischen Ursprungs zwischen freiem Herrn und unfreiem Knecht (keltisch *gwas* = Knecht, mittellateinisch *vassus* bzw. *vassallus* = Vasall). So gab es in der Merowingerzeit Unfreie, die zusammen mit ihrem Herrn Haus und Hof verteidigten und Fehden ausfochten. Die ersten Schritte zur Entwicklung des Lehnswesen vollzogen sich zwischen dem 6. und 8. Jahrhundert im Frankenreich mit dem Aufkommen der Kommendation. Erst die Aufnahme des Prinzips der Verpflichtung zur gegenseitigen Treue aus dem germanischen Gefolgschaftswesen brachte der Person des Vasallen eine erhebliche soziale Aufwertung; die Kommendation verlor dabei viel von ihrem ursprünglichen Charakter eines Verknechtungsrituals (Schulze, Grundstrukturen, Bd. 1, S. 56 ff.).

in Form des Ritterdienstes erbracht. Charakteristisch für das Lehnswesen ist ferner, daß nach dem vom allgemeinen Recht abweichenden Lehnrecht die Vasallen der Lehngerichtsbarkeit des Lehnsherren unterlagen.[581]

Von der Zweckbestimmung her war das Lehnswesen in erster Linie ein militärisches Organisationsprinzip. Es diente dazu, den hinsichtlich Ausbildung und Kosten aufwendigen Ritterdienst sicherzustellen, der sich im fränkischen Raum zur entscheidenden militärischen Komponente entwickelt hatte.[582] Besonders kostenintensiv z. B. für den normannischen Ritter waren das Schlachtroß, das lange Kettenhemd und die Bewaffnung. Ferner erforderte das Erlernen des aufgesessenen Kampfes ein Training beginnend in frühester Jugend und unter Freistellung von anderen Tätigkeiten.[583] Ritterlicher Adel lebte also in Abgrenzung gegenüber anderen gesellschaftlichen Schichten und Lebensformen als Stand elitärer Berufskrieger.[584] Mit dem Lehnswesen und der berittenen Kriegsführung verbanden die Normannen die Errichtung von Burgen als befestigte Sitze der Lehnsnehmer. Von den Burgen aus konnten die Kämpfer zu Pferde das umliegende Land in einem Radius von rund zehn Meilen in Tagesritten kontrollieren und beherrschen. Um die Mitte des 11. Jahrhunderts war die Normandie von den Burgen des Herzogs und seiner Vasallen überzogen.[585]

Kennzeichnend für das Lehnswesen als Herrschaftssystem war, daß es auf dem Prinzip der Unterleihe aufbaute, wodurch eine Vielzahl einzelner Lehnsverhältnisse begründet wurde. Dadurch konnte ein hierarchisches System lehnsrechtlicher Rangordnung entstehen, in das die einzelnen Lehnsverhältnisse eingebunden waren. In diesem System war alle Herr-

---

[581] Krieger, Grundprobleme, S. 20.
[582] Ebd., S. 21.
[583] Brown, Normannen, S. 45. Darstellungen normannischer Ritter finden sich auf dem Teppich von Bayeux: Sie sind bekleidet mit Kettenhemd und konisch zulaufendem Helm mit Nasenschutz, bewaffnet mit Lanzen sowie Schwertern und tragen den für sie typischen langezogenen Schild (BT, S. 260-266, 280 f., 284-301.).
[584] Krieger, Grundprobleme, S. 22 f.
[585] Brown, Normannen, S. 53 f. Bei den normannischen Burgen handelte es sich zunächst um mit Holzaufbauten und Palisaden befestigte Erdaufwürfe, die in ihrer typischen kreisrunden Form als „Motte" bezeichnet werden. Für die Mitte des 11. Jahrhunderts sind diese Befestigungen in der Normandie nachweisbar (Krieger, Grundprobleme, S. 30.).

schaft stets abgeleitet und letzten Endes vom König verliehen.[586] Als sozial und politisch einigende Kraft verschaffte das Lehnswesen den normannischen Herzögen beträchtliche Patronatsgewalt: Neben den Diensten, die ihnen die Vasallen schuldeten, verfügten sie über das politische Potential der lehnsherrlichen Gewalt über ihr Herzogtum.[587]

Für die Mitte des 11. Jahrhunderts lassen die Quellen auch Verwaltungstechniken in der Normandie erkennen, die kennzeichnend sind für ein entstehendes Staatswesen: So ist z. B. die Existenz einer herzöglichen Regierungskanzlei belegt. Vizegrafen hielten als Provinzialbeamte den Frieden im Herzogtum aufrecht, der dessen wirtschaftliche Blüte im 11. Jahrhundert wesentlich bedingte. Mit Hilfe eines entwickelten Steuerwesens wurden die vielfältigen Einkünfte des Herzogs erhoben und verwaltet. Seine finanziellen Möglichkeiten waren wesentliche Voraussetzung dafür, sich die Loyalität der Aristokratie zu sichern.[588] Die Normandie war bis zur Mitte des 11. Jahrhunderts das mächtigste Herzogtum in Frankreich geworden.[589]

7.2.3. Die Motivation der normannischen Landnehmer

Normannen eroberten im Verlauf des 11. Jahrhunderts nicht nur England, sondern auch Süditalien, Sizilien und errichteten darüber hinaus ein normannisches Herzogtum Antiochia.[590] England stand vor der Eroberung durch die Normannen weder politisch noch territorial mit den übrigen Zielgebieten normannischer Expansion in Verbindung. Daher kann vermutet werden, daß in der Normandie selbst im 11. Jahrhundert strukturelle Voraussetzungen bestanden, die die verschiedenen normannischen Eroberungen bedingten. In diesem Zusammenhang muß zunächst auf den Kinderreichtum des normannischen Adels in dieser Zeit hingewiesen werden. Ordericus Vitalis erwähnt verschiedentlich vielköpfige Familien normanni-

---

[586] Krieger, Grundprobleme, S. 20.
[587] Brown, Normannen, S. 56 f.
[588] Ebd., S. 60 ff.
[589] Ebd., S. 7.
[590] Vgl. ebd., S. 8 ff.

scher Ritter.[591] Das Bevölkerungswachstum in der Schicht des Militäradels wird als ein Grund für das territoriale Ausgreifen der Normannen im 11. Jahrhundert gesehen. Es ist davon auszugehen, daß ritterlicher Nachwuchs ohne Landbesitz mit besonderem Ehrgeiz nach Landgewinn und Kampfesruhm strebte.[592]

Brown verweist neben dem Kinderreichtum des Adels auf noch weitere charakteristische Züge der Gesellschaft der Normandie in der Mitte des 11. Jahrhunderts. Die Gesamtheit dieser Merkmale bezeichnet er als *Normannitas*. Sie sei wesentliche Voraussetzung für das expansionistische Wirken der normannischen Oberschicht im 11. Jahrhundert gewesen und habe das den normannischen Taten jener Zeit ablesbare große Selbstvertrauen bestimmt.[593] So attestiert Brown den normannische Rittern z. B. eine große Liebe zum Krieg, zu dessen meisterlicher Beherrschung sie erzogen worden seien. Dieser Hang zum Kampf habe sich mit dem Sendungsgeist der religiösen Erneuerung gepaart. Ferner vermutet Brown hinter den Eroberungen der Normannen einen genuinen Wikingergeist, den ihre Kultur bewahrt habe.[594] Die Eroberungen Süditaliens und Siziliens beruhten auf der privaten Initiative normannischer Ritter; die Eroberung Englands jedoch kann – bei allen Vorbehalten gegen Anachronismen – als „staatliches"

---

[591] Ebd., S. 62. Beispielhaft sind hier die zwölf Söhne Tankreds von Hauteville zu nennen (Ord. Vit. HE, Bd. 2, III, S. 58, 98.). In seinen Interpolationen zu den „Gesta Normannorum Ducum" erwähnt Ordericus z. B. die sieben Söhne und vier Töchter des Giroie (*Ex his filiorum et nepotum militaris turma propagata est, quae barbaris in Anglia vel Apulia seu Trachia vel Siria nimio terrori visa est.*) oder die fünf Söhne und vier Töchter von Roger von Montgommery und Mabel von Bellême (GND, VII, 11, 16, S. 163, 169.).

[592] Ebd., S. 42, 62, 65.

[593] Ebd., S. 27, 64-67. Angemerkt sei hier, daß in der Forschung eine Debatte darüber geführt wird, inwieweit die normannischen Quellen eine *Normannitas* erkennen lassen. Die Diskussion dreht sich dabei um die Frage der Selbstwahrnehmung der Normannen im 11. Jahrhundert. Manche Forscher entnehmen den Quellen einen typisch normannischen Abstammungsstolz, einen spezifisch normannischen Eroberungsgeist, eine paneuropäische imperialistische Strategie der Normannen sowie eine eigentümlich normannische Form der Führung auf Basis der Reiterei. Die extreme Gegenposition hingegen gelangte zu der Auffassung, daß solche vorgeblichen Charakteristika normannischer Identität von Historiographen wie z. B. Ordericus Vitalis im 12. Jahrhundert konstruiert worden seien. Tatsächlich seien die Normannen im 11. Jahrhundert bemüht gewesen, genauso fränkisch wie die Franken zu sein (vgl. van Houts, Normans, S. 9 f.).

[594] Ebd., S. 27, 47, 65 ff.

Unternehmen bezeichnet werden. Dabei setzte der Herzog alle Ressourcen ein, über die er durch das straff umgesetzte Lehnswesen und seine Verwaltung verfügen konnte.[595]

Die letztlich entscheidende Voraussetzung für die normannische Eroberung Englands war die Persönlichkeit des Herzogs Wilhelm. Er sollte später „der Eroberer" genannt werden. Wenige Herrscher des Mittelalters haben so kompromißlos ihren Willen durchgesetzt wie der Eroberer bei der kühl erwogenen und hart durchgeführten Unterwerfung Englands. Seine Taten lassen Mißtrauen, Strenge und Grausamkeit als die Grundzüge seiner Haltung gegenüber den Mitmenschen erkennen.[596] Als Wilhelm mit 38 Jahren nach England übersetzte, war er bereits ein berühmter Krieger und Heerführer, der noch nie eine Schlacht verloren hatte.[597]

Geboren wurde Wilhelm 1027 oder 1028 in Falaise als illegitimer Sohn Herzog Roberts I. und eines Mädchens niederen Standes. Deshalb wurde er auch als „der Bastard" bezeichnet. Nach dem frühen Tod seines Vaters wurde Wilhelm 1035 als Erbe anerkannt.[598] Trotz gewalttätigen Widerstandes seiner Gegner konnte Wilhelms nominelle Herrschaft behauptet werden.[599] Seit 1042 aktiv an der Politik beteiligt, sah der Herzog sich 1046 mit einem Adelsaufstand konfrontiert, durch den er in die Rolle des Zwingherrn hineinwuchs.[600] Nachdem Wilhelm 1047 seine Gegner in einem ersten großen Sieg überwunden hatte, begann er, sein Herzogtum mit fast absoluter Macht zu regieren. Er stützte sich dabei auf eine handverle-

---

[595] Ebd., S. 8, 66.

[596] Schnith, Karl: Wilhelm I. ‚der Eroberer', in: Norbert Angermann u. a. (Hrsg.): LexMA, Bd. 9, München – Zürich 1998, Sp. 127 ff, hier Sp. 127, 129 (im folg. zit.: Schnith, Wilhelm).

[597] Brown, Normannen, S. 64. Ordericus legt in seiner Kirchengeschichte Wilhelm, als dieser auf seinem Sterbebett liegt, einen Abriß seines Lebens in den Mund. Hier sagt der Herzog: *In armis enim ab infantia nutritus sum: et multi sanguinis effusione admodum pollutus sum* (Ord. Vit. HE, Bd. 4, VII, 14 f., S. 80.).

[598] Schnith, Wilhelm, Sp. 127.

[599] Brown, Normanen, S. 62. Nach Ordericus sagt Wilhelm vor seinem Tod: Dum pater meus sponte proficiscens in exilium, commisit michi Normanniae ducatum: tenellus eram puer utpote octo annorum, ex quo tempore usque nunc semper subii pondus armorum ... (Ord. Vit. HE, Bd. 4, VII, 15, S. 82.). Herzog Robert starb 1035 auf einer Pilgerfahrt nach Jerusalem (Brown, Normannen, S. 213 Anm. 89.).

[600] Schnith, Wilhelm, Sp. 127.

sene Aristokratie, die durch sein Prestige, Verwandtschaft, materielle Interessen und lehnsrechtliche Beziehungen eng an ihn gebunden war.[601]

Im Bemühen, die Grenzen seines Herzogtums auszudehnen, führte Wilhelm bis 1052 mehrere Feldzüge gegen den Grafen von Anjou. Auch seinem Lehnsherrn, König Heinrich I. von Frankreich, fügte Wilhelm sich nicht: 1054 zerschlug er eine Koalition, zu der sich normannische Barone, französische Grafen und Heinrich zusammengeschlossen hatten.[602] Die Südgrenze der Normandie erweiterte er zunächst durch den Erwerb von Alençon, Domfront und des Passais. Den normannischen Einfluß dehnte er auf die Bretagne, Ponthieu, Boulogne und Flandern aus. Im Jahr 1063 eroberte Wilhelm die Grafschaft Maine.[603] Unter dem Herzog wurde ferner nach 1055 im Zuge mehrerer Synoden die Kirche in der Normandie im Sinne damaliger päpstlicher Reformbestrebungen reorganisiert.[604]

Ein Kandidat für die Nachfolge Eduards des Bekenners war zunächst Prinz Eduard, der Sohn Edmund Ironsides.[605] Er war 1016 nach Ungarn geflohen und von Eduard dem Bekenner nach England zurückgerufen worden. Prinz Eduard verstarb jedoch in London unter mysteriösen Umständen kurz nach seiner Ankunft im Jahr 1057. Sein Sohn Edgar verblieb nun als einziger westsächsischer Nachfolgekandidat der direkten männlichen Linie. Beim Tode Eduards des Bekenners im Jahr 1066 war er jedoch erst elf Jahre alt. Die verwandtschaftlichen Bindungen Harold Godwinsons, des Königs Schwager,[606] waren keineswegs zwingend für einen Thronanspruch. Faktisch war Harold jedoch der mächtigste Mann in England. Als weiterer Thronprätendent trat der norwegische König Harold Hardrada auf, der den englischen Thron als Erbe Knuts beanspruchte. Der normanische Herzog Wilhelm war über seine Großtante Emma, die Gemalin König Ethelreds, nur weitläufig mit dem westsächsischen Königshaus verwandt.[607] Eduard

---

[601] Brown, Normannen, S. 63.
[602] Schnith, Wilhelm, Sp. 127.
[603] Brown, Normannen, S. 64.
[604] Ebd., S. 37 f.
[605] John, End, S. 231.
[606] Van Houts, Normans, S. 103.
[607] Krieger, Geschichte, S. 83.

der Bekenner scheint Wilhelm jedoch dessen Nachfolge zugesagt zu haben.[608]

Wilhelm von Poitiers erzählt, daß Eduard, durch Erzbischof Robert übermittelt, Herzog Wilhelm 1051 die Nachfolge als König von England versprochen habe. Begründet wird dies mit der Dankbarkeit Eduards für die großherzige Behandlung, die er während seines Exils in der Normandie genossen habe.[609] Bei Wilhelm von Jumièges findet sich ebenfalls diese Zusage.[610] Es gibt keinen absolut sicheren Beweis für diese Mission Roberts[611] – die zeitgenössischen angelsächsischen Quellen kennen diesen Vorgang nicht.[612] Der Version D der Angelsächsischen Chronik ist jedoch zu entnehmen, daß im selben Jahr[613] der Normannenherzog nach England gekommen und dort vom König empfangen worden sei.[614] Zu dieser Zeit befanden sich Earl Godwin und seine Söhne im Exil.[615] Es kann vermutet werden, daß Wilhelm sich bei diesem Besuch seine Nachfolgeansprüche von Eduard bestätigen ließ.[616]

Die normannischen Quellen wiederum berichten, daß im Jahr 1064 oder 1065 Earl Harold von König Eduard zu Herzog Wilhelm gesandt worden sei, um diesem gegenüber das Versprechen des englischen Throns zu erneuern. Dabei soll Harold im Machtbereich des Grafen von Ponthieu gelandet und von diesem gefangen genommen worden sein. Wilhelm habe jedoch Harolds Freilassung erwirkt. Der Earl habe dem Normannenherzog anschließend Treue geschworen.[617] Wilhelm von Poitiers und Ordericus

---

[608] Van Houts, Normans, S. 104.

[609] Vgl. GG, I, 14, 41, S. 30, 100, van Houts, Normans, S. 104.

[610] GND, VII, 13, S. 132. Wilhelm von Jumièges und Wilhelm von Poitiers folgend erwähnt auch Ordericus Vitalis diesen Vorgang (Ord. Vit. HE, Bd. 2, III, S. 134.).

[611] Vgl. Gransden, Writing, S. 95.

[612] Vgl. ASChr (EHD II), S. 115-123.

[613] Van Houts, Normans, S. 104.

[614] ASChr-D, S. 71. Keine normannische Quelle erwähnt einen solchen Besuch Wilhelms (van Houts, Normans, S. 104.).

[615] John, End, S. 225.

[616] Stenton, England, S. 556.

[617] Vgl. van Houts, Normans, S. 104, GND, VII, 13, S. 132 f., GG, I, 41 f., S. 100, 102, 104.

Vitalis ergänzen hierbei, daß Harold in die Vasallität des Herzogs getreten und der Earl Wilhelm in einen Kriegszug gegen die Bretagne gefolgt sei.[618]

Auch diese Mission Harolds in der Normandie kann nicht sicher bestätigt werden,[619] denn auch hierzu schweigen die zeitgenössischen angelsächsischen Quellen.[620] Die Angelsächsische Chronik erwähnt dafür jedoch, daß König Eduard noch vor seinem Tode am 5. Januar 1066 Harold das Königreich übertragen habe.[621] Ausführlich schildert die „Vita Edwardi Regis", wie Eduard auf seinem Sterbebett in Gegenwart Erzbischof Stigands, seiner Frau Edith und Harolds letzterem den Thron anvertraut haben soll.[622]

---

[618] Vgl. GG, I, 42, S. 104, 106, Ord. Vit. HE, Bd. 2, III, S. 134, 136. Der Teppich von Bayeux stellt dar, wie Harold mit den Normannen gegen Bretonen in den Krieg zieht, Wilhelm Harold bewaffnet und der Earl dem Herzog einen Eid leistet (BT, S. 263 f., 267.). Durch die Investitur Harolds als Vasall Wilhelms hätte Harold als Stellvertreter Wilhelms am englischen Hof fungieren müssen. Es wäre seine Aufgabe gewesen, alles in seinen Kräften stehende zu tun, um Wilhelms Thronfolge in England zu sichern (Brown, Normannen, S. 82.).

[619] Gransden, Writing, S. 95.

[620] Van Houts, Normans, S. 104. Womöglich sollte diese Darstellung der normannischen Quellen den Eindruck erwecken, daß Harold Wilhelm zu Dankbarkeit verpflichtet gewesen wäre (Gransden, Writing, S. 95.). Es ist unwahrscheinlich, daß eine Erneuerung von Eduards Nachfolgeversprechen an Wilhelm der wirkliche Grund für eine Fahrt Harolds in die Normandie war (van Houts, Normans, S. 104.). Eadmer von Canterbury behauptet, daß Harold in der Normandie tatsächlich über die Freilassung eines Bruders und eines Neffen verhandeln wollte, die dort seit 1051 als Geiseln gehalten worden seien. Wilhelm habe vor diesem Hintergrund Harold zum Treueeid genötigt (Eadmer, S. 147 ff.).

[621] ASChr (EHD II), S. 142 f.

[622] VER, II, S. 92 f. Der Verfasser dieser Schrift mag seine Informationen zwar von Königin Edith bezogen haben; es ist jedoch nicht unbedingt anzunehmen, daß die Königin das Nachfolgeversprechen ihres Mannes an ihren Bruder unter Verfolgung eigener Interessen erfunden hat. Edith war in den vorangegangenen Jahren für Harolds Bruder Tostig als Nachfolger Eduards eingetreten. Tostig hatte 1065 das Land verlassen müssen, denn er hatte es nicht vermocht, eine Rebellion des nordhumbrischen Adels niederzuschlagen. Unter Harold als König hatte Edith daher vermutlich schwere Zeiten zu erwarten: Bei Harold stand sie wohl schon wegen ihrer Parteinahme für Tostig nicht hoch in der Gunst. Ferner mußte sich Harold als König gegenüber den nordhumbrischen Großen von Tostig distanzieren, mit dem Edith sich identifiziert hatte (vgl. van Houts, Normans, S. 103 f., John, End, S. 221, 233.).

Die Darstellungen der normannischen Quellen widersprechen nicht unbedingt jenen der zeitgenössischen angelsächsischen. Es ist durchaus möglich, daß Eduard verschiedenen Thronprätendenten die Nachfolge versprach, sich aber letztendlich die Optionen bis zu seinem Tod offenhielt. Die normannischen Quellen einerseits und die zeitgenössischen angelsächsischen Zeugnisse andererseits erwähnen womöglich in diesem Zusammenhang nur das, was entweder den Anspruch Wilhelms oder denjenigen Harolds auf den englischen Thron begründete.[623]

7.3. Der Verlauf der Landnahme der Normannen in England

Harold bestieg am 6. Januar 1066 den englischen Thron. Dies machte die militärische Konfrontation mit Harald Hardrada und Herzog Wilhelm unausweichlich. Wilhelm begann sofort mit dem Aufbau einer Invasionsflotte, warb Soldtruppen an und nahm Friedens- und Bündnisverhandlungen mit den benachbarten Territorialgewalten auf.[624] Hinter Wilhelm sammelten sich auch Freiwillige, zumeist landlosen Ritter, die von der Aussicht auf Beute, Lehen sowie Wilhelms Ruf als siegreicher Feldherr angezogen wurden.[625] Wilhelms Kriegsvorbereitungen schlossen auch eine wirkungsvolle diplomatische Offensive mit ein: Es gelang ihm, Harold als treulosen Eidbrecher hinzustellen, der den englischen Thron usurpiert habe.[626] Der Herzog verstand sich offenbar als Gottesstreiter, der die Angelsachsen züchtigen und auf den rechten Weg zurückführen müssen.[627] Wilhelm von Poitiers berichtet z. B., daß der Normannenherzog den deutschen König Heinrich IV. für sich gewonnen und mit ihm ein Freundschaftsabkommen geschlossen habe. Herzog Wilhelm soll, so sein Lobredner, sogar von Papst Alexander II. den Segen für sein militärisches Unternehmen erhalten ha-

---

[623] Van Houts, Normans, S. 103 f.

[624] Krieger, Geschichte, S. 84. Die Szenenfolge des Teppichs von Bayeux stellt dar, daß Wilhelm unmittelbar nach Erhalt der Nachricht von Harolds Krönung den Bau von Schiffen anordnete. In diesem Kontext zeigt der Teppich auch das Zusammentragen von Waffen (BT, S. 272 ff.).

[625] Brown, Normannen, S. 86.

[626] Krieger, Geschichte, S. 84.

[627] Schnith, Wilhelm, Sp. 127.

ben, dem Invasionsheer sei das päpstliche Banner übersandt worden.[628] Ein Grund für eine päpstliche Parteinahme mag zum einen gewesen sein, daß Harold noch immer am exkommunizierten Erzbischof Stigand festhielt.[629] Ferner mag Alexander darauf gebaut haben, daß die Normannen in England kirchliche Reformideen durchsetzen würden.[630]

Während des Frühsommers des Jahres 1066 stellte Harold das *fyrd* und die Flotte gegen die drohende normannische Invasion auf.[631] Ungünstige Windverhältnisse hinderten die Normannen jedoch am Auslaufen. Nach Wochen vergeblichen, demoralisierenden Wartens mußte Harold das Volksheer entlassen und die Flotte nach London verlegen - die Vorräte der Wehrbauern gingen zur Neige[632] und die Erntezeit stand bevor.[633] Offensichtlich überraschend traf Harold während der Demobilmachung die Nachricht, daß der Norwegerkönig Harald Hardrada[634] mit Harolds zuvor

---

[628] GG, II, 3, S. 152, 154. Alexander war 1061 unter maßgeblichem Einfluß des Archidiakons Hildebrand, des späteren Gregor VII., zum Papst gewählt worden. Innerhalb der Reformpartei gehörte Alexander zu jener Gruppe, die im Zusammenwirken mit den Königen die Kirche zu reformieren gedachte. Er förderte die Ausbreitung der Normannenherrschaft in Süditalien und Sizilien, wodurch gleichzeitig diese Gebiete in den römischen Kirchenverband eingegliedert wurden (Schwaiger, Georg: Alexander II., in: Robert Auty u. a. (Hrsg.): LexMA, Bd. 1, München – Zürich 1980, Sp. 371 f., hier Sp. 371 f.). In der Forschung sind Zweifel an einer Sanktionierung der normannischen Eroberung durch Alexander II. aufgekommen. Von den zeitgenössischen Historiographen berichtet nämlich allein Wilhelm von Poitiers über diesen Vorgang. Zweifel an dieser Darstellung durch Wilhelm von Poitiers wurden vor allem deshalb laut, weil er als Propagandist der normannischen Eroberung betrachtet wird (Brown, Normannen, S. 218 Anm. 62.).

[629] Krieger, Geschichte, S. 84. Gemäß normannischen Quellen führte der exkommunizierte Bischof Stigand die Krönungszeremonie durch (vgl. z. B. GG, II, 1, S. 146, BT, S. 271.). Dies wurde von normannischer Seite als zusätzliches Argument gegen Harolds Thronbesteigung ins Feld geführt. Die zeitgenössischen angelsächsischen Quellen schweigen zu der Frage, wer die Zeremonie ausführte (Brown, Normannen, S. 82, 217 Anm. 47.). Erst John von Worcester schrieb im 12. Jahrhundert, daß Erzbischof Ealdred von York Harold gekrönt habe (JW, S. 144.).

[630] Vgl. Stenton, England, S. 586.

[631] Ebd., S. 588. And Harold cyng ... gegædrade swa micelne sciphere 7 eac landhere swa nan cyng her on lande ær ne dyde, for þam þe him wæs gecyðd þæt Wyllelm Bastard wolde hider 7 ðis land gewinnan (ASChr-D, S. 79.).

[632] Ebd., S. 588.

[633] Krieger, Geschichte, S. 85.

[634] Stenton, England, S. 588.

ins Exil gezwungenen Bruder Tostig in Nordhumbrien gelandet war.[635] Die Version D der Angelsächsischen Chronik spricht von einer Streitmacht von 300 Schiffen. Diese habe zunächst das regionale einheimische Aufgebot geschlagen.[636] Harold wandte sich sofort nach Norden und stellte sich mit den Wehrkräften, die er auf seinem Weg hatte sammeln können, den Invasoren bei Stamford Bridge entgegen.[637] Bemerkenswert ist der nationale Enthusiasmus, mit dem die Version D der Chronik schildert: *Ða com Harold ure cyng on unwær on þa Normenn ... mid micclan here englisces folces.* Die Norweger seien vernichtend geschlagen worden, Harald und Tostig seien gefallen und die überlebenden Angreifer in die Heimat abgezogen.[638]

Nach dem Sieg bei Stamford Bridge am 25. September löste Harold auf dem Weg südwärts sein Heer auf;[639] doch dann erreichte ihn die Nachricht von der Landung der normannischen Truppen an der Südküste Englands.[640] Dem Quellenbild ist zu entnehmen, daß die Normannen am 28. oder 29. September bei Pevensey gelandet waren. Dann rückte die Streitmacht nach Hastings vor, wo die Normannen ein befestigtes Lager errichteten. Von dort aus machten sie das Umland unsicher.[641] John von Worcester schildert, daß Harold in einem Eilmarsch Richtung London gezogen sei. Obgleich sich erst die Hälfte seines Heeres versammelt gehabt habe, sei der König mit den verfügbaren Truppen schnellstmöglich weiter nach Sussex geeilt, um die Normannen zu stellen.[642] Wilhelm erreichte am 13. Oktober die Nachricht vom Anmarsch der Angelsachsen unter Harald. Der Herzog ließ sich nicht in den Belagerungszustand versetzen, sondern zog mit seinem

---

[635] Krieger, Geschichte, S. 84.
[636] ASChr-D, S. 80.
[637] Stenton, England, S. 589 f.
[638] ASChr-D, S. 80.
[639] Van Houts, Normans, S. 106.
[640] Krieger, Geschichte, S. 85.
[641] Jäschke, Landnahme, S. 225 f. Der Teppich von Bayeux dokumentiert die Landung des normannischen Heeres mit Männern und Pferden bei Pevensey. Die Ritter seien nach Hastings weitergeeilt, um sich dort mit Lebensmitteln zu versorgen. Dem Teppich ist ferner zu entnehmen, daß Herzog Wilhelm bei Hastings angeordnet habe, eine Hügelbefestigung aufzuwerfen (BT, S. 276 ff.).
[642] JW, S. 145.

Heer dem Rivalen entgegen. Am 14. Oktober kam es 10 Kilometer nordwestlich von Hastings zum Kampf.[643]

Laut Wilhelm von Poitiers habe der Normannenherzog 60000 Mann nach England geführt.[644] Dieser offensichtlichen Übertreibung gegenüber gehen moderne Schätzungen allgemein davon aus, daß beide Seiten nicht mehr als 7000 Kämpfer in die Schlacht von Hastings führten.[645] Wilhelms Heer war vermutlich kleiner als das Harolds; es bestand jedoch zu einem großen Teil aus Rittern, also professionellen Kriegern, die aufgesessen kämpften. Harolds Aufgebot hingegen rekrutierte sich überwiegend aus den Reihen seiner Gefolgsleute und schlecht bewaffneten Wehrbauern.[646] Der Teppich von Bayeux zeigt anschaulich, wie die abgesessen streitenden Angelsachsen von der normannischen Kavallierie niedergekämpft werden.[647] Der Kampf endete mit der totalen Vernichtung des angelsächsischen Heeres und dem Tode König Harolds und seiner Brüder. So ebnete die Schlacht von Hastings Wilhelm schnell den Weg zum englischen Thron.[648] Als noch entscheidender für die Inbesitznahme Englands durch die Normannen in den folgenden Jahren sollte es sich erweisen, daß bei Hastings ein Großteil der englischen Earls und des übrigen Adels gefallen war.[649]

Den Darstellungen der Manuskripte D und E der Angelsächsischen Chronik liegt ein Unterton der Trauer über die normannische Eroberung bei.[650]

---

[643] Jäschke, Landnahme, S. 227.

[644] GG, II, 10, S. 170.

[645] Vgl. Jäschke, Landnahme, S. 219, Stenton, England, S. 593, John, Eric: The Battle of Hastings, in: James Campbell (Hrsg.): The Anglo-Saxons, London ²1991, S. 234 f., hier S. 234 (im folg. zit.: John, Battle).

[646] Vgl. Stenton, England, S. 592 f.

[647] BT, S. 292-300.

[648] Krieger, Geschichte, S. 85.

[649] Vgl. van Houts, Normans, S. 106. In der Forschung sind die angelsächsischen Verluste schon bei den Kämpfen gegen die Norweger unter Harald Hardrada als erheblich gewertet worden. Mit diesen Verlusten ist versucht worden, die Abwesenheit der Earls aus dem Norden Englands von der Schlacht bei Hastings zu erkären (vgl. Stenton, England, S. 590 f., Jäschke, Landnahme, S. 228.). Wilhelm von Poitiers beschreibt das Schlachtfeld von Hastings nach dem Kampf wie folgt: *Late solum operuit sordidatus in cruore flos Anglicae nobilitatis atque juventutis* (GG, II, 25, S. 204.). Brown meint, daß diese Darstellung wohl wörtlich zu verstehen sei (Brown, Normannen, S. 97.).

[650] Gransden, Writing, S. 93.

Im Manuskript D wird der Ausgang der Schlacht von Hastings, des Schlüsselereignisses der normannischen Eroberung Englands, wie folgt bewertet: *þa Frencyscan ahton wælstowe geweald, eallswa heom God uðe for folces synnon*.[651] Gott bestraft also nach dem Verständnis des Chronisten die Angelsachsen mit der Niederlage gegen die Normannen für ihre Sünden; die Protagonisten der normannischen Eroberung erscheinen dabei dennoch als geschichtliche Subjekte, die Entscheidungen treffen und selbstbewußt handeln.[652] Van Houts zeigt auf, daß die aus England stammenden und in der ersten Hälfte des 12. Jahrhunderts schreibenden geistlichen Chronisten im Kontext der Schilderung der englischen Niederlage von 1066 eine Stimmung angelsächsischer Selbstkasteiung wiedergeben.[653] Wilhelm von Malmesbury z. B. verwendet sogar ein ganzes Kapitel seiner „Gesta Regum Anglorum" darauf, das Bild eines vielgesichtigen sittlich-moralischen Verfalls unter den Angelsachsen vor 1066 zu zeichnen. Die Unterwerfung seines geliebten Landes durch die Normannen erscheint dabei als Gottes Richtspruch über ihre Vergehen.[654] In dieser Darstellung trifft der Normannenherzog die Entscheidung die Schlacht von Hastings zu eröffnen, er ermutigt seine Gefährten und seine Geisteskraft hilft ihm, trotz Rückschlägen weiterzukämpfen; das Überleben und den Sieg des Eroberers erklärt der Autor jedoch mit der schützenden Hand Gottes.[655] Die Normannen, die mit päpstlichem Segen und dem Ruf *Deus aie!* in die Schlacht gezogen waren, konnten ihrerseits ihren Sieg als Gottesurteil auffassen.[656]

Herzog Wilhelm verweilte einige Tage in Hastings, wohl auf eine Unterwerfung seitens der verbliebenen englischen Führungspersönlichkeiten wartend. Diese erfolgte jedoch nicht.[657] Nach dem Zeugnis der Version D der Angelsächsischen Chronik sei Wilhelm dann mit seinem Heer, das aus Übersee verstärkt worden sei, bis Berkhamsted weitergezogen. Das Heer soll hierbei sehr gewütet haben (*hergade ealne þone ende þe he oferfer-*

---

[651] ASChr-D, S. 80.
[652] Vgl. Ebd., S. 79 ff.
[653] Van Houts, Normans, S. 107 f.
[654] GR, III, Kap. 245, S. 168 ff.
[655] Ebd., S. 168.
[656] Brown, Normannen, S. 31, 68.
[657] Vgl. Jäschke, Landnahme, S. 229, Brown, Normannen, S. 97.

*de).*⁶⁵⁸ Auch der Propagandist der normannischen Eroberung berichtet von Verheerungen auf dem weiteren Weg des normannischen Heeres ostwärts nach Romney und Dover.⁶⁵⁹ Dover ergab sich offenbar sofort dem Eroberer.⁶⁶⁰ Durch Plünderungen und Brandschatzungen entstanden hier große Schäden.⁶⁶¹ Nach wenigen Tagen wendeten sich die Normannen dann Richtung London. Dort war Edgar, der Sohn des 1057 ermordeten Eduard,⁶⁶² von einem oder beiden Erzbischöfen, den Earls Edwin von Mercien und Morkar von Nordhumbrien sowie führenden Londoner Bürgern zum König proklamiert worden.⁶⁶³

Canterbury und Winchester unterwarfen sich Wilhelm als Herrscher.⁶⁶⁴ Laut Wilhelm von Jumièges überschritt das Heer dann bei Wallingford die Themse,⁶⁶⁵ wo sich nach Wilhelm von Poitiers Erzbischof Stigand dem Normannenherzog unterwarf und sich von König Edgar lossagte.⁶⁶⁶ Dies geschah wohl Mitte November 1066.⁶⁶⁷ John von Worcester zufolge verwüsteten Wilhelms Truppen auf dem weiteren Marsch Sussex, Kent, Hampshire, Middlesex und Hertfordshire. Sie hätten Ortschaften niedergebrannt und Menschen erschlagen, bis sie Berkhamsted erreicht hätten.⁶⁶⁸

---

[658] ASChr-D, S. 81.

[659] Humatis autem suis, dispositaque custodia Hastingas cum strenuo praefecto, Romaerium accedens, quam placuit poenam exegit pro clade suorum, quos illuc errore appulsos fera gens adorta praelio cum utriusque partis maximo detrimento fuderat (GG, II, 27, S. 210.).

[660] Carmen, 599-606, S. 38.

[661] Jäschke, Landnahme, S. 229 f.

[662] Brown, Normannen, S. 97.

[663] Jäschke, Landnahme, S. 232 f.

[664] Brown, Normannen, S. 97. Dem „Carmen de Hastingae Proelio" zufolge unterwarf sich Winchester unter der Führung Ediths, der Witwe König Eduards (Carmen, 625-634, S. 40.).

[665] GND, VII, 16, S. 136.

[666] GG, II, 28, S. 216.

[667] Jäschke, Landnahme, S. 223.

[668] JW, S. 146. Herzog Wilhelms Truppen trugen den Marsch auf London wohl in einer Einkreisungsbewegung vor (vgl. Brown, Normannen, S. 97, Jäschke, Landnahme, S. 230.). Wilhelm von Poitiers berichtet sogar von einem größeren Stoßtruppunternehmen gegen London: 500 Ritter seien vorausgeschickt worden und hätten die gegnerischen Truppen hinter die Mauern der Stadt zurückgetrieben. Auf der der Stadt gegenüberliegenden Flußseite hätten sie alle Bauwerke niedergebrannt, auf die sie gestoßen seien (GG, II, 28, S. 214, 216.).

Vermutlich im Dezember unterwarfen sich dann bei diesem Ort König Edgar, Erzbischof Ealdred von York, einige Bischöfe und führende Persönlichkeiten Londons dem militärisch übermächtigen Eroberer.[669]

Wilhelm von Jumièges verdeutlicht zwar in den vorangehenden Kapiteln seines Geschichtswerkes wiederholt den normannischen Nachfolgeanspruch auf den englischen Thron.[670] Bei seiner Darstellung der Unterwerfung Londons jedoch kennzeichnet er den Normannenherzog gleichermaßen als *nobilissimus victor* und *hereditarius dominus*.[671] Damit begründet der Historiograph die Thronbesteigung des Eroberers zugleich mit dem Rechtsanspruch eines militärischen Siegers.[672] Am Weihnachtstage 1066 wurde Herzog Wilhelm von der Normandie in der Westminsterabtei zum König von England gekrönt. Die Krönungszeremonie führte Erzbischof Ealdred von York durch, nicht der exkommunizierte Stigand.[673] Für die Zeitgenossen war klar, daß mit der sakralen Legitimation Wilhelms als englischer Herrscher eine rechtserhebliche Handlung stattgefunden hatte. Ealdred stellte den neuen König in altenglischer und Bischof Gottfried von Coutances in altfranzösischer Sprache vor. Dann erfolgte durch die in der Kirche versammelten Einheimischen und Eroberern die gemeinsame Akklamation des Königs.[674] Wilhelm von Poitiers sieht u. a. hierdurch die

---

[669] Jäschke, Landnahme, S. 223. Bemerkenswert ist die Kritik des Chronisten an der späten Unterwerfung dieser Führungspersönlichkeiten. Seiner Meinung nach hatte Gott sein Urteil über die Einheimischen längst gesprochen: *þær him com ongean Ealdred arcebiscop, 7 Eadgar cild, 7 Eadwine eorl, 7 Morkere eorl, 7 ealle þa betstan men of Lundene, 7 bugon þa for neode þa mæst wæs to hearme gedon, 7 þæt wæs micel unræd þæt man æror swa ne dyde, þa hit God betan nolde for urum synnum, 7 gysledan 7 sworon him aðas* (ASChr-D, S. 81.). Ob die führenden Earls der Midlands und des Nordens, Edwin und Morkar, sich tatsächlich schon hier unterwarfen, bleibt unklar (Jäschke, Landnahme, S. 233). Nach Wilhelm von Poitiers unterwarfen sich die beiden erst nach Wilhelms Krönung zum englischen König (GG, II, 34, S. 236.).

[670] Jäschke, Kurt-Ulrich: Die Anglonormannen (Urban Taschenbücher, Bd. 334), Stuttgart – Berlin – Köln – Mainz 1981, S. 85 (im folg. zit.: Jäschke, Anglonormannen).

[671] GND, VII, 16, S. 136.

[672] Vgl. Jäschke, Anglonormannen, S. 85.

[673] Brown, Normannen, S. 97. Wenn man dem „Carmen de Hastingae Proelio" Glauben schenken darf, nahm Stigand an der Krönungszeremonie teil, spielte dabei jedoch nur eine untergeordnete Rolle (vgl. Carmen, 791-804, S. 50.).

[674] Jäschke, Anglonormannen, S. 84 f.

Grundlage für ein Erbreich gelegt: Neben dem Erbanspruch und dem Recht des Siegers verweist er dabei auf die Zustimmung der Angelsachsen.[675]

Zum Zeitpunkt seiner Krönung kontrollierte Wilhelm tatsächlich nur einen Bruchteil Englands.[676] Auf der Seite der Einheimischen war jedoch niemand in der Lage, den überall im Land aufkeimenden Widerstand gegen die Eroberer in Form einer allgemeinen Erhebung zu organisieren. So konnte Wilhelm in den folgenden Jahren seine nominelle Herrschaft über England zur faktischen Kontrolle ausbauen. Ein wesentliches Instrument dabei war die Errichtung von Burgen in den unterworfenen Gebieten.[677] Die Arbeit beim Burgenbau mußten wahrscheinlich Einheimische verrichten. Schon in Dover und vielleicht auch in Wallingford hatte Wilhelm eine Burg auffahren lassen.[678] Zur Kontrolle der aufgebrachten und wankelmütigen Londoner Bevölkerung wurden in der Stadt drei Burgen errichtet.[679]

Nachdem der neue König nach Weihnachten 1066 bei Barking in Wessex weitere Huldigungen seitens einheimischer Adeliger entgegengenommen hatte, rückte er in Ostanglien ein.[680] Zu dieser Zeit scheint der normannische Burgenbau in England vorangeschritten zu sein: Wilhelm von Poitiers berichtet von Burgkommandanten, die der Eroberer aus dem gallischen Raum nach England berufen habe. Ihnen sei jeweils eine große Zahl von Reitern und Fußsoldaten unterstellt worden.[681] Der König dürfte auf seinem

---

[675] GG, II, 30, S. 222.

[676] Brown, Normannen, S. 98.

[677] Vgl. Krieger, Geschichte, S. 86. Bei diesen Burgen handelte es sich zunächst um den Typus der aus der Normandie bekannten „Motte" (Krieger, Grundprobleme, S. 30.). Erst später errichteten die normannischen Herren in England Burgen aus Stein (Krieger, Geschichte, S. 86.).

[678] Jäschke, Landnahme, S. 233, 317.

[679] Brown, Normannen, S. 98. Eine Burg wurde in der Südostecke der ehemaligen Römermauern Londons aufgeworfen. Dort sollte sich später der Tower erheben. Im Südwesten entstanden die später so genannten Festungen Baynard's Castle und Montfichet Castle (Jäschke, Landnahme, S. 223.).

[680] Ebd., S. 98. Die Darstellung Wilhelms von Poitiers ist darum bemüht, den friedfertigen Charakter dieses Zuges des Eroberers zu unterstreichen: *Inde progrediens, diversas partes regni accessit, ordinando ubique utilia sibi et incolis terrae. Quaque pergebat, in armis nemo manebat. Iter nullum obstruitur, occurrunt passim obsequentes aut explicantes* (GG, II, 35, S. 236.).

[681] GG, II, 35, S. 238.

Ritt bis Norwich gelangt sein,[682] wo er ebenfalls eine Burg errichten ließ.[683] Nachdem Wilhelm im März 1067 zu einem Triumphzug in die Normandie abgereist war, wurden seine Statthalter, sein Vertrauter Wilhelm fitzOsbern und sein Halbbruder Bischof Odo von Bayeux, mit Aufständen konfrontiert: Graf Eustachius II. von Boulogne sah sich durch die Abwesenheit Wilhelms zu eigenständigen Feldzügen in Kent bis hin zur Belagerung Dovers ermutigt; dabei scheiterte er jedoch. Im Westen erhob sich Eadric der Wilde im Bündnis mit Waliser Fürsten gegen normannische Garnisonen.[684]

Zurück in England zog Wilhelm im Winter 1067/68 gegen die Stadt Exeter, deren Bürger sich im Aufstand befanden.[685] Noch zwei Generationen später charakterisierte der aus England stammende Ordericus Vitalis diesen Aufstand der Bürger als Freiheitskampf aus Haß gegen alles Gallische (*Exonia libertatem vendicare prima contendit ... Cives eam tenebant furiosi, copiosae multitudinis, infestissimi mortalibus, Gallici generis, puberes ac senatus.*). Die Bürger hätten Verbündete aus dem Umland herbeigeholt und andere Städte durch Gesandte zur Mitverschwörung gegen den fremden König aufgerufen (*contra regem alienigenam toto nisu se praeparabant, cum quo antea de nullo negotio egerant*).[686] Nach Belagerung und Einnahme der Stadt ließ Wilhelm auch hier eine Burg zur Kontrolle der Umgebung errichten, von der aus die Normannen später nach Cornwall vordrangen.[687] Nach der Krönung der Herzogin Mathilde zur Königin von England zu Pfingsten 1068 notiert die Version D der Angelsächsischen Chronik: *Þa kyðde man þan kyninge þæt folc benorðan hæfdon heom gegaderad togædere, 7 woldan him ongean standan, gif he come.*[688]

Die Earls Edwin und Morkar hatten sich vom Hof abgesetzt und in Nordhumbrien Anhänger gefunden. Edgar war ebenfalls geflohen und hielt sich nun in Schottland auf. Wilhelm unternahm noch 1068 einen Feldzug in den

---

[682] Jäschke, Landnahme, S. 235.
[683] Brown, Normannen, S. 98.
[684] Jäschke, Landnahme, S. 235 ff.
[685] Ebd., S. 237.
[686] Ord. Vit. HE, Bd. 2, IV, S. 210, 212.
[687] Brown, Normannen, S. 99.
[688] ASChr-D, S. 83.

Norden, der mit der erneuten Unterwerfung Edwins und Morkars endete.[689] Auch der schottische König Malcolm schloß einen Waffenstillstand mit dem Eroberer.[690] Ordericus Vitalis zufolge ließ Wilhelm auf diesem Zug Burgen in Warwick, Nottingham, York, Lincoln, Huntington und Cambridge errichten.[691] Nachdem Anfang 1069 der normannische Kommandant von York erschlagen worden war,[692] begann der aus Schottland eingereiste Edgar mit Kampfgefährten die Garnison in der Königsburg der Stadt zu belagern. Wilhelm entsetzte nach einem Eilmarsch die Eingeschlossenen, und Edgar floh erneut nach Schottland. Der König ließ in York eine weitere Burg erbauen.[693]

Im Spätsommer 1069 fuhr eine dänische Flotte den Humber hinauf, nachdem die Skandinavier schon Dover, Sandwich, Ipswich und Norwich geplündert hatten. Sie war vom dänischen König Sven II. Estridson (1043/47-1074/76), einem Neffen Knuts des Großen, entsandt worden. Er hatte der Flotte mindestens zwei seiner Söhne für eine mögliche erneute dänische Herrschaftsbildung in England beigegeben.[694] Gemäß der Version D der Angelsächsischen Chronik habe sich diese Streitmacht mit Edgar sowie zwei angelsächsischen Earls vereinigt und *mid Norðhymbrum, 7 ealle þa landleoden, ridende 7 gangende, mid unmætan here, swiðe fægengende.*[695] Zur gleichen Zeit brachen unkoordinierte Erhebungen gegen die neuen Herren in Cheshire, Dorset, Somerset, Devon und Cornwall aus. Die Niederschlagung dieser Aufstände überließ König Wilhelm seinen Vasallen; er selbst konzentrierte sich auf die Nordhumbrier und die Dänen.[696] Diese hatten unter den Garnisonen Yorks ein Blutbad angerichtet.[697]

Auf dem Weg nach Norden warf Wilhelm Aufstände in Staffordshire nieder. Sein Gegenstoß zwang die Dänen auf ihre Schiffe zurück. Zu Weih-

---

[689] Brown, Normannen, S. 99.
[690] Jäschke, Anglonormannen, S. 94.
[691] Ord. Vit. HE, IV, Bd. 2, S. 218.
[692] Stenton, England, S. 602.
[693] Jäschke, Landnahme, S. 240.
[694] Ebd., S. 241 f.
[695] AsChr-D, S. 84.
[696] Brown, Normannen, S. 100.
[697] Jäschke, Landnahme, S. 243.

nachten 1069 ging der König dann in York unter der Krone,[698] um seine Majestät auch in Nordhumbrien sichtbar zu machen. Wilhelm beendete die Aufstände im Winter 1069/70[699] mit der „Brutalität eines Feldzuges der verbrannten Erde".[700] In seiner berühmten Verdammung dieses Verwüstungszuges[701] schreibt Ordericus Vitalis: *Plerosque gladio vindice ferit ... terras devastat, et domos cum rebus omnibus concremat. ... Iussit ... ira stimulante segetibus et pecoribus cum vasis et omni genere alimentorum repleri, et igne iniecto penitus omnia simul comburi, et sic omnem alimoniam per totam regionem Transhumbranam pariter devastari.*[702] Dies geschah nicht nur nördlich des Humbers, sondern auch in Cheshire, Shropshire, Staffordshire und Derbyshire.[703]

Die normannische Inbesitznahme Englands wurde letztendlich erst 1071 vollendet, als Wilhelm die Einnahme der vom königstreuen Hereward verteidigten Moorinsel Ely gelang. Sie war die letzte Zufluchtsstätte des angelsächsisch-dänischen Widerstandes gegen die Normannen gewesen.[704] Noch stellte jedoch der schottische König Malcolm, der dem Thronprätendenten Edgar erneut Unterschlupf gewährte, durch dauernde Einfälle in Nordengland eine latente Gefahr für Wilhelm dar. Eine normannische Expedition zu Wasser und zu Lande gegen Schottland im Jahre 1072 endete damit, daß Malcolm Wilhelms Lehnsmann wurde. Dingliches Substrat dieses Lehnsverhältnisses waren wahrscheinlich einige Grenzgrafschaften. Malcolm wies ferner den Thronprätendenten Edgar aus, der sich nach Flandern absetzte.[705]

---

[698] Ebd., S. 243.
[699] Brown, Normannen, S. 100.
[700] Krieger, Geschichte, S. 86.
[701] Brown, Normannen, S. 219 Anm. 87.
[702] Ord. Vit. HE, IV, Bd. 2, S. 230, 232.
[703] Jäschke, Landnahme, S. 243.
[704] Stenton, England, S. 605 f.
[705] Vgl. Jäschke, Anglonormannen, S. 98 f., Krieger, Geschichte, S. 87.

7.4. Die normannische Siedlung in England sowie die Auswirkungen der Landnahme der Normannen in England

Bei der Untersuchung der Auswirkungen der Landnahme der Normannen in England und ihrer dortigen Siedlung kommt dem sogenannten *Domesday Book* grundlegende Bedeutung zu.[706] Bei dieser berühmtesten mittelalterliche Quelle Englands handelt es sich um das Ergebnis einer 1085/86 auf Befehl König Wilhelms durchgeführten großangelegten Bestandsaufnahme des Landes.[707] Mit dieser Erhebung sollten die dem König geschuldeten Leistungen sowie Umfang und Wert der Güter, die die Lehnsträger der Krone innehatten, erfaßt werden.[708] Nach Grafschaften geordnet führt das *Domesday Book* in der Art eines Grundkatasters minutiös Liegenschaften, ihren Wert und Steuerertrag, die jeweiligen Besitzverhältnisse, den Viehbestand und anderes mehr auf. Dies geschieht für zwei Stichdaten, nämlich für das Jahr 1066 und das Jahr der Abfassung (1086).[709]

Die Frage nach den Zahlen ziviler Opfer der normannischen Landnahme in England ist anhand des Quellenbildes kaum beantwortbar.[710] Zu dem Bericht von Verheerungen in Sussex, Kent, Hampshire, Middlesex und Hertfordshire im „Chronicon ex chronicis" paßt, daß das *Domesday Book* für Vermögenswerte dieser Regionen nach 1066 Wertverluste erkennen läßt.[711] Ordericus Vitalis schreibt, daß eine Hungersnot die Folge des Verwüstungsfeldzuges von 1069/70 gewesen sei. Ihr seien 100000 Menschen zum Opfer gefallen.[712] Auch diese Zahlenangabe ist wahrscheinlich lediglich so zu verstehen, daß die Hungersnot nach Ordericus' Vorstellungen sehr viele Menschenleben kostete. Das *Domesday Book* zeigt, daß noch 1086 Wü-

---

[706] Vgl. Jäschke, Landnahme, S. 218 f., 244, 265 f.

[707] Krieger, Geschichte, S. 91.

[708] Sawyer, Peter H.: Domesday Book, in: Robert-Henri Bautier u. a. (Hrsg.): LexMA, Bd. 3, München – Zürich 1986, Sp. 1180 ff., hier Sp. 1180.

[709] Krieger, Geschichte, S. 91. Seine bereits für das 12. Jahrhundert nachweisbare Benennung (englisch *Domesday Book* = Buch des Jüngsten Gerichts) verdeutlicht, daß die Zeitgenossen den in ihm beurkundeten Feststellungen eben solche Unangreifbarkeit beimaßen, wie dereinst der Urteilsfindung des Jüngsten Gerichts (Krieger, Quellen, S. 254.).

[710] Vgl. van Houts, Normans, S. 106.

[711] Jäschke, Landnahme, S. 231.

[712] Ord. Vit. HE, IV, Bd. 2, S. 232.

stungen als Folge dieser Verheerungen in den betroffenen Regionen bittere Realität waren.[713] Womöglich haben tatsächlich nur wenige der betroffenen Einheimischen Wilhelms Rachefeldzug und seine Folgen überlebt, denn noch 17 Jahre später weist das *Domesday Book* die Gegend als weitgehend unbewohnt aus.[714]

Unter Eduard dem Bekenner hatte bereits eine normannische Durchdringung der Oberschicht Englands begonnen. Nach 1066 setzte dann das ein, was als normannische Siedlung in England bezeichnet werden kann: Der Eroberer verteilte die Ländereien derjenigen Einheimischen, die bei Hastings gefallen waren oder sich ihm entgegengestellt hatten, an diejenigen, die ihm aus der Normandie und anderen Gebieten mit Aussicht auf Belohnung gefolgt waren.[715] Das *Domesday Book* liefert Grundlagen für die Schätzung der Anzahl der Normannen, die in den Jahren nach 1066 in England siedelten: Die Zahl der Neusiedler, die in England zur Regierungszeit Wilhelms des Eroberers mit Lehen ausgestattet wurden, könnte geringer als 2000 gewesen sein. Insgesamt mag Wilhelm 6000-10000 Normannen und weitere Nordfranzosen, einschließlich Flamen und Bretonen, über die er als Herzog oder Lehnsherr gebieten konnte, in das Land gezogen haben. Auch bei Berücksichtigung schwerer Verluste unter der einheimischen Bevölkerung im Zuge der normannischen Militäraktionen ergäbe sich damit lediglich ein Anteil der Neusiedler an Englands Gesamtbevölkerung von weniger als einem Prozent.[716]

Soziologisch gesehen handelt es sich bei der Eroberung Englands durch die Normannen um eine aristokratische Überschichtung,[717] die getragen wurde von hohen Adeligen und Rittern, Prälaten und Mönchen.[718] Der hohe Blutzoll unter den waffentragenden und in vorderer Reihe kämpfenden Män-

---

[713] Jäschke, Landnahme, S. 244.
[714] Krieger, Geschichte, S. 86.
[715] Brown, Normannen, S. 100 f.
[716] Vgl. Jäschke, Landnahme, S. 218 f., 260, Sawyer, Britain, S. 253, van Houts, Normans, S. 107. Das Domesday Book weist für die Zeit nach 1066 neben der Anwesenheit von Normannen, Flamen, Bretonen, Leuten aus Maine, Anjou und Poitou auch auf Burgunder und Lothringer in England hin (Jäschke, Landnahme, S. 265.).
[717] Vgl. Brown, Normannen, S. 102.
[718] Jäschke, Landnahme, S. 261.

nern Englands im Jahr 1066 erleichterte dem Eroberer wesentlich das Auswechseln ganzer Führungsgruppen des in Besitz genommenen Landes.[719] Dem *Domesday Book* ist zu entnehmen, daß bis zum Jahr 1086 die Verfügungsgewalt über Grund und Boden Englands fast vollständig in die Hände der neuen, relativ dünnen normannisch-nordfranzösischen Oberschicht übergegangen war.[720] Im Jahr 1086 hielten nur noch zwei einheimische Adelige südlich des Tees Land als unmittelbare Vasallen der Krone.[721] Die Heirat der Witwen altenglischer Adeliger bot den neuen Herren die Möglichkeit, ihren Besitzanspruch auf das genommene Land und damit den Erbanspruch ihrer Nachkommen zu untermauern. Eine beträchtliche Zahl dieser Witwen suchte daher Zuflucht in einem Kloster, um nicht zur Heirat mit einem Vasallen des Eroberers gezwungen werden zu können.[722] Die Belege adeliger angelsächsisch-normannischer Ehen sind rar; es ist jedoch nicht auszuschließen, daß es bereits in den frühen Jahren nach 1066 zu einer Vermischung beider Ethnien in der Oberschicht Englands kam.[723]

Die faktische Inbesitznahme von Gütern auf dem Land durch normannische Adelige wäre kaum realisierbar gewesen, wenn die Kronlehnsträger nicht auch eigene Getreue mit nach England gebracht hätten. Tatsächlich läßt das *Domesday Book* eine große Zahl normannischer bzw. französischer Afterlehensträger erkennen. Zu diesem Befund paßt, daß für die Folgezeit der normannischen Landnahme eine große Zahl von Burgen und festen Häusern in England nachweisbar ist. Die ältere Lehrmeinung sah es als unwahrscheinlich an, daß Wilhelm in England die Errichtung von Burgen durch andere als seine unmittelbaren Vasallen zuließ; es kann jedoch nicht

---

[719] Ebd., S. 228 f. Im Zuge der normannischen Inbesitznahme Englands scheint auch eine beträchtliche Zahl angelsächsischer Adeliger ins Exil gegangen zu sein. Viele emigrierten nach Schottland oder Dänemark. Einige von ihnen fanden sich in der Warägergarde des byzantinischen Kaisers wieder. Die Akzeptanz englischer Exulanten in dieser durchgängig wikingischen Truppe mag durch skandinavischen Einfluß auf die angelsächsische Oberschicht begünstigt worden sein (vgl. Sawyer, Britain, S. 258, Brown, Normannen, S. 101, S. 220 Anm. 91.).

[720] Krieger, Geschichte, S. 92.

[721] Stenton, England, S. 626. Das *Domesday Book* macht in den beiden erhaltenen Bänden keine Angaben über die Gebiete nördlich des Tees' (Jäschke, Landnahme, S. 263.).

[722] Van Houts, Normans, S. 107.

[723] Jäschke, Landnahme, S. 319.

mehr ausgeschlossen werden, daß sich jeder normannische Lehnsträger in England, der dazu irgendwie fähig war, wenn nicht eine Burg, so doch ein befestigtes Haus zulegte.[724]

König Wilhelm setzte auch die von Eduard dem Bekenner begonnene Politik der Normannisierung der oberen Ränge der kirchlichen Hierarchie Englands fort: Bei fälligen Neubesetzungen hoher kirchlicher Ämter griff Wilhelm ausschließlich auf Normannen bzw. Nordfranzosen zurück.[725] Am Ende der Regierungszeit des Eroberers waren nur noch drei altenglische Prälaten, der Bischof von Worcester und die Äbte von Ramsey und Bath, im Amt. War das Mittel der Etablierung weltlicher normannischer Herrschaft in England der Burgenbau, so stützte sich die geistliche normannische Herrschaft über das Land auf Klöster und Kirchen.[726] Dabei übernahmen die neuen Herren die bestehenden Bistumssitze. Die Zahl der frühen Klosterneugründungen durch die normannischen Eroberer in England war gering.[727] Zu nennen ist hier beispielhaft die Siegesabtei Battle,[728] die Wilhelm am Ort der Schlacht von Hastings zur Erinnerung an seinen Sieg stiftete.[729]

Mit Blick auf die ländliche Bevölkerung Englands nach der normannischen Eroberung ist davon auszugehen, daß die neuen Herren zur Bewirtschaftung ihres Landes keine Menschen vom Kontinent in irgendwie erheblicher Zahl mitbrachten.[730] Es gibt keinen Hinweis auf Veränderungen der ethnischen Struktur der bäuerlichen Bevölkerung Englands in den Jahren nach 1066. Archäologisch sind auch keine kontinentalen Einflüsse auf die Landwirtschaft im Zuge der normannischen Eroberung nachweisbar.[731] Die agrarische Produktion oblag vielmehr weiterhin der einheimischen Bevölkerung. Die normannische Eroberung Englands ging also nicht mit bäuerli-

---

[724] Vgl. Sawyer, Britain, S. 253, Jäschke, Landnahme, S. 277, 288, 316.
[725] Krieger, Geschichte, S. 92.
[726] Brown, Normannen, S. 101.
[727] Jäschke, Landnahme, S. 266.
[728] Brown, Normannen, S. 102.
[729] John, Battle, S. 234.
[730] Jäschke, Landnahme, S. 273.
[731] Laing, England, S. 184 ff.

cher normannischer Siedlung einher.[732] Das städtische Leben des Landes florierte nachweislich im 11. Jahrhundert.[733] Nach 1066 zogen vermehrt französische Kaufleute nach England, um die Geschäftsgelegenheiten der dortigen Märkte zu nutzen: Viele kamen aus Rouen und Caen nach London, Norwich, Nottingham und in andere englische Städte, in denen neue französische Viertel entstanden.[734]

Von der weitgehenden Übernahme der Führungspositionen in England durch die neuen Herren blieben die bisherigen Verfassungs- und Rechtsverhältnisse des Landes nicht unbeeinflußt.[735] Damit verbunden ist eines der zentralsten Forschungsprobleme der englischen Geschichte überhaupt:[736] Selten hat ein historisches Ereignis mehr Anlaß zu Kontroversen gegeben, als die normannische Eroberung Englands und die Deutung ihrer Auswirkungen auf die englische Geschichte nach 1066.[737] In der Forschung besteht Einigkeit darüber, daß das Herrschaftssystem und die Wehrverfassung Englands zur Zeit der Regierung Heinrichs II. (1154-1189) gemäß den Prinzipien des karolingisch-fränkischen Feudalismus organisiert waren. Die Vertreter der sogenannten „Umwälzungstheorie" sind dabei der Auffassung, daß der Feudalismus in England nach 1066 von den Normannen als fundamentale Neuerung eingeführt worden sei.[738] Dies habe eine radikale Veränderung der Herrschafts- und Sozialstruktur des Landes und einen Bruch mit der Vergangenheit bewirkt.[739] Die „Kontinuitätstheorie" hingegen nimmt an, daß der englische Feudalismus des 12. Jahrhunderts Ergebnis eines längeren, weitgehend auf altenglischen Institutionen fußenden und kontinuierlich verlaufenen Entwicklungsprozesses gewesen sei.[740]

Krieger stellt heraus, daß im Mittelpunkt der Kontroverse ein terminologisches Problem steht: Was ist unter „Feudalismus" konkret zu verstehen?

---

[732] Jäschke, Landnahme, S. 261, 273.
[733] Laing, England, S. 185.
[734] Sawyer, Britain, S. 259.
[735] Jäschke, Landnahme, S. 262.
[736] Krieger, Geschichte, S. 87.
[737] Vgl. Krieger, Grundprobleme, S. 15 ff.
[738] Ebd., S. 18.
[739] Krieger, Geschichte, S. 87.
[740] Krieger, Grundprobleme, S. 18 f.

Die Vertreter der „Kontinuitätstheorie" sehen z. B. bereits in adeliger Gerichtsbarkeit, der Grundherrschaft, der Kommendation und der Landleihe grundlegende Merkmale des Feudalismus; die Gegenseite hingegen sieht weit enger gefaßt die Existenz von Rittern, das Prinzip der Vasallität sowie die Vergabe von Lehen gegen Dienstverpflichtungen als Wesensmerkmale des Feudalismus. In der historisch-wissenschaftlichen Terminologie wird mit „Feudalismus" entweder eine für das Mittelalter weithin typische Gesellschaftsform oder aber im engeren Sinne das Lehnswesen als Herrschafts- und Organisationsprinzip bezeichnet. Die Normannen haben in England keine neue Gesellschaftsform, sondern allenfalls neue Herrschaftsformen ausgebildet. Das Problem reduziere sich, so Krieger, also auf die Fragestellung, ob die Normannen in England das ihnen vom Kontinent her als Herrschaftssystem bekannte Lehnswesen als eine Neuerung einführten, die zuvor gänzlich unbekannt gewesen war.[741]

Lehngerichtsbarkeit des Lehnsherrn über seine Vasallen ist als wesentlicher Bestandteil des Lehnswesens anzusehen; dies gilt jedoch nicht für sonstige Gerichtsrechte, die der Vasall auf dem ihm übertragenen Land ausübte. Solche Rechte waren nicht notwendig mit der Verleihung eines Lehens verbunden.[742] Somit war in der angelsächsischen Zeit ausgeübte adelige Gerichtsbarkeit kein Merkmal eines entstehenden Lehnswesens. Ähnliches gilt für die Landleihe im Rahmen der Grundherrschaft: Während sich Lehnsherrschaft stets als Herrschaft über Freie darstellte, geboten Grundherren in England vor der normannischen Eroberung auch über Unfreie. Unfreie Grundholde schuldeten ihren Grundherren für den zur Nutzung überlassenen Boden Abgaben und Arbeitsleistungen; sie waren jedoch keineswegs zum Ritterdienst verpflichtet. Die Landleihe im Rahmen der Grundherrschaft diente eben nicht der Integration des ritterlichen Adels in ein vom König abgeleitetes Herrschaftssystem und der damit verbundenen Organisation des Wehrpotentials; durch die Grundherrschaft erschlossen adelige Grundherren sich die bäuerliche Produktion. Daher konnte sich

---

[741] Ebd., S. 19 f.
[742] Ebd., S. 20 f.

Grundherrschaft allenfalls als logische Fortsetzung nach unten an die Lehnskette anschließen.[743]

Von Anhängern der „Kontinuitätstheorie" wurde in der Vergangenheit angeführt, daß im angelsächsischen Rechtsdenken das Prinzip der Landleihe als *laen* und das der Kommendation im Sinne freiwilliger Unterwerfung unter fremde Herrengewalt bekannt gewesen seien. Ferner sind der angelsächsische *thegn* und der anglo-skandinavische *huscarl* als altenglische Formen des Vasallen gesehen worden. Es gibt jedoch, wie Krieger darlegt, keinen Anhaltspunkt dafür, daß mit der Vergabe von Land als *laen* die Begründung eines Vasallitätsverhältnisses mit der Verpflichtung zu gegenseitiger Treue verbunden gewesen wäre. Im Gegensatz zu anderen Leiheverhältnissen sei ferner für das Lehnsverhältnis ein enger kausaler Zusammenhang zwischen dem Leiheakt des Herrn einerseits und der Begründung des Vasallitätsverhältnisses mit der Verpflichtung zum Ritterdienst andererseits kennzeichnend gewesen. Mit ritterlichen Vasallen seien *thegn* und *huscarl* schon deshalb nicht zu vergleichen, da sie das Pferd lediglich als Fortbewegungsmittel gebraucht hätten. Ferner seien sie eng mit der grundherrlich-bäuerlichen Lebenssphäre verhaftet geblieben, so daß sie nur bedingt als Berufskrieger zu bezeichnen seien. Den Typus des in Abgrenzung zu anderen sozialen Schichten lebenden ritterlichen Vasallen, eines professionellen und elitären Kämpfers, der aufgesessen streiten konnte, habe das angelsächsische England nicht gekannt.[744]

Krieger zeigt weiter, daß generell ein dem Lehnswesen vergleichbares Herrschafts- und Organisationsprinzip für das angelsächsische England anhand der Quellenlage nicht nachweisbar ist. Er schlußfolgert, daß vor 1066 im Land zwar gewisse Voraussetzungen für die Einführung des Lehnswesens, wie das Prinzip der Landleihe und der Gefolgschaft, bestanden hätten; hieraus hätten sich jedoch nicht die spezifisch-technischen Formen der Vasallität entwickelt. Mit Blick auf das Lehnswesen kann daher mit den Anhängern der „Umwälzungstheorie" angenommen werden, daß die Norman-

---

[743] Vgl. ebd., S. 21.
[744] Ebd., S. 21 ff.

nen das ihnen vom Festland her bekannte Herrschaftssystem in England als grundlegende Neuerung einführten.[745]

Bei Stenton, einem Vertreter der „Umwälzungstheorie",[746] findet sich die Auffassung, die Neuverteilung des Landes in England habe zu einer „tenurial revolution" geführt.[747] Ihm folgend wurde von der Forschung allgemein angenommen, daß der Eroberer das Land der im *Domesday Book* genannten altenglischen Grundherren an eine kleine Zahl von Kronvasallen vergeben habe, was zu einer revolutionären Umgestaltung der Grundbesitz- und Landleiheverhältnisse in England geführt habe.[748] Sawyer hingegen vertritt seit einigen Jahren die Ansicht, daß viele der im *Domesday Book* aufgeführten altenglischen Grundherren ihren Boden tatsächlich als Gefolgsleute oder Kommendierte von Gefolgsherren durch Landleihe erhalten hätten. Die Besitztitel eben dieser Gefolgsherren habe Wilhelm an seine Kronvasallen ausgeliehen. Sawyer übersieht dabei nicht, daß manche Besitzkomplexe teilweise ganz aufgelöst oder mit anderen zusammengelegt wurden. Die Grundbesitzstrukturen in England seien 1086 dennoch nicht grundlegend anders gewesen als vor 1066.[749]

Sawyers Auffassung, die persönlichen Abhängigkeitsverhältnisse der späten Angelsachsenzeit seien im wesentlichen lediglich durch anglonormannische Lehnsverhältnisse umgedeutet worden, wurde jedoch widersprochen. Die Unterstellung einer im *Domesday Book* übergangenen angelsächsischen Oberherrenschicht zwischen König und Landbesitzern sei nicht haltbar. Ferner kam eine rechnergestützte Auswertung der im *Domesday Book* enthaltenen Daten zu dem Ergebnis, daß die Grundbesitzstrukturen Englands nach 1066 durch die Einführung des Lehnswesens völlig umgestaltet worden seien. Dies habe sich in Hunderten oder vielleicht sogar Tau-

---

[745] Ebd., S. 23 ff.
[746] Vgl. ebd., S. 22., Barrow, Lehen, Sp. 1816.
[747] Stenton, England, S. 626.
[748] Vgl. Jäschke, Landnahme, S. 265, 270, Sawyer, Britain, S. 258 f., 275.
[749] Vgl. Sawyer, Peter H.: 1066-1086: A Tenurial Revolution?, in: Peter H. Sawyer (Hrsg.): Domesday Book. A Reassessment, London 1985, S. 71-85, Sawyer, Britain, S. 175.

senden Dörfern Englands für die einheimische Bevölkerung bemerkbar gemacht.[750]

Der Ausgang dieses Forschungsstreites wird jedoch nichts an der Erkenntnis ändern, daß die altenglische Aristokratie nach 1066 verschwand oder unterdrückt wurde.[751] Es gibt Belege dafür, daß die Erben altenglischer Grundherren im 12. Jahrhundert als Untervasallen Teile des ehemaligen Besitzes ihres Hauses hielten. Von größerem Reichtum, Macht und Einfluß am Hof weitgehend abgeschnitten, dürften Vertreter der alten einheimischen Oberschicht nach der normannischen Herrschaftsbildung auf lokaler Ebene noch politische Relevanz behalten haben. Insofern stellten sie sicherlich einen Faktor der Kontinuität zur alt-englischen Zeit dar.[752] An der ökonomischen Grundlage adeliger Herrschaft in England, der Grundherrschaft über freie und unfreie Bauern, änderte sich durch die Einführung des Lehnswesens zunächst nichts. In den Jahren nach 1066 gingen jedoch die verschiedenen bäuerlichen Schichten allmählich in der Gruppe der gegenüber den Grundherren hörigen Grundholden auf. Dies war für die Freibauern mit einem sozialen Abstieg verbunden; die einheimischen Unfreien gewannen dadurch eine bescheidene rechtliche Aufwertung.[753]

Ein Umbruch in der ländlichen Siedlungsstruktur, der mit der normannischen Eroberung Englands in einem kausalen Zusammen gestanden hätte, ist nicht erkennbar. Lediglich eine archäologisch nachweisbare planmäßige Anlage von Dörfern in Nordengland wird mit der Überwindung der Folgen der dortigen Verwüstungsfeldzüge in Verbindung gebracht. Das *Domesday Book* belegt, daß dies mit Binnenwanderungen innerhalb Yorkshires einherging. Solche Neuansiedlungen dürften von den jeweiligen Grundherren betrieben worden sein.[754] Sieht man von der Beseitigung von Verwüstungen normannischer Unterwerfungsfeldzüge ab, so scheint der Landesaus-

---

[750] Vgl. Jäschke, Landnahme, S. 265 f., 270 f.
[751] Ebd., S. 266.
[752] Sawyer, Britain, S. 258 f.
[753] Vgl. Krieger, Grundprobleme, S. 32 f., Krieger, Geschichte, S. 92.
[754] Jäschke, Landnahme, S. 271 ff., 311 f.

bau zur Erschließung landwirtschaftlichen Nutzlandes in England durch die Ereignissen nach 1066 keinen neuen Impuls erhalten zu haben.[755]

In den englischen Städten blieb die Kontinuität mit der altenglischen Vergangenheit offensichtlich gewahrt. Die englischsprachige Bevölkerung konnte ihre dortigen Führungspositionen offenbar bewahren.[756] Selbst in London, wo der Zuzug von Franzosen nach 1066 am stärksten war, blieben diese gegenüber den einheimischen Bewohnern der Stadt in der Minderheit. Im Jahr 1130 trugen die meisten Vertreter der Londoner Führungsschicht und die im Einwohnerverzeichnis von St. Paul's registrierten Personen englische Namen und waren vermutlich angelsächsischer Abstammung. Die vermehrte Präsenz französischer Kaufleute in England hat die schon während des ganzen 11. Jahrhunderts engen englischen Handelskontakte mit dem Kontinent weiter intensiviert.[757]

Die Ländereien, die Wilhelm nicht nach Lehnrecht verlieh, verleibte er der Krondomäne ein.[758] Einerseits gab es daher in England nun nach dem Grundsatz *nulle terre sans seigneur* („kein Land ohne [Lehns-]Herr") kein herrenloses, von allen nutzbares Land mehr, wie z. B. zuvor Einöden und Wälder;[759] andererseits existierte kein freier, von niemandem abgeleiteter Grundbesitz mit autogener Herrschaftsgewalt mehr im Land. Der ganze Grund und Boden unterstand dem König entweder direkt oder abgeleitet in seiner Funktion als oberster Lehnsherr.[760] Hinzu kam, daß Wilhelm, an die angelsächsische Tradition anknüpfend, allen wichtigen Untervasallen einen Treueeid ihm gegenüber abverlangte, der Vorrang vor allen anderen Treueversprechen hatte. Dadurch begegnete er der Gefahr, vom Zugriff auf die Masse der Vasallen abgeschnitten zu werden – er selbst unterhielt ja nur mit den Kronvasallen Lehnsbeziehungen und hatte auf deren Vasallen

---

[755] Ebd., S. 314.
[756] Krieger, Grundprobleme, S. 33.
[757] Sawyer, Britain, S. 250 f., 259.
[758] Krieger, Grundprobleme, S. 27.
[759] Krieger, Geschichte, S. 89.
[760] Krieger, Grundprobleme, S. 27. Anders als im anglo-normannischen Lehnswesen befand sich z. B. im deutschen Reich damals ein Großteil des Landes als Allod in der Hand des Adels. Das römisch-deutsche Königtum mußte im Mittelalter große Energien darauf verwenden, die Allodialgewalten in den Lehnsverband des Reiches zu integrieren (Krieger, Geschichte, S. 89 f.).

lehnsrechtlich keinen Zugriff. Diese Maßnahmen führten nach der normannischen Eroberung Englands zu einem erheblichen Machtzuwachs für die königliche Zentralgewalt im Land.[761] König Wilhelm griff neben der Einführung des Lehnswesens als Herrschaftsprinzip auch auf altenglische Verwaltungsinstitutionen zurück:[762] So übernahm Wilhelm das Verwaltungssystem der *shires*, die nun *county* bzw. *comitatus* genannt wurden. Eine Grafschaft wurde nunmehr an einen *earl* bzw. *count* oder *comes* als Lehen vergeben; die tatsächliche Herrschaftsgewalt in diesen Verwaltungseinheiten übte jedoch nach wie vor der Sheriff, jetzt *vicomte* oder *vicecomes* genannt, aus. Als jederzeit absetzbarer Amtsträger und unmittelbarer Repräsentant des Königs zog er Steuern und Abgaben für die Krone ein, saß dem Grafschaftsgericht vor und kontrollierte die Gerichtsbarkeit der Hundertschaften.[763] König Wilhelm machte sich auch die von seinen altenglischen Vorgängern geübte und in der Normandie vor 1066 nicht bekannte Technik schriftlicher Herrschaftskommunikation mittels der *writs* zu eigen.[764] Mit Hilfe eines solchen königlichen Mandats konnte der Sheriff nunmehr der Gerichtsbarkeit der Grundherren anhängige Verfahren an das Grafschaftsgericht oder vor den König selbst ziehen.[765] Die *earldoms* löste Wilhelm auf, weil er in ihnen Ansätze für das Königtum gefährlicher Herrschaftskonzentrationen sah.[766] Auch größere *shires* wandelte er in kleinere Grafschaften um.[767]

Von der Einführung königlicher Kontrollmechanismen für die lokale Gerichtsbarkeit abgesehen, blieb also die altenglische Gerichtsverfassung nach der normannischen Eroberung im wesentlichen bestehen. Ferner beließen die Eroberer dem einheimischen Recht seine Geltung. Daneben etablierten sie jedoch mit der Einführung des Lehnswesens das Lehnrecht und die Lehngerichtsbarkeit. Die Normenordnung des Lehnrechts be-

---

[761] Vgl. Krieger, Geschichte, S. 89 f.
[762] Krieger, Grundprobleme, S. 27.
[763] Krieger, Geschichte, S. 90 f. Für Wilhelms Regierungszeit sind nur sehr selten Einheimische im Amt eines Sheriffs nachweisbar (Sawyer, Britain, S. 254.).
[764] Krieger, Grundprobleme, S. 27.
[765] Krieger, Geschichte, S. 91.
[766] Krieger, Grundprobleme, S. 27 f.
[767] Krieger, Geschichte, S. 91.

stimmte fortan maßgeblich das Verhältnis der Adeligen untereinander. Ferner führte König Wilhelm ein strenges Forst- und Jagdrecht in England ein, das der Sicherung seines Jagdregals diente.[768] Bei der Ausschöpfung der Finanzquellen des in Besitz genommenen Landes knüpfte der Eroberer an das auch für normannische Maßstäbe hoch entwickelte Steuer- und Abgabensystem des angelsächsischen Königtums an. Bei der Erhebung der Abgaben bediente sich Wilhelm, wie das in diesem Zusammenhang angelegte *Domesday Book* zeigt, des einheimischen Systems der Steuerbemessung nach *hides* bzw. *caracutae*.[769]

Die ursprünglich von Anhängern der „Umwälzungstheorie" vertretene Auffassung, die Einführung des Lehnswesens in England durch die Normannen habe zu einer völligen Umgestaltung der Wehrverfassung des Landes geführt, kann nicht aufrechterhalten werden.[770] Ein zentraler Kontinuitätsfaktor zeigt sich nämlich darin, daß Wilhelm neben der Einführung des Lehnsaufgebots der Panzerreiter am angelsächsischen *fyrd* festhielt. Dieses wurde auf lokaler Ebene vom *vicomte* aufgeboten.[771] Von Vertretern der „Kontinuitätstheorie" - in bezug auf das Militärwesen ist hier z. B. John zu nennen - wurde im Fortbestehen des Fünf-Hufen-Systems die Grundlage für die Festlegung der zu stellenden Ritterkontingente gesehen. Das anglonormannische Lehnsaufgebot erweise sich daher als Weiterentwicklung des angelsächsischen Volksaufgebotes.[772] Krieger hebt dieser Auffassung gegenüber jedoch hervor, daß nicht nur der grundsätzlich unterschiedliche Rechtscharakter von Lehnsaufgebot und *fyrd* gegen diese These spreche, sondern auch die Tatsache, daß das Volksaufgebot nach der normannischen Eroberung als eigenständige Institution fortbestand.[773] Tatsächlich bildete das Fünf-Hufen-System die Grundlage für einige Ritterlehen in England

---

[768] Krieger, Grundprobleme, S. 31. Einige zu Jagdzwecken eingefriedete Waldstücke hatte es schon vor der normannischen Herrschaft in England gegeben. Der Eroberer führte jedoch regelrechte Wildparks in England ein, von denen das *Domesday Book* 35 benennt (Jäschke, Landnahme, S. 274.).

[769] Ebd., S. 30 f.

[770] Ebd., S. 28 f.

[771] Krieger, Geschichte, S. 89 f.

[772] Vgl. Barrow, Lehen, Sp. 1816, Krieger, Grundprobleme, S. 17, 28 f., John, End, S. 237.

[773] Krieger, Grundprobleme, S. 29.

nach der normannischen Eroberung; die Mehrzahl der Lehen bestand jedoch aus einer ganz unterschiedlichen Zahl von *hides*.[774] Das Quellenbild läßt den Schluß zu, daß zu Wilhelms Zeit die Berechnung der zu stellenden Ritter nach keinem festgelegten Schema erfolgte.[775]

Der Eroberer hatte seinen Kampf um die englische Krone auch im Zeichen des Reformpapsttums angetreten. Maßnahmen zur Reform der englischen Kirche ergriff vor allem ab 1070 der Wilhelm ergebene Prälat Lanfranc als Erzbischof von Canterbury.[776] Lanfranc, der Stigand ersetzt hatte, festigte die kirchliche Einheit und Disziplin unter Canterbury als Sitz des Primas der Kirche Englands. Ferner führte er u. a. separate Kirchenkonzilien und unabhängige kirchliche Gerichtshöfe ein.[777] Vernachlässigte kanonische Vorschriften fanden dabei wieder Anwendung.[778] Die Reformen stellten auch auf eine Belebung der Spiritualität ab[779] und steigerten außerdem den päpstlichen Einfluß im Land.[780] Die neuen Herren waren jedoch nicht von hochgregorianischen Neigungen beseelt, die Prälaten von weltlichen Funktionen zu entbinden oder die Kirche der Kontrolle des Königs zu entziehen.[781] Wenn auch die altenglische Kirchenorganisation weitgehend bestehen blieb, wurden unter dem Eroberer Bischöfe und Äbte samt dem ihnen unterstehenden Kirchengut in den Lehnsverband einbezogen.[782] Wilhelm blieb als englischer König somit Herr der Kirche des Landes, der nach wie vor alle hohen Würdenträger in ihr Amt einsetzte.[783]

Die normannische Eroberung führte in geistiger und kultureller Hinsicht zu einer Zäsur in der Entwicklung Englands: Das Land wurde aus seinen Bindungen an die skandinavische Welt gelöst und endgültig dem romanisch-

---

[774] Barrow, Lehen, Sp. 1816.
[775] Krieger, Grundprobleme, S. 29.
[776] Ebd., S. 28.
[777] Brown, Normannen, S. 105.
[778] Schnith, Wilhelm, Sp. 128.
[779] Brown, Normannen, S. 105.
[780] Krieger, Grundprobleme, S. 28.
[781] Brown, Normannen, S. 38.
[782] Krieger, Grundprobleme, S. 28.
[783] Krieger, Geschichte, S. 90.

lateinischen Kulturkreis geöffnet.[784] Dies zeigte sich z. B. im Einfluß nordfranzösischer Gelehrsamkeit. Die Eroberer brachten auch architektonische Neuerungen nach England: Neben der Einführung des Burgenbaus[785] errichteten die Normannen ohne großen Respekt vor der angelsächsischen Tradition beeindruckende Sakral- und Profanbauten in dem von ihnen in Besitz genommenen Land.[786] Die Kathedrale von Durham wird als Höhepunkt des Schaffens anglonormannischer Sakralarchitektur angesehen. Brown sieht in solchen monumentalen und majestätischen Bauwerken, die größer waren als ihre Vorbilder in der Normandie, die Manifestation des weltlichen Herrschafts- und des kirchlichen Erneuerungsanspruches einer selbstbewußten normannischen Herrscherschicht.[787] Die hoch entwickelte angelsächsische Malerei und Zeichenkunst konnte sich in England unter den neuen Herren behaupten.[788] Auch hat die angelsächsische Tradition der Skulpturenbildung und Ornamentik Eingang in die normannischen Architektur gefunden.[789]

Mit dem sozialen Abstieg der bisherigen Führungseliten wurde das Altenglische als Hoch- und Verwaltungssprache vom Französischen und Lateinischen verdrängt.[790] Seit 1070 wurden die *writs* in lateinischer Sprache verfaßt, da die einheimische Volkssprache von den königlichen Amtsträgern nicht mehr verstanden wurde. Die altenglische Literatur verschwand weitestgehend zugunsten lateinischer und französischer Schriften.[791] Das Altenglische sank in den Augen der neuen Herren zu einer Vulgärsprache her-

---

[784] Krieger, Grundprobleme, S. 33 f.

[785] Brown, Normannen, S. 105 ff. Vor 1066 hatte es in England zwar einige befestigte Wohnsitze und einige Steinfestungen gegeben; die große Zahl der „Motten" hatte die Landschaft Englands zuvor jedoch nicht gekannt (van Houts, Normans, S. 110.).

[786] Krieger, Grundprobleme, S. 34.

[787] Brown, Normannen, S. 106.

[788] Krieger, Gundprobleme, S. 34.

[789] Sawyer, Britain, S. 259 f.

[790] Krieger, Geschichte, S. 92.

[791] Sawyer, Britain, S. 255, 260. Zwar wurden z. B. die Versionen D und E der Angelsächsischen Chronik noch einige Jahre nach der normannischen Eroberung Englands weitergeführt; die Tatsache jedoch, daß die neue Oberschicht Englands nun nicht englisch sprach, bedeutete letztendlich das Ende des volkssprachlichen Annalenwerkes (Gransden, Writing, S. 40.).

ab. Die Masse des Volkes sprach weiterhin englisch, was die soziale Kluft zu der neuen Herrenschicht verstärkt haben dürfte.[792]

Die Sprache der normannischen Eroberer hat das Englische stark beeinflußt. Der letzte Teil der Version E der Angelsächsischen Chronik, der in der Mitte des 12. Jahrhunderts niedergeschrieben wurde, weist bereits lexikalische, syntaktische, grammatikalische und orthographische Einflüsse des Französischen auf.[793] Vor allem dem englischen Wortschatz haben die neuen Herren ihren Stempel aufgedrückt. Dies gilt vor allem für die Wortfelder der Regierung und Verwaltung (z. B. *government*, *state*, *crown*), des Rechtswesens (z. B. *justice*, *crime*, *property*) und der adeligen Lebenskultur, besonders der Kochkunst (z. B. *joy*, *pleasure*, *delight*; *beef*, *veal*, *mutton*, *pork*).[794] Soziolinguistisch wirkt der lexikalische Einfluß der Sprache der normannischen Herren bis heute auf das Englische nach: Während die Wörter romanischer Herkunft dem gehobenen Sprachgebrauch, vor allem der Schriftsprache, zuzuordnen sind, finden ihre germanischen Äquivalente sich primär in der Umgangssprache.[795]

Bereits vor dem Ende des 11. Jahrhunderts gewannen die Personennamen der Eroberer große Popularität in England. Einheimische Adelige und Stadtbewohner gaben schon zu dieser Zeit ihren Kindern Namen wie z. B. William, Robert, Richard, Roger, Hugo oder John. Die alten angelsächsischen und dänischen Personennamen wurden in diesen Schichten offenbar bald nach der normannischen Eroberung zunehmend unüblich. Wenige Zeugnisse für die Namensgebung der schriftlosen bäuerlichen Bevölkerung lassen erahnen, daß sich die Wandlung der Personennamen in dieser sozialen Schicht langsamer vollzog: Noch im 13. Jahhundert ist für einige Regionen Englands die Verbreitung altenglischer Namen bezeugt.[796]

---

[792] Krieger, Grundprobleme, S. 33 f.
[793] Sawyer, Britain, S. 255.
[794] Friederich, Wolf: Langenscheidts Lern- und Übungsgrammatik Englisch, Berlin – München – Wien – Zürich [10]1993, S. 14.
[795] Meid, Wolfgang: Englisch und sein britischer Hintergrund, in: Alfred Bammesberger, Alfred Wollmann (Hrsg.): Britain 400-600: Language and History (Anglistische Forschungen, Heft 250), Heidelberg 1990, S. 97-119, hier S. 98, 112.
[796] Sawyer, Britain, S. 256 ff.

7.5. Zusammenfassendes Bild der Landnahme der Normannen in England

Die überwiegend dänischen Wikinger, die sich in der Normandie zu Beginn des 10. Jahrhunderts hauptsächlich als herrschende Schicht niedergelassen hatten, wurden in ihrem Herzogtum von der Kultur des dominanten fränkischen Bevölkerungselementes rasch assimiliert. Die Normannen übernahmen dabei von den Franken deren militärisches Organisations- und Herrschaftsprinzip, das Lehnswesen. Dessen konsequente Umsetzung, Verwaltungsinstitutionen und ein entwickeltes Steuerwesen machten die Normandie im 11. Jahrhundert zum mächtigsten französischen Herzogtum. Faktoren wie Geburtenüberschuß im ritterlichen Adel, dessen Fixierung auf den Kampf und religiöses Sendungsbewußtsein bedingten den expansionistischen Antrieb und das Selbstbewußtsein der Normannen im 11. Jahrhundert. Der maßgebliche Protagonist der normannischen Eroberung Englands, Herzog Wilhelm, hatte sich vor 1066 bereits als durchsetzungsstarker und kampferprobter Führer profiliert. Nach dem Zeugnis normannischer Quellen hatte Eduard der Bekenner Herzog Wilhelm die Nachfolge als englischer König versprochen und der mit ihm rivalisierende Thronprätendent Earl Harold Godwinson Wilhelm die Treue geschworen.

Als nach dem Tod Eduards Anfang 1066 Harold den englischen Thron bestiegt, begann Wilhelm sofort, die Eroberung Englands vorzubereiten. Mit der Rückendeckung des deutschen Königs Heinrich IV. und wahrscheinlich mit päpstlichem Segen setzte Wilhelm samt Heer im Oktober 1066 nach England über, vernichtete in der Schlacht bei Hastings das angelsächsische Aufgebot und tötete Harold. Nach einem Marsch auf London, während dessen sich Wilhelm maßgebliche Führungspersönlichkeiten Englands unterwarfen, wurde der Normannenherzog zu Weihnachten 1066 in Westminster zum König von England gekrönt. Die faktische Kontrolle Englands weitete Wilhelm etappenweise aus. Zentrales Instrument dabei war die Errichtung von Burgen zur Beherrschung der jeweils unterworfenen Regionen.

Die neuen normannischen Herren wurden wiederholt mit regional begrenzten Aufständen Einheimischer konfrontiert. Nachdem Wilhelm im Winter 1067/68 einen Aufstand Exeters niedergerungen hatte, führte er in den Jahren 1068 bis 1070 Feldzüge gegen Erhebungen in Nordengland, die er schließlich mit einer Verwüstung dieser Regionen beendete. Die letzte Widerstandszelle gegen die normannische Fremdherrschaft in England wurde erst 1071 zerschlagen. Schon für Wilhelms Vormarsch von Hastings nach London sind Verwüstungen durch das normannischen Heer im Süden Englands belegt. Absolute Zahlen einheimischer Verluste durch die Feldzüge der Normannen in England sind anhand des Quellenbildes nicht zu nennen. Bei Hastings fiel ein Großteil des altenglischen Adels. Dem Verwüstungsfeldzug Wilhelms in Nordengland und der dort folgenden Hungersnot ist womöglich der überwiegende Teil der dort heimischen Bevölkerung zum Opfer gefallen. Die Siedlung von schätzungsweise 6000-10000 Normannen und anderen Nordfranzosen in England unter dem Eroberer vollzog sich hauptsächlich als aristokratische Überschichtung: Sie nahmen weitestgehend die Positionen des altenglischen Adels und die hohen Ränge der kirchlichen Hierarchie Englands ein. Außerdem wanderten nach 1066 auch Mönche und zahlreiche französische Kaufleute nach England ein, wobei letztere in den Städten des Landes jedoch nicht dominant wurden.

Angelsächsische Quellen und der aus England stammende Ordericus Vitalis lassen ein englisches Nationalbewußtsein gegenüber fremden Invasoren wie auch den verbreiteten Willen, sich gegen diese zu behaupten, erkennen. Die für die Beurteilung der völkerrechtlichen Qualität der gewaltsamen normannischen Herrschaftsübernahme in England zentrale Frage des Erbanspruchs ist anhand der Darstellungen normannischer und zeitgenösischer angelsächsischer Quellen nicht zu klären. Die Hofchronisten des Eroberers sehen die Machtübernahme ihres Herrn in England neben dessen Erbanspruch durch das Recht des Siegers und im Falle Wilhelms von Poitiers auch durch die Zustimmung der Führungspersönlichkeiten Englands legitimiert.[797] Normannen wie Angelsachsen faßten offenbar die militärische Entscheidung von Hastings als Gottesurteil auf. Angelsächsische Quellen der zeitgenössischen und der nachgeborenen Generationen bedauern die Unterwerfung durch die Normannen und erklären Sie als Strafe Gottes für Sünden des eigenen Volkes. Der Anglonormanne Ordericus Vitalis verurteilt dennoch den Eroberer für die Verheerung Nordenglands.

---

[797] Vgl. Krieger, Gundprobleme, S. 26.

Die Debatte darüber, ob die normannische Eroberung Englands Herrschafts- und Sozialordnung einen Bruch bescherte oder die kontinuierliche Fortentwicklung altenglischer Institutionen nach sich zog, beschäftigt die Wissenschaft weiterhin.[798] In der jüngeren Forschung ist jedoch die Tendenz erkennbar, diese Frage mit einem „sowohl als auch" zu beantworten:[799] Neben fundamentalen Veränderungen durch die Elimierung des altenglischen Adels und die Einführung des Lehnswesens haben die Normannen die wesentlichen Elemente des einheimischen Institutionengefüges und Rechtswesens übernommen, die sie allenfalls modifizierten oder erweiterten. Die Kirchenorganisation Englands blieb bestehen, wurde jedoch in den Lehnsverband integriert und weitreichenden Reformen unterzogen. Während der normannisch-französische Einfluß in den Bereichen der Gelehrsamkeit, der Architektur und der Schriftkultur Englands dominant wurde, konnte sich die angelsächsische bildende Kunst unter normannischer Herrschaft behaupten. Als Hoch- und Verwaltungssprache trat das Französische neben die englische Sprache der Masse der Einheimischen.

---

[798] Van Houts, Normans, S. 111 f.

[799] Krieger, Geschichte, S. 87.

8 Vergleich der Landnahmen der Angelsachsen, Wikinger und Normannen in England

Die angelsächsischen Landnehmer und die skandinavischen Wikinger entstammten der heidnisch-archaischen Welt des germanischen Nordseeraumes. Die Normannen, die ihre Abstammung ebenfalls dieser Welt zurechnen konnten, hatten sich jedoch durch ihre Siedlung und Herrschaftsbildung an der Kanalküste des westfränkischen Reiches nicht nur mit der dortigen Bevölkerung vermischt; sie hatten auch Glauben, Sprache und Kultur der romanisch-christlichen Welt gänzlich übernommen.

Migrationsdruck durch Bevölkerungsexpansion oder Umwelteinflüsse mögen in Verbindung mit Anwerbungen von Soldtruppen in Britannien Invasionsschübe angelsächsischer Heerhaufen oder Siedlergruppen ausgelöst haben. War dies der Fall, so kann wohl unterstellt werden, daß die Angelsachsen ihre Heimat mit dem Ziel, wenn nicht der Inbesitznahme von Land in Britannien, so doch wenigstens der dortigen Ansiedlung, verließen. Wie die Gruppen der angelsächsischen Landnehmer organisiert waren – z. B. sippschaftlich oder gefolgschaftlich – ist nicht zu klären; bei den Wikingerverbänden handelte es sich um Gefolgschaften, die wohl vielfach von Aristokraten geführt wurden, die aus der skandinavischen Heimat verdrängt worden waren. Daß die Wikinger des Großen Heeres Skandinavien mit der klaren Zielsetzung der Inbesitznahme von Land oder der Siedlung in England verlassen hätten, ist hingegen nicht erkennbar. Der überwiegende Teil dieser Wikinger hatte in den Jahren vor 865 offensichtlich je nach Gelegenheit mal im fränkischen Raum, mal in den Küstenregionen Englands oder anderswo operiert. Diese Unternehmungen der Wikingerverbände standen unter der Zielsetzung der Erbeutung beweglicher Güter. Daran änderte sich zunächst auch nichts, als sich mehrere Wikingergefolgschaften unter königlicher Führung zum Großen Heer zusammenschlossen und in England unabhängig von den Wasserwegen zu operieren begannen. Die bezeugten Niederlassungen von Wikingern des Großen Heeres in England erscheinen im Kontext ihres militärischen Scheiterns an einheimischem Widerstand und einer zu vermutenden Entfremdung von der skandinavischen Heimat.

Ganz eindeutig ist im Falle des Normannenherzogs Wilhelm zu erkennen, daß er mit der klaren Absicht in See stach, England in Besitz zu nehmen. Auch für die nach Lehen trachtenden Ritter seines Heeres ist die Intention erkennbar, in England Land zu erwerben. Dabei handelte es sich bei dieser Eroberung keinesfalls um eine oder mehrere Unternehmungen von Heerhaufen, Gefolgschaften oder sippschaftlichen Siedlungsverbänden. Beruhten die Operationen der Wikingerverbände auf privater Initiative, so führte der Herzog der Normandie als Planer und Leiter „in modernisierter Terminologie" ein Staatsunternehmen.[800] Er stand als Lehnsherr an der Spitze einer Streitmacht, die sich im wesentlichen aus seinen dienstverpflichteten Vasallen und Soldtruppen rekrutierte.

Den Normannenherzog trieben keine in den Strukturen seines Heimatlandes bedingten Zwänge zu seiner Eroberung. Wilhelms politische Einbettung in das Beziehungsgeflecht der christlichen Mächte Europas ermöglichte es ihm erstens, sich einen erbrechtlichen Anspruch auf die Inbesitznahme eines christlichen Landes in Britannien herstellen zu können. Dies war keinem Führer angelsächsischer Landnehmer oder Königen des Großen Heeres möglich. Zweitens konnte Wilhelm seinen Anspruch auf den englischen Thron diplomatisch gegenüber anderen Herrschern des Abendlandes vertreten und wahrscheinlich von dessen religiösem Haupt sanktionieren lassen. Die dafür notwendige Reflexion über die völkerrechtliche Legitimität Wilhelms Machtübernahme in England fand ex-post ihren Niederschlag in den Darstellungen seiner Chronisten. Ob angelsächsische Landnehmer oder Wikinger über die Legitimität ihrer Inbesitznahmen von Land reflektierten oder ob sich möglicherweise Verheißungsvorstellungen mit ihrer Migration verbanden, ist aufgrund der Quellenlage nicht zu erfassen. Da die Wikinger des Großen Heeres offenbar nicht mit der Intention der Landnahme ihre Heimat verlassen hatten und in England zunächst lediglich Beutewirtschaft betrieben, kann ihnen eine mit ihrer Niederlassung verbundene Verheißungsvorstellung wohl abgesprochen werden. Ein religiöses Sendungsbewußtsein, wie es die christlichen Normannen umtrieb, ist als Motivationsfaktor heidnischer Germanen - nicht nur für die Wikinger, sondern auch für die Angelsachsen - auszuschließen.

---

[800] Jäschke, Landnahme, S. 260.

Seit prähistorischer Zeit erscheint die Geschichte der britischen Hauptinsel als die Geschichte vom Kontinent ausgehender Invasionen. Diese nahmen stets an der leicht zugänglichen Süd- und Südostküste der Insel ihren Anfang und fanden regelmäßig am natürlichen Hindernis der Bergwelten des heutigen Cornwalls, Wales' und Schottlands ihr Ende. Eroberern gelang es nie, die gesamte Insel in einem Zuge zu überrennen, wobei sich die *Highlands* wiederholt als Zufluchtsgebiet für Vorsiedler anboten. Die Trennung der *Highlands* von den Herrschafts- und Kulturverbänden der *Lowlands* gehört zu den prägenden Grundbedingungen der Geschichte Englands.[801]

Wenn auch die Landnahme der Angelsachsen ihren Ausgang weniger an der Südküste als im Osten und Südosten der Insel nahm, so verlief sie doch weitestgehend entsprechend dem hier skizzierten Schema. Während die angelsächsischen Neuankömmlinge offenbar bis ca. 600 den größten Teil der *Lowlands* unterwerfen konnten, blieben im heutigen Cornwall und Wales, im Nordwesten des heutigen Englands sowie im Norden der Insel unabhängige britische Reiche bestehen.

Auch die ab 835 bezeugten massiven Angriffe von Wikingern auf England richteten sich gegen Ziele im Süden und Osten des Landes, die vom Meer oder schiffbaren Flüssen aus zu erreichen waren. Die ersten erwähnten Winterlager der Wikinger lagen im Mündungsdelta der Themse und das Große Heer landete in Ostanglien, bevor es mit der Unterwerfung weiter Teile der *Lowlands* begann. Diese Eroberer scheiterten jedoch nicht erst an den *Highlands*, sondern schon am stärksten angelsächsischen Reich, an Wessex. Die Siedlung der Skandinavier in den Gebieten von Lancashire, Cumbria, Cheshire und im westlichen Yorkshire folgte nicht dem oben umrissenen territorialen Schema der Besiedlung der britischen Hauptinsel; diese Siedler kamen aus dem Raum des Irischen Meeres.

Das Invasionsheer der Normannen landete ebenfalls an der Südostküste Englands. Noch während der Unterwerfung des Landes richtete der Eroberer gegen die Waliser Grenzgrafschaften ein, von wo aus die von ihm eingesetzten Grafen bemüht waren, in das Land auszugreifen. Wilhelm selbst führte 1081 eine Expedition nach Wales, die mit der Befreiung von Kriegs-

---

[801] Krieger, Geschichte, S. 16.

gefangenen endete.[802] Dennoch konnten die Waliser weitere 200 Jahre lang ihre politische Selbstständigkeit bewahren.[803] Der Feldzug des Eroberers gegen Schottland im Jahr 1072 diente lediglich der Befriedung der Nordgrenze Englands. Vorsiedler der Angelsächsischen Landnahme konnten teiweise bis in die Gegenwart hinein in den *Highlands* ihre ethnische und kulturelle Eigenständigkeit bewahren.[804]

In der Forschung wird vermutet, daß die Einwanderung germanischer Siedler in Britannien noch zur Zeit der römischen Herrschaft die angelsächsische Landnahme vorbereitet haben könnte.[805] Die offenbar von verschiedenen Kontingenten mit regional begrenzten Zielsetzungen und kaum koordiniert vorgetragene Landnahme der Angelsachsen vollzog sich in einem Zeitraum von fast 200 Jahren. Sie wurde dabei wohl von einer längere Phase der friedlichen Koexistenz nach einer militärischen Konsolidierung der Briten aufgehalten. Trotz dieses langen Zeitraumes vermochten es die angelsächsischen Landnehmer nicht, bis 600 das ganze spätere England zu erobern.

Die Anwesenheit skandinavischer Siedler in England, die die Operationen der Wikinger im Land positiv begünstigt haben könnten, ist nicht bekannt. Mehrere, in Großverbänden gebündelte und koordiniert geführte Wikingerkontingente konnten in weniger als zehn Jahren den ganzen Norden und Osten Englands unterwerfen. Auch im Falle dieser Invasion schafften es Einheimische, und zwar die Westsachsen, sich militärisch gegen die Eindringlinge zu behaupten. Anders als die Briten vermochten es die Westsachsen unter Alfred jedoch, sich während der folgenden Phase friedlicher Koexistenz so zu reorganisieren, daß von Wessex und dem freien Mercien aus Alfreds Nachfolger den von den Neuankömmlingen in Besitz genommenen Boden zurückerobern konnten.

Der Normannenherzog führte sein ganzes Heer gegen das Aufgebot des gesamt-englischen Königs in eine Entscheidungsschlacht. Unter Einsatz ihrer militärtechnischen Überlegenheit konnten die Normannen bei Hastings auf

---

[802] Vgl. Stenton, England, S. 615 f., Jäschke, Anglonormannen, S. 92.
[803] Jäschke, Landnahme, S. 322.
[804] Vgl. Krieger, Geschichte, S. 16.
[805] Vgl. Ebd., S. 36.

einen Schlag den Großteil des einheimischen Widerstandspotentials vernichten. Zur Erlangung der unangefochtenen Kontrolle ganz Englands benötigte der Eroberer fünf Jahre. Dabei mußten die neuen Herren sich nicht nur gegen Aufständische und ihre schottischen Unterstützer durchsetzen, sondern auch dänische Invasoren vertreiben. Die normannische Machtübernahme in England wurde nicht nur durch die Eliminierung großer Teile des altenglischen Adels auf dem Schlachtfeld ermöglicht; die Errichtung der normannischen Herrschaft in England ist von der Besetzung weltlicher und kirchlicher Ämter durch Normannen schon unter Eduard dem Bekenner nicht zu trennen.[806]

Es ist versucht worden, durch den Vergleich der Eroberungen der Römer, der Angelsachsen, der Wikinger und der Normannen auf der britischen Hauptinsel ein Muster möglicher Einflußnahmen durch Neusiedler auf die Kultur der Vorsiedler abzuleiten. Dabei wurde behauptet, daß nur ein über bestimmte Bevölkerungsanteile hinausreichendes Element von Neusiedlern bei Einnahme führender sozialer Positionen ein in Besitz genommenes Land kulturell in ausschlaggebender Weise prägen könne.[807] Im Falle der Siedlung der Wikinger in England im 9. Jahrhundert stellt sich jedoch das Problem, daß gerade deren Zahl und die von ihnen eingenommenen sozialen Positionen überhaupt nicht zu bestimmen sind. Daher scheidet diese Eroberung für einen Vergleich, der auf Quantität und soziale Stellung der Neusiedler abstellt, aus.

Es ist in dieser Arbeit bereits wiederholt darauf hingewiesen worden, daß sich keine allgemeinen Gesetzmäßigkeiten dafür ableiten lassen, wie sich Zahl und soziale Stellung der Eroberer auf die Sprachen von Vor- und Neusiedlern auswirken. Aber auch für alle anderen Aspekte eines möglichen Kulturtransfers scheinen Zahl und soziale Position der Neusiedler nicht allein entscheidend zu sein. So siedelten die Wikinger unter Rollo als zahlenmäßig gegenüber den Einheimischen unterlegene Herrscherschicht in der Normandie und wurden von der Kultur der Franken assimiliert. Eineinhalb Jahrhunderte später bildeten ihre Nachkommen in England eine Herrscherschicht, die weniger als ein Prozent der einheimischen Bevölke-

---

[806] Brown, Normannen, S. 100 f.
[807] Vgl. Fuchs, Landnahme, S. 116.

rung ausmachte; dennoch drückten sie dem Land kulturell ihren Stempel auf. Nun mag man argumentieren, daß die Wikinger in der Normandie die Kultur der Einheimischen übernahmen, weil sie diese, z. B. hinsichtlich der Schriftlichkeit oder der Baukunst, als höher entwickelt ansahen. Die ebenfalls aus der archaisch-germanischen Welt stammenden Angelsachsen ließen sich jedoch von der kulturell hochstehenden römischen Zivilisation nicht sonderlich inspirieren. Dies könnte wiederum damit erklärt werden, daß die Angelsachsen im neuen Land nicht nur die neue Herrscherschicht bildeten, sondern auch in großer Zahl dort siedelten. Das Probelm des Kulturtransfers zwischen Vorsiedlern und Neusiedlern ist offensichtlich weit komplexer, als es auf den ersten Blick erscheinen mag.

Schneiders Empfehlung folgend, zwischen „friedfertiger" und „gewaltsamer" Landnahme zu unterscheiden, da „Landnahme" sonst allzu leicht mit Friedfertigkeit assoziiert werden könne,[808] müssen alle drei in dieser Arbeit analysierten Vorgänge als gewaltsam gekennzeichnet werden. Die hierbei jeweils festgestellten Formen der Gewaltanwendung und deren Wirkung weisen jedoch erhebliche qualitative Unterschiede auf. Der Vergleich zeigt ferner, daß Art und Ausmaß der Gewalttätigkeit gegenüber den Vorsiedlern offensichtlich ganz wesentlich die Veränderungen ihrer Herrschafts- und Sozialstruktur und mitunter ihrer ganzen Kultur bedingten.

Wenn auch „ethnische Säuberungen" im Zuge der angelsächsischen Landnahme nicht anzunehmen sind, so läßt die literarische Tradition hierbei doch die Tötung Einheimischer in erheblicher Zahl erkennen. Die überlebenden Träger der römisch-britischen Zivilisation scheinen zumindest im Osten des späteren Englands weitgehend vertrieben oder versklavt worden zu sein. Diese erhebliche Gewalttätigkeit gegenüber den Vorsiedlern führte zum weitestgehenden Zusammenbruch nicht nur ihrer Herrschafts- und Sozialordnung, sondern ihrer ganzen Zivilisation. Diese konnte somit natürlich nicht mehr an die Landnehmer vermittelt werden. Soweit erkennbar, bildete sich im Westen Britanniens eine Herrschafts- und Sozialordnung heraus, die jener der vorrömischen Zeit ähnelte.[809] Die Impulse hierfür könnten von den von der römischen Zivilisation weitgehend unbeeinflußt

---

[808] Schneider, Problematik, S. 26 ff.

[809] Vgl. Campbell, Centuries, S. 20.

gebliebenen Bewohnern der *Highlands* ausgegangen sein. Der in hohem Maße gewaltsame Charakter der angelsächsischen Landnahme riß vermutlich den lange währenden Graben zwischen beiden Völkern auf, der den Kulturtransfer von Briten zu Angelsachsen weitgehend unterband.

Kennzeichen wikingischer Operationen in England im 9. Jahrhundert waren Plünderung und Brandschatzung. Davon waren in besonderer Weise kirchliche Einrichtungen und die dort ansässigen Menschen betroffen. Dies wirkte sich auf die religiöse Organisationsstruktur und die Schriftkultur der von den Wikingern unterworfenen Regionen verheerend aus. Ferner äußerte sich Gewaltanwendung seitens der Wikinger in England als militärischer Konfrontation mit einheimischen, insbesondere westsächsischen Heeresaufgeboten auf dem Schlachtfeld. Durch Tötung oder Vertreibung dreier angelsächsischer Könige erloschen deren unabhängige Reiche. Die Frage nach dem Ausmaß der Gewaltanwendung der Wikinger an den übrigen Einheimischen bleibt offen; wenn die Wikinger Massaker verübten oder Fluchtbewegungen auslösten, nahmen diese offensichtlich bei weitem nicht solche gravierenden Ausmaße an, wie jene, die sich während der angelsächsischen Landnahme abspielten.

Dementsprechend scheint die bäuerlich-grundherrliche Herrschafts- und Sozialstruktur der Angelsachsen im Grundsatz nicht verändert worden zu sein. Die Neusiedler wurden ihrerseits mit der Zeit von der intakten einheimischen Gesellschaft anglisiert. Begünstig worden sein dürfte diese Kontinuität dadurch, daß die Skandinavier aus ihrer Heimat eine jener der Angelsachsen vergleichbare Sozial- und Herrschaftsstruktur kannten. Die Siedlung von Skandinaviern im dünn besiedelten Nordwesten Englands scheint nicht mit Gewaltanwendung einhergegangen zu sein. Die westsächsische Gesellschaft unter der Führung Alfreds wurde durch die militärische Bedrohung seitens der Wikinger gezwungen, sich militärisch, administrativ und im Geistesleben den durch die Wikigerinvasion geschaffenen neuen Herausforderungen anzupassen. Von dieser kulturellen Weiterentwicklung profitierte später ganz England.

Auch die normannische Siedlung in England war zunächt ein Ergebnis der Anwendung militärischer Gewalt. Nachdem in der Konfrontation auf dem Schlachtfeld von Hastings ein Großteil des einheimischen Adels getötet worden war, konnten die Vasallen Wilhelms die Führungspositionen im

Land besetzen. Über diesen Weg importierten die Normannen ihr militärisches Organisations- und adeliges Herrschaftsprinzip. Sieht man von Nordengland ab, so scheint die ländliche Bevölkerung Englands generell nicht in existenziellem Maße von Gewaltanwendung durch die Neuankömmlinge getroffen worden zu sein. Der Rechtsrahmen der einheimischen bäuerlichen Lebenssphäre, die Grundherrschaft, ließ sich problemlos an das von den neuen Herren eingeführte Lehnswesen anschließen. Die für die normannische Eroberung Englands kennzeichnende generell große Siedlungs- und Bevölkerungskontinuität war nicht nur Voraussetzung dafür, daß wesentliche Elemente der angelsächsischen Herrschafts- und Sozialordnung sowie der Verwaltung und des Rechtswesens das Jahr 1066 überlebten; diese Institutionen konnten somit vom Eroberer in seine Herrschaftsbildung in England mit einbezogen werden. Auch hätte z. B. die angelsächsische Zeichenkunst nicht von den Normannen übernommen werden können, wären die einheimischen Künstler getötet oder vertrieben worden.

Sieht man vom Zahlenverhältnis zwischen Neusiedlern und Vorsiedlern sowie den von den Neuankömmlingen eingenommenen sozialen Positionen ab, so bestimmen also offensichtlich Art und Ausmaß der Gewaltanwendung bei Inbesitznahmen von Land ganz wesentlich nicht nur die Auswirkungen auf die Vorsiedler und ihre Kultur; der Gewaltaspekt ist auch für die Erklärung der kulturellen Beeinflussung der Neusiedler durch die Vorsiedler von zentraler Bedeutung. Daher muß bei der allumfassenden Analyse und Beschreibung von Landnahmevorgängen, auch wenn dem Begriff „Landnahme" nur die Perspektive der Neusiedler innewohnt, die Gewaltanwendung gegenüber Vorsiedlern berücksichtigt werden.

Der Brite Gildas bewertet den Einfall der Angelsachsen ebenso wie der Angelsachse Alcuin einen frühen Wikingerüberfall auf England als Strafe Gottes für Sünden des eigenen Volkes. Es handelt sich hierbei um ein gängiges frühmittelalterliches Erklärungsmodell, in dem feindlichen Angriffen kein eigenständiger Mitteilungswert zukommt:[810] In der vom Denken der Stammesgesellschaften geprägten Rezeption des Christentums im Frühmittelalter bleibt dem eigenen Volk ein eigenständiges Verhältnis zu Gott vorbehalten; andere Völker - insbesondere heidnische Feinde - werden da-

---

[810] Vollrath, Landnahme, S. 325.

bei als Mittel Gottes zur Strafung des eigenen Volkes begriffen.[811] Die Beispiele des späten Schreibers der Version D der Angelsächsischen Chronik und Wilhelms von Malmesbury zeigen, daß diese Autoren des 11. und 12. Jahrhunderts die normannischen Gegner – in diesem Fall Christen – durchaus multisubjektiv erfassen; dennoch dient – den Einheimischen wie auch den Eroberern – generell Gottes Urteil als Letztbegründungsinstanz für den Ausgang und die Folgen der Schlacht von Hastings. Hier findet also weder im positiven, noch im abstrakten Sinne eine Ergründung der Wirkungszusammenhänge statt, die zur Unterwerfung der Angelsachsen durch die Normannen führten.

Eingangs dieser Arbeit wurde der Begriff „Landnahme", der im allgemeinen Sprachgebrauch eine Inbesitznahme von Land durch ein Volk meint, als wissenschaftlicher Ordnungsbegriff mit Inhalt gefüllt: Mit ihm werden siedlungs- und sprachgeschichtliche sowie ethnische Erscheinung beschrieben, die zu territorialen und ethnischen Veränderungen führen. Im Zuge dieser Vorgänge wird ein Land von kulturell dominant werdenden Neusiedlern einschließlich der politischen Herrschaft in ausschlaggebender Weise kulturell geprägt. Dabei kennzeichnet „Landnahme" insbesondere den Beginn eines Prozesses, der durch Aufteilung des Bodens und dessen landwirtschaftliche Nutzbarmachung zum Umbau von Natur- und Kulturlandschaften führt.

Die angelsächsische Landnahme wurde zunächst nicht nur von einem Volk vorgetragen. Es hatte sich jedoch schon auf dem Festland eine „Mischgruppe" von Angeln und Sachsen gebildet, und die Landnehmer aus Jütland, Angeln, Sachsen sowie anderen germanischen Siedlungräumen verschmolzen im genommenen Land zu einer neuen Ethnie. Die frühen Engländer nannten sich mal Sachsen, mal Angeln; sie einten jedoch weitestgehend gemeinsame kulturelle Merkmale und eine gemeinsame Sprache. Diese neue Ethnie wußte sich generell gegenüber den Welschen abzugrenzen und bildete ein gemeinsames Oberkönigtum heraus. Der Teil Britanniens, der von diesem Volk bewohnt wurde, wurde fortand *Angelcynn* bzw. *Englaland* genannt.[812]

---

[811] Ebd., S. 325 Anm. 29.
[812] Whittock, Origins, S. 2 f., 112 f.

Das durch einen Prozeß der Ethnogenese im Zuge dieser Landnahme entstehende Volk nahm also von Land Besitz, dem es als neue territoriale Einheit einen Namen gab. In diesem Land verstummte mit der Zeit die Sprache der Vorsiedler völlig. Von der Ostküste bis weit in die Mitte des Landes hinein nahmen Neusiedler gegenüber den dort noch verbliebenen Vorsiedlern eine zahlenmäßig dominante Position ein. Die Angelsachsen haben das von ihnen in Besitz genommene Land politisch ohne Rücksicht auf die Sozial- und Herrschaftsstrukturen der Vorsiedler nach ihren vom Kontinent mitgebrachten Vorstellungen gänzlich neu geprägt. Kulturell läßt das frühe angelsächsische England kaum Kontinuität zum römischen Britannien erkennen. Die Angelsachsen waren in erster Linie bäuerliche Neusiedler. Sie teilten das vorgefundene Kulturland unter sich auf, erschlossen sich teilweise neuen Lebensraum, bebauten den Boden und errichteten auf ihm neue, eigene Baulichkeiten. Die Siedlung der Angelsachsen in Britannien begriff also alle Aspekte, die mit „Landnahme" erfaßt werden, mit ein. Daher kann also der wissenschaftliche Ordnungsbegriff „Landnahme" zur Benennung der angelsächsischen Eroberung und Besiedlung eines großen Teils der britischen Hauptinsel verwendet werden.

Die ab dem Ende des 8. Jahrhunderts in England einfallenden Wikinger waren vorwiegend Dänen, aber auch Norweger, die als explorierende „Händler-Piraten" auftraten.[813] Diese Wikinger waren jedoch kein Volk auf der Wanderschaft. Die Quellen liefern auch keinen Hinweis darauf, daß es sich später bei den Wikingern des Großen Heeres um etwas anderes als den Zusammenschluß vorwiegend dänischer Piratenverbände gehandelt hätte.[814] Die in der Forschung vermutete „secondary migration" könnte die zweite Phase in einem „gestaffelten Ablauf der Landnahme"[815] von Skandinaviern in England dargestellt haben. Im Rahmen eines größeren gefolgschaftlichen Unternehmens wäre zunächst Neuland erobert und militärisch gesichert worden. Dem wäre dann eine bäuerliche Siedlung größeren Ausmaßes aus der Heimat gefolgt.[816] Ein solcher organisierter bäuerlicher Nachzug eines irgendwie bestimmbaren Teiles des dänischen Volkes ist

---

[813] Fuchs, Landnahme, S. 106.
[814] Vgl. ebd., S. 106.
[815] Wenskus, Stammesbildung, S. 435.
[816] Vgl. ebd., S. 435.

jedoch nicht nachweisbar.[817] Die Herrschaftsbildung der Wikinger in England schuf eine territoriale Veränderung dadurch, daß der von ihnen beherrschte Landesteil durch eine Demarkationslinie begrenzt wurde. Dieses Gebiet blieb auch nach der baldigen, von Wessex ausgehenden Rückeroberung als Raum dänischen Rechts faßbar. Durch die Siedlung der Wikinger in England wurden die Einheimischen mit einer fremden ethnischen Gruppe konfrontiert. Da das zahlenmäßige Verhältnis dieser Siedler gegenüber den Einheimischen keineswegs bestimmbar ist, läßt sich das Ausmaß dieser ethnischen Veränderung kaum fassen. Die Sprache der Einheimischen beeinflußten die Skandinavier mit einigen Lehnwörtern.

Kultureller Einfluß skandinavischer Neusiedler im Danelaw läßt sich handwerklich-künstlerisch, in Form einiger Lehnwörter sowie in der terminologischen und institutionellen Prägung mancher Merkmale des Finanz- und Rechtswesens erkennen. Durch die Beseitigung der einheimischen Königsherrschaften prägten sie das Land in gewisser Weise auch politisch. Eine als dominant zu bezeichnende kulturelle Prägung Englands im 9. Jahrhundert durch die Wikinger ist jedoch nicht faßbar. Im Bemühen, die Eroberungen der Wikinger in England in jener Zeit als „Landnahme" zu definieren, könnte man den hierfür nicht zu erbringenden Nachweis dominanter kultureller Prägung entschuldigen: Die Kultur der Skandinavier war eben – sieht man von der religiösen Dimension ab – mit jener der Angelsachsen, insbesondere hinsichtlich der Sozialstruktur, sehr eng verwandt. Die Wikinger konnten also keine ausschlaggebenden Spuren in der angelsächsischen Kultur hinterlassen. Ferner begünstigte vermutlich die kulturelle Verwandschaft wie auch die westsächsische Rückeroberung des Danelaws binnen weniger Jahrzehnte eine baldige Anglisierung der dort siedelnden Skandinavier.

Letztlich entscheidend für die Beantwortung der Frage, ob die Inbesitznahme von Land durch die Wikinger in England mit „Landnahme" bezeichnet werden kann, ist der Nachweis breiter landwirtschaftlicher Nutzung des Bodens durch die Neusiedler.[818] Nur für Nordhumbrien erwähnen die Quellen Bodenkultivierung durch die Wikinger unter Halfdan. Generell

---

[817] Fuchs, Landnahme, S. 122, 126 f.
[818] Ebd., S. 122.

kann jedoch der Nachweis bäuerlicher Betätigung durch Wikinger im Danelaw ebensowenig erbracht werden wie ein Beweis für den Nachzug bäuerlicher Siedler aus der Heimat. So kann mit Fuchs konstatiert werden, daß der Begriff „Landnahme" hier also aus einer gewissen Hilflosigkeit heraus verwendet wird, da zwischen aristokratischer Überschichtung und breiter bäuerlicher Siedlung nicht zu differenzieren oder zu gewichten ist.[819]

Obgleich die Normannen Sprache und Kultur der Franken übernommen hatten, können sie mit Brown wegen ihrer gemeinsamen Abstammung und ihrer als *Normannitas* beschreibbaren spezifischen geistig-moralischen Identität als Volk bezeichnet werden.[820] Die normannische Aristokratie, die unter Wilhelm dem Eroberer von England Besitz ergriff, und die Tausenden, die ihnen aus dem Herzogtum auf die Insel folgten, stellen einen zumindest schätzungsweise bestimmbaren Teil des normannischen Volkes dar. Ferner wurde diese Inbesitznahme vom obersten Lehnherrn der Normannen geführt und England unter ihm zusammen mit der Normandie zu einem Herrschaftsverband vereinigt. Daher ist die normannische Eroberung Englands durchaus als Inbesitznahme von Land durch ein Volk zu verstehen.[821]

Im Zuge der Inbesitznahme ganz Englands durch die Normannen blieb das Land als territoriale Einheit in seinen Grenzen von vor 1066 bestehen; eine territoriale Veränderung fand durch die normannische Eroberung Englands nicht statt. Als ethnische und siedlungsgeschichtliche Erscheinung zeigte sich die normannische Eroberung Englands vor allem in dem weitgehenden Austausch der adeligen Führungsschicht, der Neubesetzung kirchlicher Leitungsfunktionen sowie dem Zuzug von Mönchen und Kaufleuten. Die Niederlassung der neuen, frankophonen Oberschicht in England verlieh dieser Eroberung auch eine sprachgeschichtliche Dimension: Der gehobene Gebrauch der englischen Sprache lässt noch heute den lexikalischen Einfluß des Französischen als Hoch- und Verwaltungssprache erkennen.

---

[819] Ebd., S. 127.

[820] Vgl. Brown, Normannen, S. 11, 27 f.

[821] Gleichwohl war die Eroberung Englands, wie es Brown formuliert, kein "nationales Unternehmen" (Brown, Normannen, S. 8.) der Normannen. An der Eroberung und Inbesitznahme Englands beteiligten sich sich auch Franzosen „nicht-normannischer Provenienz" (Jäschke, Landnahme, S. 260.).

Kulturell wurde England im Zuge der normannischen Inbesitznahme sicherlich ganz wesentlich neu geprägt. Kann man hierbei jedoch von einer dominanten kulturellen Prägung in dem Sinne sprechen, daß die Kultur der Normannen und ihre politischen Vorstellungen in England gegenüber jenen der Einheimischen eine beherrschende Stellung einnahmen? Die Annalyse hat gezeigt, daß sich in England unter den Normannen sowohl angelsächsische als auch normannische Traditionen verbanden. Es wäre absurd, den Versuch zu unternehmen, beide Traditionen in der englischen Kultur nach 1066 im Sinne einer Gewichtung mathematisch genau gegeneinander aufzurechnen. Sawyer kommt hinsichtlich dieser Frage jedoch zu dem Schluß, daß im 12. Jahrhundert die Gesellschaft Englands, ihre Sozial- und Herrschaftsstruktur und ihr ganzes kulturelles Schaffen, weder angelsächsisch noch normannisch waren, sondern „in a very real sense ... Anglo-Norman."[822]

Die adeligen normannischen Neusiedler teilten den Boden Englands fast vollständig unter sich auf. Damit war jedoch nicht verbunden, daß die normannischen oder andere Neusiedler den Boden selbst bebauten. Auch bewirkten die Normannen keinen nennenswerten Umbau der Natur- oder Kulturlandschaft Englands.[823] Die Normannen nahmen eben „nicht Land im Sinne von Grund und Boden, sondern ein Land im Sinne von Reich und Staat"[824] in Besitz. Als primäre Produzenten traten die normannischen Neusiedler in England nicht auf. Selbst wenn man eine dominante kulturelle Prägung Englands durch die Normannen für gegeben hält, ist doch nicht von der Hand zu weisen, daß ohne bäuerliche Siedlung ein wesentliches, mit dem wissenschaftlichen Ordnungsbegriff „Landnahme" zu verbindendes Kriterium fehlt. Daher gab es keine „normannische Landnahme" in England.[825]

---

[822] Sawyer, Britain, S. 260 f.

[823] Neben der Befestigung der normannischen Wohnsitze und der Verwüstungen in Nordengland muß hier einschränkend auf die Einhegung der Wildparks und die Einführung des Kaninchens in England hingewiesen werden. Die Kaninchen vermehrten sich wild jedoch zunächst nur sehr langsam (Jäschke, Landnahme, S. 274 f.).

[824] Jäschke, Landnahme, S 325.

[825] Vgl. ebd., S. 325.

9 Abkürzungsverzeichnis

ASChr	Angelsächsische Chronik
ASChr-A	Angelsächsische Chronik, Version A (Parker-Chronik)
ASChr-D	Angelsächsische Chronik, Version D
ASChr-E	Angelsächsische Chronik, Version E
Battle Proc.	Proceedings of the Battle Conference on Anglo-Norman Studies
BBCS	The Bulletin of the Board of Celtic Studies
BT	Bayeux Tapestry
DE	Gildas: De excidio et conquestu Britanniae
EHD	English Historical Documents
EHR	English Historical Review
GG	Wilhelm von Poitiers: Gesta Guillelmi Ducis Normannorum et Regis Anglorum
GND	Wilhelm von Jumièges: Gesta Normannorum Ducum
GR	Wilhelm von Malmesbury: Gesta Regum Anglorum
HE	Beda: Historia ecclesiastica gentis Anglorum
Hist. SC	Historia de Sancto Cuthberto
HRG	Handwörterbuch zur deutschen Rechtsgeschichte
JW	John von Worcester: Chronicon ex Chronicis
LexMA	Lexikon des Mittelalters
Ord. Vit. HE	Orderici Vitalis Historia Ecclesiastica
VER	Vita Edwardi Regis

10 Quellenverzeichnis

Asser's Life of King Alfred together with the Annals of Saint Neots erroneously ascribed to Asser, hrsg. v. William H. Stevenson, Oxford ²1959.

Beda der Ehrwürdige: Kirchengeschichte des englischen Volkes, hrsg. u. übers. v. Günter Spitzbart (Texte zur Forschung, Bd. 34), Darmstadt 1982.

Eadmer of Canterbury: History of Recent Events, in: Elisabeth van Houts (Hrsg.): The Normans in Europe (Manchester Medieval Sources Series), Manchester – New York 2000, S. 147-150.

Extracts from the anonymous „History of St Cuthbert", in: Dorothy Whitelock (Hrsg.): EHD, Bd. 1, London – New York ²1979, S. 286 ff.

Gildas: The Ruin of Britain and other works, hrsg. u. übers. v. Michael Winterbottom (History from the Sources), London – Chichester 1978.

Guillaume de Jumièges: Gesta Normannorum Ducum, hrsg. v. Jean Marx, Rouen – Paris 1914.

Guillaume de Poitiers: Histoire de Guillaum le Conquérant, hrsg. u. übers. v. Raymonde Foreville (Les Classiques de l'Histoire de France au Moyen Age), Paris 1952.

John of Worcester: Chronicle, in: Elisabeth van Houts (Hrsg.): The Normans in Europe (Manchester Medieval Sources Series), Manchester – New York 2000, S. 142-146.

Letter of Alcuin to Ethelred, king of Northumbria (793, after 8 June), in: Dorothy Whitelock (Hrsg.): EHD, Bd. 1, London – New York ²1979, S. 842 ff.

The Anglo-Saxon Chronicle (1042-1155), in: David C. Douglas (Hrsg.): EHD, Bd. 2, London – New York ²1981, S. 103-215.

The Anglo-Saxon Chronicle (60 B.C.-A.D. 1042), in: Dorothy Whitelock (Hrsg.): EHD, Bd. 1, London – New York ²1979, S. 145-261.

The Anglo-Saxon Chronicle. A Collaborative Edition, Bd. 6: MS D, hrsg. v. G. P. Cubbin, Cambridge 1996.

The Anglo-Saxon Chronicle. A Collaborative Edition, hrsg. v. David Dumville u. Simon Keynes, Bd. 3: MS A, hrsg. v. Janet M. Bately, Cambridge 1986.

The Bayeux tapestry, in: David C. Douglas (Hrsg.): EHD, Bd. 2, London – New York ²1981, S. 247-301.

The Carmen de Hastingae Proelio of Guy Bishop of Amiens, hrsg. u. übers. v. Catherine Morton u. Hope Muntz (Oxford Medieval Texts), Oxford 1972.

The Chronicle of Aethelweard, hrsg. u. übers. v. Alistair Campbell (Nelson's Medieval Texts), London 1962.

The Ecclesiastical History of Ordericus Vitalis, hrsg. u. übers. v. Majorie Chibnall (Oxford Medieval Texts), 6 Bd., Oxford 1969-80.

The Vita Edwardi Regis: The Life of King Edward who rests at Westminster, in: R. Allan Brown (Hrsg.): The Norman Conquest (Documents of Medieval History, Bd. 5), London 1984, S. 80-93.

Two of the Saxon Chronicles Parallel, Bd. 1: Text, Appendices and Glossary, hrsg. v. Charles Plummer u. John Earle, Oxford ²1952.

William of Jumièges, in: R. Allan Brown (Hrsg.): The Norman Conquest (Documents of Medieval History, Bd. 5), London 1984, S. 1-15.

William of Malmesbury: Deeds of the Kings of the English, in: Elisabeth van Houts (Hrsg.): The Normans in Europe (Manchester Medieval Sources Series), Manchester – New York 2000, S. 161-170.

11 Literaturverzeichnis

Barrow, Julia S.: Lehen, -swesen; Lehnrecht. IV. England, in: Robert-Henri Bautier u. a. (Hrsg.): LexMA, Bd. 5, München – Zürich 1991, Sp. 1816 ff.

Bremmer, Rolf H.: The Nature of the Evidence for a Frisian Participation in the *Adventus Saxonum*, in: Alfred Bammesberger, Alfred Wollmann (Hrsg.): Britain 400-600: Language and History (Anglistische Forschungen, Heft 250), Heidelberg 1990, S. 353-371.

Brown, R. Allen: Die Normannen, München – Zürich 1988.

Campbell, James: The End of Roman Britain, in: James Campbell (Hrsg.): The Anglo-Saxons, London [2]1991, S. 8-19.

Campbell, James: The First Christian Kings, in: James Campbell (Hrsg.): The Anglo-Saxons, London [2]1991, S. 45-69.

Campbell, James: The Lost Centuries: 400-600, in: James Campbell (Hrsg.): The Anglo-Saxons, London [2]1991, S. 20-44.

Davis, Ralph H. C., Lodewijk J. Engels u. a.: The Carmen de Hastingae Proelio, in: R. Allen Brown (Hrsg.): Battle Proc., Bd. 2 (1979), Woodbridge 1980, S. 1-20.

Diestelkamp, Bernhard: Lehen, -swesen; Lehnrecht. I. Allgemein; Frankreich und Deutsches Reich, in: Robert-Henri Bautier u. a. (Hrsg.): LexMA, Bd. 5, München – Zürich 1991, Sp. 1807-1810.

Eichner, Heiner: Die Ausprägung der linguistischen Physiognomie des Englischen anno 400 bis anno 600 n. Chr., in: Alfred Bammesberger, Alfred Wollmann (Hrsg.): Britain 400-600: Language and History (Anglistische Forschungen, Heft 250), Heidelberg 1990, S. 307-333.

Erler, Adalbert: Landnahme, in: Adalbert Erler, Ekkehard Kaufmann (Hrsg.): HRG, Bd. 2, Berlin 1978, Sp. 1522 f.

Friederich, Wolf: Langenscheidts Lern- und Übungsgrammatik Englisch, Berlin – München – Wien – Zürich [10]1993.

Fuchs, Rüdiger: Die Landnahme von Skandinaviern auf den Britischen Inseln aus historischer Sicht, in: Michael Müller-Wille, Reinhard

Schneider (Hrsg.): Ausgewählte Probleme europäischer Landnahmen des Früh- und Hochmittelalters. Methodische Grundlagendiskussion im Grenzbereich zwischen Archäologie und Geschichte (Vorträge und Forschungen, Bd. 41, II), Sigmaringen 1994, S. 95-127.

Gelling, Margaret: The Evidence of Place-Names, in: Peter H. Sawyer (Hrsg.): Medieval Settlement. Continuity and Change, London 1976, S. 200-211.

Goetz, Hans-Werner: Orosius, in: Norbert Angermann u. a. (Hrsg.): Lex-MA, Bd. 6, München – Zürich 1993, Sp. 1474 f.

Gransden, Antonia: Historical Writing in England c. 500 to c. 1307, London 1974.

Gruber, Joachim: Constantius von Lyon, in: Robert-Henri Bautier u. a. (Hrsg.): LexMA, Bd. 3, München – Zürich 1986, Sp. 173.

Harding, Alan: Thegn, in: Norbert Angermann u. a. (Hrsg.): LexMA, Bd. 8, München – Zürich, 1997, Sp. 614 f.

Higham, N. J.: Gildas and ‚Agitius': A comment on De Excidio XX, 1, in: BBCS 40 (1993), S. 123-134.

Hills, Catherine: The Anglo-Saxon settlement of England. The state of research in Britain in the late 1980s, in: Michael Müller-Wille, Reinhard Schneider (Hrsg.): Ausgewählte Probleme europäischer Landnahmen des Früh- und Hochmittelalters. Methodische Grundlagendiskussion im Grenzbereich zwischen Archäologie und Geschichte (Vorträge und Forschungen, Bd. 41, I), Sigmaringen 1993, S. 303-315.

Hines, John: Philology, Archaeology and the *adventus Saxonum vel Anglorum*, in: Alfred Bammesberger, Alfred Wollmann (Hrsg.): Britain 400-600: Language and History (Anglistische Forschungen, Heft 250), Heidelberg 1990, S. 17-36.

Janssen, Walter: Landnahme – Landausbau – Landorganisation im Hochmittelalter, in: Michael Müller-Wille, Reinhard Schneider (Hrsg.): Ausgewählte Probleme europäischer Landnahmen des Früh- und Hochmittelalters. Methodische Grundlagendiskussion im Grenzbereich zwischen Archäologie und Geschichte (Vorträge und Forschungen, Bd. 41, II), Sigmaringen 1994, S. 9-21.

Jäschke, Kurt-Ulrich: Die Anglonormannen (Urban Taschenbücher, Bd. 334), Stuttgart – Berlin – Köln – Mainz 1981.

Jäschke, Kurt-Ulrich: Die normannische „Landnahme" auf den Britischen Inseln, in: Michael Müller-Wille, Reinhard Schneider (Hrsg.): Ausgewählte Probleme europäischer Landnahmen des Früh- und Hochmittelalters. Methodische Grundlagendiskussion im Grenzbereich zwischen Archäologie und Geschichte (Vorträge und Forschungen, Bd. 41, II), Sigmaringen 1994, S. 213-335.

John, Eric: The Battle of Hastings, in: James Campbell (Hrsg.): The Anglo-Saxons, London [2]1991, S. 234 f.

John, Eric: The End of Anglo-Saxon England, in: James Campbell (Hrsg.): The Anglo-Saxons, London [2]1991, S. 214-239.

Johnson, Stephen: Later Roman Britain (Britain before the Conquest. An Archeological History of the Britisch Isles, c. 1500 BC - AD 1066), London 1980.

Keynes, Simon: The Vikings in England, c. 790-1016, in: Peter H. Sawyer (Hrsg.): The Oxford Illustrated History of the Vikings, Oxford - New York 1997, S. 48-82.

Krieger, Karl-Friedrich: Geschichte Englands von den Anfängen bis zum 15. Jahrhundert (Geschichte Englands in drei Bänden), München [2]1996.

Krieger, Karl-Friedrich: Grundprobleme und Forschungsschwerpunkte der englischen Geschichte im Mittelalter, in: Gottfried Niedhart (Hrsg.): Einführung in die englische Geschichte (Beck'sche Elementarbücher), München 1982, S. 13-78.

Krieger, Karl-Friedrich: Quellen zur Frühzeit und zum Mittelalter, in: Gottfried Niedhart (Hrsg.): Einführung in die englische Geschichte (Beck'sche Elementarbücher), München 1982, S. 221-262.

Laing, Lloyd u. Jennifer: Anglo-Saxon England (Britain before the Conquest. An Archaeological History of the Britisch Isles, c. 1500 BC - AD 1066), London 1979.

Loyn, Henry R.: The Vikings in Britain (Historical Association Studies), Oxford – Cambridge (Ma.) 1994.

Lund, Niels: Thorp-Names, in: Peter H. Sawyer (Hrsg.): Medieval Settlement. Continuity and Change, London, 1976, S. 223 ff.

Lund, Niels: Wikinger II. Geschichte, in: Norbert Angermann u. a. (Hrsg.): LexMA, Bd. 9, München – Zürich 1998, Sp. 102-106.

Meid, Wolfgang: Englisch und sein britischer Hintergrund, in: Alfred Bammesberger, Alfred Wollmann (Hrsg.): Britain 400-600: Language and History (Anglistische Forschungen, Heft 250), Heidelberg 1990, S. 97-119.

Myres, John N. L.: The English Settlements (The Oxford History of England, Bd. 1, B), Oxford – New York ²1989.

Rollason, David W.: Cuthbert, in: Robert-Henri Bautier u. a. (Hrsg.): LexMA, Bd. 3, München – Zürich 1986, Sp. 397.

Rosenfeld, H.: Dioskuren. § 1. Die indogermanischen Dioskuren, in: Heinrich Beck u. a. (Hrsg.): Reallexikon der Germanischen Altertumskunde, Bd. 5, Berlin – New York 1984, S. 482 ff.

Sawyer, Peter H.: 1066-1086: A Tenurial Revolution?, in: Peter H. Sawyer (Hrsg.): Domesday Book. A Reassessment, London 1985, S. 71-85.

Sawyer, Peter H.: Domesday Book, in: Robert-Henri Bautier u. a. (Hrsg.): LexMA, Bd. 3, München – Zürich 1986, Sp. 1180 ff.

Sawyer, Peter H.: From Roman Britain to Norman England, London – New York ²1998.

Sawyer, Peter H.: Hauskerl, in: Robert-Henri Bautier u. a. (Hrsg.): LexMA, Bd. 4, München – Zürich, 1989, Sp. 1973.

Sawyer, Peter H.: Kings and Vikings. Scandinavia and Europe AD 700-1100, London – New York 1982.

Schneider, Reinhard: Zur Problematik eines undifferenzierten Landnahmebegriffs, in: Michael Müller-Wille, Reinhard Schneider (Hrsg.): Ausgewählte Probleme europäischer Landnahmen des Früh- und Hochmittelalters. Methodische Grundlagendiskussion im Grenzbereich zwischen Archäologie und Geschichte (Vorträge und Forschungen, Bd. 41, I), Sigmaringen 1993, S. 11-57.

Schnith, Karl: Wilhelm I. ‚der Eroberer', in: Norbert Angermann u. a. (Hrsg.): LexMA, Bd. 9, München – Zürich 1998, Sp. 127 ff.

Schulze, Hans K.: Grundstrukturen der Verfassung im Mittelalter, Bd. 2: Familie, Sippe und Geschlecht, Haus und Hof, Dorf und Mark, Burg, Pfalz und Königshof, Stadt, Stuttgart – Berlin – Köln ²1992.

Schulze, Hans K.: Grundstrukturen der Verfassung im Mittelalter, Bd. 1: Stammesverband, Gefolgschaft, Lehnswesen, Grundherrschaft, Stuttgart – Berlin – Köln ³1995.

Schwaiger, Georg: Alexander II., in: Robert Auty u. a. (Hrsg.): LexMA, Bd. 1, München – Zürich 1980, Sp. 371 f.

Sot, Michel: Dudo v. St-Quentin, in: Robert-Henri Bautier u. a. (Hrsg.): LexMA, Bd. 3, München – Zürich 1986, Sp. 1438 f.

Stenton, Frank M.: Anglo-Saxon England (The Oxford History of England, Bd. 2), Oxford – New York, ³1971.

Szarmach, Paul E., Jan Pinborg: Aelfric, in: Robert Auty u. a. (Hrsg.): LexMA, Bd. 1, München – Zürich 1980, Sp. 180 f.

van Houts, Elisabeth: The Normans in Europe (Manchester Medieval Sources Series), Manchester – New York 2000.

Vollrath, Hanna: Die Landnahme der Angelsachsen nach dem Zeugnis der erzählenden Quellen, in: Michael Müller-Wille, Reinhard Schneider (Hrsg.): Ausgewählte Probleme europäischer Landnahmen des Früh- und Hochmittelalters. Methodische Grundlagendiskussion im Grenzbereich zwischen Archäologie und Geschichte (Vorträge und Forschungen, Bd. 41, I), Sigmaringen 1993, S. 317-337.

Volz, Ruprecht: Rimbert, in: Norbert Angermann u. a. (Hrsg.): LexMA, Bd. 7, München – Zürich 1995, Sp. 851 f.

Volz, Ruprecht: Snorri Sturluson, in: Norbert Angermann u. a. (Hrsg.): LexMA, Bd. 7, München – Zürich 1995, Sp. 2016 f.

Ward-Perkins, Bryan: Why did the Anglo-Saxons not become more British?, in: EHR 115 (2000), S. 513-533.

Wenskus, Reinhard: Stammesbildung und Verfassung. Das Werden der frühmittelalterlichen gentes, Köln – Graz 1961.

Whitelock, Dorothy: Appendix to Introduction. On the Commencement of the Year in the Saxon Chronicles, in: Charles Plummer, John Earle (Hrsg.): Two of the Saxon Chronicles Parallel, Bd. 2: Introduction, Notes, and Index, Oxford ²1952, S. cxxxix-cxlii*d*.

Whittock, Martyn J.: The Origins of England 410-600, London – Sydney 1986.

Wilson, David M.: The Scandinavians in England, in: David M. Wilson (Hrsg.): The Archaeology of Anglo-Saxon England, London 1976, S. 393-403.

Wilson, David M.: The Vikings in Britain, in: Michael Müller-Wille, Reinhard Schneider (Hrsg.): Ausgewählte Probleme europäischer Landnahmen des Früh- und Hochmittelalters. Methodische Grundlagendiskussion im Grenzbereich zwischen Archäologie und Geschichte (Vorträge und Forschungen, Bd. 41, II), Sigmaringen 1994, S. 81-94.

Wirth, Gerhard: Aegidius, in: Robert Auty u. a. (Hrsg.): LexMA, Bd. 1, München – Zürich 1980, Sp. 175.

Wirth, Gerhard: Aëtius, Flavius, in: Robert Auty u. a. (Hrsg.): LexMA, Bd. 1, München – Zürich 1980, Sp. 193.

Wolfram, Herwig: Die Germanen (C. H. Beck Wissen in der Beck'schen Reihe), München ⁴1999.

Wormald, Patrick: Alfredian Manuscripts, in: James Campbell (Hrsg.): The Anglo-Saxons, London ²1991, S. 158 f.

Wormald, Patrick: Scandinavian Settlement, in: James Campbell (Hrsg.): The Anglo-Saxons, London ²1991, S. 162 f.

Wormald, Patrick: The Burhs, in: James Campbell (Hrsg.): The Anglo-Saxons, London ²1991, S. 152 f.

Wormald, Patrick: The Ninth Century, in: James Campbell (Hrsg.): The Anglo-Saxons, London ²1991, S. 132-157.

Zettel, Horst: Das Bild der Normannen und der Normanneneinfälle in westfränkischen, ostfränkischen und angelsächsischen Quellen des 8. bis 11. Jahrhunderts, München 1977.